前进中的
中国总会计师事业

QIANJINZHONG DE
ZHONGGUO ZONGKUAIJISHI SHIYE

中国总会计师协会　编

经济科学出版社
Economic Science Press

序

　　2009年是新中国成立60周年。60年来，中国的经济发展经历了曲折，也见证了辉煌；尤其是改革开放30年来，社会主义经济建设取得了举世瞩目的成就，中国的面貌发生了天翻地覆的变化。与此同时，中国总会计师制度经历了从无到有，从稚嫩走向成熟的发展历程，正在实现着与国外CFO制度的国际趋同。中国的总会计师即首席财务官，在中国经济建设与社会发展中正在发挥着越来越重要的作用。

　　中国总会计师协会自1990年成立以来，在党和国家领导人的亲切关怀以及国家有关部门的悉心指导下，与全国各行各业总会计师携手共同致力于建立现代企业制度，不断提升企业财务管理水平，提高企业经营效益和市场竞争力，取得了一定的成绩。

　　2010年是中国总会计师协会建会20周年。为此，中国总会计师协会编辑出版大型纪念画册《前进中的中国总会计师事业》，旨在回顾历史，展望未来，弘扬历届老一辈领导者为促进中国总会计师事业发展的奉献精神，全面展示各行各业总会计师事业发展中所取得的成就和先进经验，表彰总会计师们的敬业精神与光辉业绩。该画册的出版，将进一步推动总会计师们致力于企业改革与创新，不断加强财务管理与内部控制，有效防范企业经营风险，加快与国际会计制度趋同的步伐，为建设中国现代总会计师制度而奋斗。我深信，在我们的共同努力下，中国的总会计师事业一定会迎来更加辉煌的明天！

中国总会计师协会会长　刘长琨

2010年元月

目 录 CONTENTS

001　亲切的关怀

011　总会计师制度相关法规

023　总会计师风采——行业篇

117　总会计师风采——地方篇

159　中国总会计师协会评优表彰活动获奖者风采录

227　事业篇——中国总会计师(CFO)协会

277　事业篇——中国总会计师协会分会

299　事业篇——地方总会计师协会

亲切的关怀

　　一直以来，党和国家领导人对中国总会计师事业的发展给予了亲切关怀。2002年，时任国务院副总理的吴邦国同志为中国总会计师协会第三届会员代表大会发来亲笔贺信，并做出"加强这支队伍的建设（包括财务主管、总会计师、财务总监、财务部门的负责人）仍是当务之急，至关重要"的重要指示。王丙乾、姜春云、成思危、经叔平、李金华等国家领导同志先后担任我会第三、四届理事会名誉会长，他们虽政务繁忙，仍多次拨冗出席协会会员代表大会、纪念改革开放30周年等重大活动并做重要讲话，或为大会发来贺信、贺词，并听取我会领导关于总会计师行业发展现状和协会建设的汇报，亲切勉励总会计师协会和总会计师事业所取得的成绩，对未来总会计师行业发展和协会工作寄予了殷切厚望。

　　中国总会计师协会作为总会计师行业的全国性一级社团组织，自1990年成立之初，就得到了财政部有关部门和领导的大力支持，确定成立了中国总会计师协会的前身——"总会计师制度研究会"。在成为国家一级协会之后，协会更是得到了来自财政部、民政部、中国科协领导的积极鼓励和大力支持。财政部历任部领导及有关部门负责人为协会的创建、发展和壮大倾注了大量心血，为总会计师事业的蓬勃发展奠定了良好基础。财政部原副部长张佑才、原部长助理刘长琨同志先后担任协会第三、四届理事会会长，王军副部长亲自到协会秘书处视察工作，亲切勉励协会工作人员，并多次在百忙之中，出席协会理事会会议并做重要讲话和指示。

　　正是承载着这份来自党和国家的厚爱与期望，中国总会计师协会不断前行，积极进取，开拓创新，为探索出一条有中国特色的现代总会计师发展之路而努力奋斗。

国家领导人题词

真实的会计，注定是企业的良心。

二〇一〇年元月 李金华

2010年，李金华同志为《前进中的中国总会计师事业》题词

中國總會計師的精神家園

姜春雲 二〇〇八年八月题

2008年，姜春云同志为《中国总会计师》杂志社创刊五周年题词

为建立中国现代总会计师制度而奋斗

王丙乾贺辞

2007年，王丙乾同志为中国总会计师协会第四届全国会员代表大会题词

经济越发展会计越重要

经叔平 二〇〇二年十一月

2002年，经叔平同志为中国总会计师协会第三届全国会员代表大会题词

2002年11月28日，王丙乾同志出席中国总会计师协会第三次全国会员代表大会并讲话

2004年12月11日，中国总会计师协会参加了由民政部、发改委、国资委主办的全国行业协会成就汇报展。全国人大常委会副委员长韩启德到本会展厅参观并题字

全国政协副主席白立忱到中国总会计师协会展厅参观

2008年12月27日，全国政协副主席李金华、全国人大常委会副委员长顾秀莲、全国政协原副主席万国权出席中国总会计师协会纪念改革开放30周年大型活动并为获奖者颁奖

2003年11月1日，举办第三次理事会第二次会议暨第二次中国总会计师高层论坛。全国人大常委会副委员长成思危、财政部、国家会计学院领导出席并讲话

2008年12月27日，中组部原常务副部长张全景、财政部原常务副部长迟海滨、中央财经领导小组办公室原副主任杨凌隆、国家税务总局原副局长杨崇春、中直机关工委原副书记何虎林、中共中央办公厅局长张景瑞、新华社副总编夏林、财政部会计司副司长李玉环、中国投资有限责任公司副总经理汪建熙、中国证券监督管理委员会首席会计师周忠惠、民政部民间组织管理局副局长杨岳、中国科协学术学会部副部长朱雪芬等领导同志出席中国总会计师协会纪念改革开放30周年活动

2006年3月10日，财政部副部长王军、会计司司长刘玉廷、副司长高一斌一行到中国总会计师协会秘书处视察指导工作，听取协会工作汇报

2007年12月16日，财政部副部长王军出席中国总会计师协会第四次全国会员代表大会并讲话

2007年12月16日，中国科协书记处书记冯长根在中国总会计师协会第四次全国会员代表大会上讲话

2007年12月16日，中央企业工委原副书记、中国企业经济联合会常务副会长、中国企业联合会、中国企业家协会执行会长孙树义在中国总会计师协会第四次全国会员代表大会上讲话

2008年5月7日，财政部部长助理张通出席中国总会计师协会与REX公关联合主办的2008中国首席财务官论坛并致词

2008年5月7日，中国总会计师协会会长刘长琨与美国前财政部长约翰·斯诺及财政部原副部长迟海滨等嘉宾合影

2009年3月26日，中国总会计师协会2009年秘书长联席（扩大）会议在湖北武汉召开，湖北省委常委、常务副省长李宪生亲临会议并致欢迎辞，湖北省政府办公厅、财政厅的领导同志出席会议

2008年12月27日，博鳌论坛秘书长龙永图出席中国总会计师协会纪念改革开放30周年活动并做专题演讲

2004年12月11日，由民政部、发改委、国资委主办的全国行业协会成就汇报展上，民政部副部长姜力到中国总会计师协会展厅参观并题词

国家计委原副主任甘子玉到中国总会计师协会展厅参观

国防科工委原副主任于宗林到中国总会计师协会展厅参观

楼继伟

2002年11月28日，财政部副部长楼继伟出席中国总会计师协会第三届全国会员大会并讲话

冯淑萍

2002年11月28日财政部部长助理冯淑萍出席中国总会计师协会第三届全国会员大会并讲话

2006年4月23日，财政部会计司司长刘玉廷出席中国总会计师协会第三届四次理事会并讲话

2009年4月24日，财政部金融司司长孙晓霞（左图）、中国人民银行政策局副局长李德（右图）在中国总会计师协会举办的2009中国首席财务官论坛上发表主题演讲

2008年12月27日，财政部财政科学研究所所长贾康在中国总会计师协会纪念改革开放30周年活动暨企业经营与战略管理高层论坛上作专题演讲

2008年12月27日，财政部会计司原副司长余秉坚出席中国总会计师协会纪念改革开放30周年活动时，与中国总会计师协会秘书长胡柏枝亲切交谈

总会计师制度相关法规

中国总会计师制度相关法规的建立和健全的历程见证了我国总会计师制度建设和发展的历史。新中国成立之初，我国东北地区的大型工业企业借鉴了苏联经验，设置了总会计师岗位，可以说这是总会计师制度建设的起点。随后颁布的《国营工业企业工作条例》（1961年）和《关于国营企业、交通企业设置总会计师的几项规定》（1963年）对特定企业提出设置总会计师的要求。这些规定还未完全落实，史无前例的"文化大革命"使总会计师制度遭遇了毁灭性的打击。

1978年，中国走上以经济建设为中心的改革开放，制度建设重新提上日程。同年，国务院颁布了《会计人员条例》，该条例把设置总会计师的范围扩大到所有企业，并对总会计师的基本职责与工作权限做了具体规定。此后颁布的《国营工厂厂长工作暂行条例》、《国营工业企业暂行条例》针对总会计师制度建设也有相关规定，但均未摆脱苏联模式，仍是计划经济下的制度设计。

1990年出台的《总会计师条例》具有一定的中国特色和时代特征。该条例对总会计师的地位、职责、权限、任免与奖惩等方面做了具体的规定，明确了总会计师是单位行政领导成员，协助单位主要行政领导人工作，直接对单位主要行政领导人负责，并规定：凡设置总会计师的单位，不设与总会计师职权重叠的副职。这些规定使总会计师的职能与地位有了一定的提升，对推动总会计师事业的发展发挥了巨大作用。《总会计师条例》是改革开放的产物，是我国总会计师制度建设的一个里程碑，同时它又是中国现代总会计师制度建设的新起点。

随着改革进程的逐步深入，绝大多数国有企业建立起现代企业制度，这种体制性的变化要求所有配套制度与之相适应。在国际上，CFO即首席财务官的作用越来越受到重视，首席财务官成为公司治理结构中的一个仅次于CEO的重要角色；首席财务官制度成为现代企业制度的一个重要内容和特征。实现中国总会计师制度与首席财务官制度的国际趋同，一个根本性的工作就是修订《总会计师条例》。

现代总会计师制度应当是社会主义市场经济体制的重要组成部分，必须与社会主义市场经济体制相适应。总会计师制度是一个与现代企业制度相配套的制度，二者必须相容相通、相辅相成。从这一意义上说，如果总会计师制度不完善，现代企业制度以至于社会主义市场经济体制也不可能得到真正彻底的完善。2006年5月，国资委颁布了《中央企业总会计师工作职责管理暂行办法》，该办法中规定所有的中央企业集团总部必须设置总会计师职位，这也是国资委首次出台的管理、监督总会计师的规定。2009年财政部等五部委联合颁布的《企业内部控制基本规范》中也明确规定，总会计师在董事长和经理的领导下，主要负责与财务报告的真实可靠、资产的安全完整密切相关的内部控制的建立健全与有效执行。无疑，这些规定赋予了总会计师在企业中更高的地位和更重大的职责。但很明显，仅以《暂行办法》的形式来明确总会计师的设置并加强其管理职责是远远不够的，需要从立法的角度，对新形势下总会计师的职能与地位予以科学的法制化界定。因此，修订《总会计师条例》是一项势在必行的工作。2008年获悉财政部已经在考虑修订条例问题，并已开始启动前期调研。我们相信，在财政部的领导与主导下，《总会计师条例》修订工作一定会圆满完成，修订后的新条例一定会成为总会计师制度建设的一个新的里程碑，具有中国特色的总会计师事业也会因此得到更加稳定、健康、迅速的发展。

国营工业企业工作条例（草案）

（1961年9月16日）

（节选）

第五章　经济核算和财务管理

四十、企业的财务机构，必须单独设置。车间也要设置财务机构或者专职人员。

有条件的企业，设置总会计师，在厂长领导下负责计算和审查本企业一切技术措施和生产经营的经济效果，设计和审查企业的财务、会计事项，监督本企业执行财务制度和财政纪律。企业对外提供的一切会计报表，必须经过厂长和总会计师共同签署。没有条件设置总会计师的企业，财务会计工作要有专人负责。

车间的财务会计负责人，由厂长直接任免。企业的总会计师和其他财务会计负责人，由上一级行政主管机关直接任免。

对于一切不合制度、不合手续的开支，财务会计人员有权拒绝支付和报销。如果发生争论，应当报告厂长和总会计师决定，或者由厂长提交厂务会议讨论决定。对于违反财政纪律的行为，财务会计人员有权越级上告。

第七章　责任制度

四十九、在厂长的领导下，各个副厂长、总工程师、总会计师都要有明确的分工，分别负责企业的生产、技术、劳动、供销、运输、财务、生后、人事等工作。要建立和健全必要的科室等专职机构，分别在厂长、副厂长、总工程师、总会计师的领导下进行工作。

厂长要定期召开由副厂长、总工程师、总会计师和其他有关人员参加的厂务会议，集体讨论和研究行政工作中的重大问题，具体安排和解决日常工作问题。

国家经济委员会、财政部
关于国营工业、交通企业设置总会计师的几项规定

（1963年10月18日国务院批转试行）

（节选）

一、为了建立、健全企业的经济责任制，加强企业的经济核算，严格实行财务、会计监督，贯彻勤俭建国、勤俭办企业的方针，所有国营工业、交通企业（包括建筑安装企业和联合企业所属厂矿）的厂长（或者经理，下同）都应当亲自领导企业的经济核算和财务会计工作，并根据本规定设置总会计师，作为厂长加强领导这一工作的助手。

没有条件设置总会计师的企业和小型企业，可以先设置副总会计师或者指定专人行使总会计师的职权。

二、总会计师应当挑选高于处（科）长水平的有实际工作能力的专业干部担任，一般应当具备的条件是：政治立场坚定，作风正派，能坚持原则，有组织领导能力，具有本单位生产经营管理方面的基本知识，对于经济核算、财务管理和会计核算具有较高的业务水平。

担任总会计师的人员，一般不要兼任其他行政领导职务，特别是不要兼任供销副厂长的职务。

总会计师由企业的上一级主管机关直接任免。

各省、自治区、直辖市经济委员会和财政厅、局以及各级企业主管部门，应当积极采取措施，有计划地培养这方面的专业人才，为全面推行总会计师制度创造条件。

三、总会计师是厂长在经济工作方面的助手。他的基本任务是：在厂长领导下建立、健全企业内部的经济责任制度；组织和推动企业内部经济核算工作，负责组织计算与审查企业的生产经营活动和技术措施的经济效果，促使企业合理地使用人力、物力、财力；监督企业认真执行国家的财经政策、法令和财务、会计制度，遵守财政纪律，维护国家财产的完整，促使企业改善经营管理，厉行增产节约，降低成本，增加盈利。

四、总会计师在厂长领导下，履行下列职责：

（一）组织、推动企业有关部门实行经济核算，加强财务管理和会计监督，协同有关部门建立、健全企业经济核算和财务、会计制度（包括财产管理、资金管理、成本管理、定额管理、会计核算、经济活动分析等方面的制度），并监督其贯彻执行。协助厂长建立、健全企业各部门、各级的经济责任制，使企业的各项经济核算和财务会计工作都有明确分工和专人负责。

（二）协助有关副厂长和总工程师组织有关部门，计算和审查向上级提供的产品方案、生产规模方案以及产品设计、技术措施、安排生产和基本建设任务的经济效果，并对这些方案、措施的经济效果实现情况进行检查。

（三）组织有关部门提出企业财务成本计划、产品的定价和调价方案，参与审查企业的生产技术财务计划、增产节约指标，以保证各项计划、措施的相互协调、相互衔接。

（四）监督本企业认真贯彻国家的有关财务、会计工作方面的政策、法令和财务、会计、信贷、结算等制度，严格执行国家批准的财务、成本计划，促使计划的圆满实现。

（五）监督企业流动资金、工资基金、大修理基金、企业基金以及各项专用拨款的合理使用，保证各项资金的专款专用。根据保证生产和节约资金的原则，组织、监督全厂资金的收支平衡工作，促使企业不断地挖掘资金潜力，加速资金周转，提高资金的使用效果。

（六）监督企业合理使用财产、物资，严格执行财产、物资的验收、领退、调拨制度和保管制度，组织定期和不

定期的财产清查，对于财产物资的超储积压、盘盈盘亏、损失浪费，应当查明原因，提出改进措施。

（七）监督企业严格执行关于成本开支范围和费用划分的规定，正确计算成本、利润，保证成本、利润数字真实可靠。督促有关部门采取各项有效措施，在生产、供应和销售等各个环节上力求节约材料、工资和费用，不断降低成本，增加盈利。

（八）监督有关部门认真按照会计手续和会计制度的规定，做好记账、算账、报账工作，如实地反映企业的经济活动和财务收支情况。

（九）负责组织、推动群众性的经济核算工作，充分发动群众参与有关的经济指标和技术经济定额的制定、修改、考核和评比，促使增产节约措施的实现。

（十）具体组织全厂的经济活动分析工作，健全厂部、车间、小组的经济活动分析制度，协助厂长定期召开经济活动分析会议，协同有关副厂长组织有关部门对各项计划、措施的执行情况进行全面的或者分项的综合研究和分析比较，找差距、挖潜力，不断地提高企业的经营管理水平。

五、总会计师的权限：

（一）企业内部各职能科室、各车间在经济核算和财务会计工作上，必须服从总会计师的统一组织和业务领导。企业有关经济核算、财务管理和会计核算等方面的一般业务性制度、办法，应当由总会计师审查批准。带有重要原则问题的制度、办法，应当由总会计师审查后，提交厂长或者厂务会议决定。

（二）企业上报的财务成本计划、银行贷款计划、产品定价和调价方案、会计报表，都应当由总会计师签署或者会签。对外签订的重要经济合同，应当抄送总会计师一份备案。

（三）对于企业各有关部门提出的不符合经济核算原则和国家制度规定的各种计划、方案、措施、合同，总会计师有权向有关部门提出意见。对于任何人违反财经政策、法令制度，不执行国家计划、预算，不遵守财政纪律，弄虚作假、营私舞弊、欺骗上级等违法乱纪行为，总会计师有权进行检查并加以制止，制止无效时，除及时向厂长报告外，有权越级上报。

（四）企业财务会计人员的任免，必须先征求总会计师的意见。财务会计主管人员或者财产物资主管人员调动工作办理交接时，应当由总会计师或者由总会计师指定人员监交。

（五）对于切实遵守经济核算原则，认真执行计划、预算和财务会计制度，取得显著成绩的单位和人员，以及对于不讲求经济核算，有意违反财经纪律和财务会计制度，不执行计划、预算，因而使工作遭受损失的单位和人员，总会计师有权提出意见，报厂长或者厂务会议决定后，分别给以应有的奖励或者处分。

主管人员调动工作办理交接时，应当由总会计师或者由总会计师指定人员监交。

（六）对于切实遵守经济核算原则，认真执行计划、预算和财务会计制度，取得显著成绩的单位和人员，以及对于不讲求经济核算，有意违反财经纪律和财务会计制度，不执行计划、预算，因而使工作遭受损失的单位和人员，总会计师有权提出意见，报厂长或者厂务会议决定后，分别给以应有的奖励或者处分。

六、总会计师应当定期向厂长或者厂务会议汇报工作，并坚决执行厂长的指示和厂务会议的决议。经常关心企业的全面工作，注意经济核算、财务管理同生产技术管理各项工作之间的配合，对与生产技术、物资供应、劳动奖励等有关的问题，要随时征求有关副厂长和总工程师的意见。

七、企业违反国家的财经政策、法令制度，不遵守财政纪律，总会计师如果不提出意见加以制止，也不向厂长和上级机关反映的，应当与过失人员负连带责任。企业的财务会计工作混乱，违反经济核算原则，不讲究经济效果，财产、物资发生损失浪费，总会计师如果不提出意见和采取措施加以纠正的，应当对这种情况负责。

八、总会计师必须勤勤恳恳、任劳任怨地忠实履行自己的职责，加强政治观点、生产观点和群众观点，深入调查研究，一切从实际出发，认真贯彻执行群众路线，为促进生产发展和全面完成国家计划而努力。

九、国务院各主管部门以及各省、自治区、直辖市经济委员会和财政厅、局，应当根据本规定的原则，订出本部门、本地区工业、交通企业设置总会计师的具体步骤和办法，并报国家经济委员会和财政部备案。

会计人员职权条例

（1978年9月12日国务院发布）

（节选）

第一章 总则

二、大、中型企业要设置总会计师，主管本单位的经济核算和财务会计工作，小型企业也要指定一名副厂长行使总会计师的职权。

第四章 总会计师

十一、企业要建立总会计师的经济责任制。总会计师对企业的财务状况负责，并协助厂长组织领导企业建立、健全经济核算的责任制度，监督、检查生产经营的各个环节，讲求经济效果，全面实现多快好省。

十二、总会计师的基本职责：

1.参与生产、物资供应、产品销售、技术措施、基本建设等计划和主要经济合同的审查，检查计划、经济合同的执行情况，考核生产经营成果。

2.组织有关部门编制财务计划，落实完成计划的措施，对执行中存在的问题提出改进措施。

3.组织群众性的经济核算工作，建立各级经济活动分析制度，挖掘增产节约潜力。

4.监督本单位执行国家财经政策、法令、制度，遵守财经纪律。

十三、总会计师的工作权限：

1.参加企业重要的生产、经营管理会议和其他有关会议。

2.企业的财务计划、信贷计划和会计报表，应由总会计师签署；企业的生产、技措、基建等计划和重要经济合同，应由总会计师会签。

3.对不符合国家财经方针、政策，不讲求经济效果，不执行计划、经济合同和违反财经纪律的事项，总会计师有权制止。如果制止无效，应报告厂长或上级机关、财政部门处理。

第五章 技术职称

（注解：本章改按1986年2月18日国务院发布的《关于实行专业技术职务聘任制度的规定》执行。）

十四、凡拥护党的领导，积极为社会主义事业服务，并具有下列条件的会计人员，分别授予总会计师、会计师、助理会计师和会计员的技术职称。

总会计师：具有较高的经济核算和财务会计专业知识，能够组织和领导一个大、中型经济单位的经济核算和财务会计工作，并有较丰富工作经验的人员。

十五、总会计师由所在单位提名，报上级机关批准授予，并按隶属关系报财政部或省、市、自治区财政局备案。会计师由所在单位提名，报上级机关批准授予。助理会计师、会计员由所在单位评定授予。

国营工厂厂长工作暂行条例

（1982年1月2日）

（节选）

第十条　厂长要自觉地接受和维护企业党委的领导，定期向党委报告工作。

下列问题，由厂长拟订方案，提请党委讨论决定或者审议后报请上级批准：

（1）经营决策、长远规划、年度计划、重大技术改造计划、职工培训计划和工资调整方案；

（2）机构变动，重要规章制度的建立、修改和废除；

（3）副厂长、总工程师、副总工程师、总会计师、副总会计师的人选；行政职能科（室）科长、副科长（主任），车间主任、副主任的人选；

（4）厂长认为必须提交党委讨论决定的其他问题。

党委对生产行政工作的决议，由厂长组织实施。厂长对党委的决议如有不同意见，可以提请复议；如对复议结果仍有不同意见，允许保留，并在执行的同时向主管单位报告，主管单位应及时作出裁决。

第二十二条　工厂应根据规模大小和生产经营工作的需要，设副厂长一至五人，并可设总工程师、总会计师等厂一级经济、技术负责人。副厂长具体人数，由厂长提议，报上级主管机关决定。

工厂的副厂长、总工程师、总会计师、行政职能科（室）科长（主任）和车间主任，在厂长的领导下进行工作，对厂长负责。

第二十三条　厂长要定期召开由副厂长、总工程师、总会计师和其他有关人员参加的厂务会议，讨论和研究生产经营活动中的问题。讨论结果，由厂长作出决定。

国营工业企业暂行条例

（国务院　1983年4月1日）

（节选）

第一章　总则

第五十八条　企业根据规模大小和生产经营需要，设厂长一人，副厂长一至五人。

大、中型企业可设总工程师、总会计师（以及其他厂级经济技术负责人，下同）。

副厂长、总工程师、总会计师在厂长领导下进行工作，按照各自的分工完成厂长交给的任务，对厂长负责。

第六十六条　企业主管单位按照干部管理权限，负责对厂长、副厂长和总工程师、总会计师等厂级经济技术干部的任免、培训、考核和奖惩……

总会计师条例

（1990年12月31日中华人民共和国国务院令第72号）

第一章　总则

第一条　为了确定总会计师的职权和地位，发挥总会计师在加强经济管理、提高经济效益中的作用，制定本条例。

第二条　全民所有制大、中型企业设置总会计师；事业单位和业务主管部门根据需要，经批准可以设置总会计师。

总会计师的设置、职权、任免和奖惩，依照本条例的规定执行。

第三条　总会计师是单位行政领导成员，协助单位主要行政领导人工作，直接对单位主要行政领导人负责。

第四条　凡设置总会计师的单位，在单位行政领导成员中，不设与总会计师职权重叠的副职。

第五条　总会计师组织领导本单位的财务管理、成本管理、预算管理、会计核算和会计监督等方面的工作，参与本单位重要经济问题的分析和决策。

第六条　总会计师具体组织本单位执行国家有关财经法律、法规、方针、政策和制度，保护国家财产。

总会计师的职权受国家法律保护。单位主要行政领导人应当支持并保障总会计师依法行使职权。

第二章　总会计师的职责

第七条　总会计师负责组织本单位的下列工作：

（一）编制和执行预算、财务收支计划、信贷计划，拟订资金筹措和使用方案，开辟财源，有效地使用资金；

（二）进行成本费用预测、计划、控制、核算、分析和考核，督促本单位有关部门降低消耗、节约费用、提高经济效益；

（三）建立、健全经济核算制度，利用财务会计资料进行经济活动分析；

（四）承办单位主要行政领导人交办的其他工作。

第八条　总会计师负责对本单位财会机构的设置和会计人员的配备、会计专业职务的设置和聘任提出方案；组织会计人员的业务培训和考核；支持会计人员依法行使职权。

第九条　总会计师协助单位主要行政领导人对企业的生产经营、行政事业单位的业务发展以及基本建设投资等问题作出决策。

总会计师参与新产品开发、技术改造、科技研究、商品（劳务）价格和工资奖金等方案的制定；参与重大经济合同和经济协议的研究、审查。

第三章　总会计师的权限

第十条　总会计师对违反国家财经法律、法规、方针、政策、制度和有可能在经济上造成损失、浪费的行为，有权制止或者纠正。制止或者纠正无效时，提请单位主要行政领导人处理。

单位主要行政领导人不同意总会计师对前款行为的处理意见的，总会计师应当依照《中华人民共和国会计法》第十九条的规定执行。

第十一条　总会计师有权组织本单位各职能部门、直属基层组织的经济核算、财务会计和成本管理方面的工作。

第十二条　总会计师主管审批财务收支工作。除一般的财务收支可以由总会计师授权的财会机构负责人或者其他指定人员审批外，重大的财务收支，须经总会计师审批或者由总会计师报单位主要行政领导人批准。

第十三条　预算、财务收支计划、成本和费用计划、信贷计划、财务专题报告、会计决算报表，须经总会计师签署。

涉及财务收支的重大业务计划、经济合同、经济协议等，在单位内部须经总会计师会签。

第十四条　会计人员的任用、晋升、调动、奖惩，应当事先征求总会计师的意见。财会机构负责人或者会计主管人员的人选，应当由总会计师进行业务考核，依照有关规定审批。

第四章　任免与奖惩

第十五条　企业的总会计师由本单位主要行政领导人提名，政府主管部门任命或者聘任；免职或者解聘程序与任命或者聘任程序相同。

事业单位和业务主管部门的总会计师依照干部管理权限任命或者聘任；免职或者解聘程序与任命或者聘任程序相同。

第十六条　总会计师必须具备下列条件：

（一）坚持社会主义方向，积极为社会主义建设和改革开放服务；

（二）坚持原则，廉洁奉公；

（三）取得会计师任职资格后，主管一个单位或者单位内一个重要方面的财务会计工作时间不少于三年；

（四）有较高的理论政策水平，熟悉国家财经法律、法规、方针、政策和制度，掌握现代化管理的有关知识；

（五）具备本行业的基本业务知识，熟悉行业情况，有较强的组织领导能力；

（六）身体健康，能胜任本职工作。

第十七条　总会计师在工作中成绩显著，有下列情形之一的，依照国家有关企业职工或者国家行政机关工作人员奖惩的规定给予奖励：

（一）在加强财务会计管理，应用现代化会计方法和技术手段，提高财务管理水平和经济效益方面，取得显著成绩的；

（二）在组织经济核算，挖掘增产节约，增收节支潜力，加速资金周转，提高资金使用效果方面，取得显著成绩的；

（三）在维护国家财经纪律，抵制违法行为，保护国家财产，防止或者避免国家财产遭受重大损失方面，有突出贡献的；

（四）在廉政建设方面，事迹突出的；

（五）有其他突出成就或者模范事迹的。

第十八条　总会计师在工作中有下列情形之一的，应当区别情节轻重，依照国家有关企业职工或者国家行政机关工作人员奖惩的规定给予处分：

（一）违反法律、法规、方针、政策和财经制度，造成财会工作严重混乱的；

（二）对偷税漏税、截留应当上交国家的收入，滥发奖金、补贴，挥霍浪费国家资财，损害国家利益的行为，不抵制、不制止、不报告，致使国家利益遭受损失的；

（三）在其主管的工作范围内发生严重扣误，或者由于玩忽职守，致使国家利益遭受损失的；

（四）以权谋私、弄虚作假、徇私舞弊，致使国家利益遭受损失，或者造成恶劣影响的；

（五）有其他渎职行为和严重错误的。

总会计师有前款所列行为，情节严重，构成犯罪的，由司法机关依法追究刑事责任。

第十九条　单位主要行政领导人阻碍总会计师行使职权的，以及对其打击报复或者变相打击报复的，上级主管单位应当根据情节给予行政处分。情节严重，构成犯罪的，由司法机关依法追究刑事责任。

第五章　附则

第二十条　城乡集体所有制企业事业单位需要设置总会计师的，参照本条例执行。

第二十一条　各省、自治区、直辖市，国务院各部门可以根据本条例的规定，结合本地区、本部门的实际情况制定实施办法。

第二十二条　本条例由财政部负责解释。

第二十三条　本条例自发布之日起施行。1983年10月18日国务院批转国家经济委员会、财政部《关于国营工业、交通企业设置总会计师的几项规定(草案)》、1978年9月12日国务院发布的《会计人员职权条例》中有关总会计师的规定同时废止。

中华人民共和国会计法

（1999年10月31日中华人民共和国主席令第24号）

（节选）

（1985年1月21日第六届全国人民代表大会常务委员会第九次会议通过。根据1993年12月29日第八届全国人民代表大会常务委员会第五次会议《关于修改〈中华人民共和国会计法〉的决定》修正。1999年10月31日第九届全国人民代表大会常务委员会第十二次会议修订）

第二章　会计核算

第二十一条　财务会计报告应当由单位负责人和主管会计工作的负责人、会计机构负责人（会计主管人员）签名并盖章；设置总会计师的单位，还须由总会计师签名并盖章。

单位负责人应当保证财务会计报告真实、完整。

第四章　会计监督

第三十六条　各单位应当根据会计业务的需要，设置会计机构，或者在有关机构中设置会计人员并指定会计主管人员；不具备设置条件的，应当委托经批准设立从事会计代理记账业务的中介机构代理记账。

国有的和国有资产占控股地位或者主导地位的大、中型企业必须设置总会计师。总会计师的任职资格、任免程序、职责权限由国务院规定。

第三十八条　从事会计工作的人员，必须取得会计从业资格证书。

担任单位会计机构负责人（会计主管人员）的，除取得会计从业资格证书外，还应当具备会计师以上专业技术职务资格或者从事会计工作三年以上经历。

会计人员从业资格管理办法由国务院财政部门规定。

中央企业总会计师工作职责管理暂行办法

（《中央企业总会计师工作职责管理暂行办法》已经国务院国有资产监督管理委员会第37次主任办公会议审议通过，2006年4月14日国务院国有资产监督管理委员会令第13号公布，自2006年5月14日起施行）

第一章　总则

第一条　为加强对国务院国有资产监督管理委员会（以下简称国资委）所出资企业（以下简称企业）总会计师工作职责管理，规范企业财务会计工作，促进建立健全企业内部控制机制，有效防范企业经营风险，依据《企业国有资产监督管理暂行条例》和国家有关规定，制定本办法。

第二条　企业总会计师工作职责管理，适用本办法。

第三条　本办法所称总会计师是指具有相应专业技术资格和工作经验，在企业领导班子成员中分工负责企业会计基础管理、财务管理与监督、财会内控机制建设、重大财务事项监管等工作，并按照干部管理权限通过一定程序被任命（或者聘任）为总会计师的高级管理人员。

第四条　本办法所称总会计师工作职责是指总会计师在企业会计基础管理、财务管理与监督、财会内控机制建设，以及企业投融资、担保、大额资金使用、兼并重组等重大财务事项监管工作中的职责。

第五条　企业及其各级子企业应当按规定建立和完善总会计师管理制度，明确总会计师的工作权限与责任，加强总会计师工作职责履行情况的监督管理。

第六条　国资委依法对企业总会计师工作职责履行情况进行监督管理。

第二章　职位设置

第七条　企业应当按照规定设置总会计师职位，配备符合条件的总会计师有效履行工作职责。符合条件的各级子企业，也应当按规定设置总会计师职位。

（一）现分管财务工作的副总经理（副院长、副所长、副局长），符合总会计师任职资格和条件的，可以兼任或者转任总会计师，人选也可以通过交流或公开招聘等方式及时配备。

（二）设置属于企业高管层的财务总监、首席财务官等类似职位的企业或其各级子企业，可不再另行设置总会计师职位，但应当明确指定其履行总会计师工作职责。

第八条　企业总会计师的任免按照国资委有关规定办理：

（一）已设立董事会的国有独资公司和国有控股公司的总会计师，应当经董事会审议批准，并按照有关干部管理权限与程序任命。

（二）未设立董事会的国有独资公司、国有独资企业的总会计师，按照有关干部管理权限与程序任命。

第九条　企业可以按照有关规定对其各级子企业实施总会计师或者财务总监委派等方式，积极探索完善总会计师工作职责监督管理的有效途径和方法。

第十条　担任企业总会计师应当具备以下条件：

（一）具有相应政治素养和政策水平，坚持原则、廉洁奉公、诚信至上、遵纪守法；

（二）大学本科以上文化程度，一般应当具有注册会计师、注册内部审计师等职业资格，或者具有高级会计师、高级审计师等专业技术职称或者类似职称；

（三）从事财务、会计、审计、资产管理等管理工作8年以上，具有良好的职业操守和工作业绩；

（四）分管企业财务会计工作或者在企业（单位）财务、会计、审计、资产管理等相关部门任正职3年以上，或者主管子企业或单位财务、会计、审计、资产管理等相关部门工作3年以上；

（五）熟悉国家财经法规、财务会计制度，以及现代企业管理知识，熟悉企业所属行业基本业务，具备较强组织领导能力，以及较强的财务管理能力、资本运作能力和风险防范能力。

第十一条 具有下列情形之一的，不得担任总会计师：

（一）不具备第十条规定的；

（二）曾严重违反法律法规和国家有关财经纪律，有弄虚作假、贪污受贿、挪用公款等重大违法行为，被判处刑罚或者受过党纪政纪处分的；

（三）曾因渎职或者决策失误造成企业重大经济损失的；

（四）对企业财务管理混乱、经营成果严重不实负主管或直接责任的；

（五）个人所负企业较大数额债务到期未清偿的；

（六）党纪、政纪、法律法规规定的其他情形。

第十二条 具有下列情形之一的，总会计师任职或者工作应当回避：

（一）按照国家关于干部任职回避工作有关规定应当进行任职回避的；

（二）除国资委或公司董事会批准外，在所在企业或其各级子企业、关联企业拥有股权，以及可能影响总会计师正常履行职责的其他重要利益的；

（三）在重大项目投资、招投标、对外经济技术合作等工作中，涉及与本人及本人亲属利益的。

第三章 职责权限

第十三条 企业应当结合董事会建设，积极推动建立健全内部控制机制，逐步规范企业主要负责人、总会计师、财务机构负责人的职责权限，促进建立分工协作、相互监督、有效制衡的经营决策、执行和监督管理机制。

第十四条 总会计师的主要职责包括：企业会计基础管理、财务管理与监督、财会内控机制建设和重大财务事项监管等。

第十五条 企业会计基础管理职责主要包括：

（一）贯彻执行国家方针政策和法律法规，遵守国家财经纪律，运用现代管理方法，组织和规范本企业会计工作；

（二）组织制定企业会计核算方法、会计政策，确定企业财务会计管理体系；

（三）组织实施企业财务收支核算与管理，开展财务收支的分析、预测、计划、控制和监督等工作，组织开展经济活动分析，提出加强和改进经营管理的具体措施；

（四）组织制定财会人员管理制度，提出财会机构人员配备和考核方案；

（五）组织企业会计诚信建设，依法组织编制和及时提供财务会计报告；

（六）推动实施财务信息化建设，及时掌控财务收支状况。

第十六条 企业财务管理与监督职责主要包括：

（一）组织制定企业财务管理规章制度，并监督各项财务管理制度执行情况；

（二）组织制定和实施财务战略，组织拟订和下达财务预算，评估分析预算执行情况，促进企业预算管理与发展战略实施相连接，推行全面预算管理工作；

（三）组织编制和审核企业财务决算，拟订公司的利润分配方案和弥补亏损方案；

（四）组织制定和实施长短期融资方案，优化企业资本结构，开展资产负债比例控制和财务安全性、流动性管理。

（五）制定企业增收节支、节能降耗计划，组织成本费用控制，落实成本费用控制责任；

（六）制定资金管控方案，组织实施大额资金筹集、使用、催收和监控工作，推行资金集中管理；

（七）及时评估监测集团及其各级子企业财务收支状况和财务管理水平，组织开展财务绩效评价，组织实施企业财务收支定期稽核检查工作；

（八）定期向股东会或者出资人、董事会、监事会和相关部门报告企业财务状况和经济效益情况。

第十七条 企业财会内控机制建设职责主要包括：

（一）研究制定本企业财会内部控制制度，促进建立健全企业财会内部控制体系；

（二）组织评估、测试财会内部控制制度的有效性；

（三）组织建立多层次的监督体制，落实财会内部控制责任，对本单位经济活动的全过程进行财务监督和控制；

（四）组织建立和完善企业财务风险预警与控制机制。

第十八条 企业重大财务事项监管职责主要包括：

（一）组织审核企业投融资、重大经济合同、大额资金使用、担保等事项的计划或方案；

（二）对企业业务整合、技术改造、新产品开发及改革改制等事项组织开展财务可行性论证分析，并提供资金保障和实施财务监督；

（三）对企业重大投资、兼并收购、资产划转、债务重组等事项组织实施必要的尽职调查，并独立发表专业意见；

（四）及时报告重大财务事件，组织实施财务危机或者资产损失的处理工作。

第十九条　企业应当赋予总会计师有效履行职责的相应工作权限，具体包括：对企业重大事项的参与权、重大决策和规章制度执行情况的监督权、财会人员配备的人事建议权，以及企业大额资金支出联签权。

第二十条　总会计师对企业重大事项的参与权是指总会计师应参加总经理办公会议或者企业其他重大决策会议，参与表决企业重大经营决策，具体包括：

（一）拟定企业年度经营目标、中长期发展规划以及企业发展战略；

（二）制定企业资金使用和调度计划、费用开支计划、物资采购计划、筹融资计划以及利润分配（派）、亏损弥补方案；

（三）贷款、担保、对外投资、企业改制、产权转让、资产重组等重大决策和企业资产管理工作；

（四）企业重大经济合同的评审。

第二十一条　总会计师对重大决策和规章制度执行情况的监督权具体包括：

（一）按照职责对董事会或总经理办公会议批准的重大决策执行情况进行监督；

（二）对企业的财务运作和资金收支情况进行监督、检查，有权向董事会或者总经理办公会提出内部审计或委托外部审计建议；

（三）对企业的内部控制制度和程序的执行情况进行监督。

第二十二条　财会人员配备的人事权是指企业财务部门负责人的任用、晋升、调动、奖惩，应当事先征求总会计师的意见。企业总会计师应当参与组织财务部门负责人或下一级企业总会计师的业务培训和考核工作。

第二十三条　总会计师大额资金支出联签权是指企业按规定对大额资金使用，应当建立由总会计师与企业主要负责人联签制度；对于应当实施联签的资金，未经总会计师签字

或者授权，财会人员不得支出。

第二十四条　企业行为有下列情形之一的，总会计师有权拒绝签字：

（一）违反法律法规和国家财经纪律；

（二）违反企业财务管理规定；

（三）违反企业经营决策程序；

（四）对企业可能造成经济损失或者导致国有资产流失。

第二十五条　总会计师对企业作出的重大经营决策应当发表独立的专业意见，有不同意见或者有关建议未被采纳可能造成经济损失或者国有资产流失的情况，应当及时向国资委报告。

第四章　履职评估

第二十六条　为督促企业总会计师正确履行工作职责，应当建立规范的企业总会计师工作履职评估制度。

第二十七条　总会计师履职评估工作分为年度述职和任期履职评估。年度述职应当结合企业年度财务决算工作和下一年度财务预算工作，对总会计师年度履职情况予以评估；任期履职评估应当结合经济责任审计工作，对总会计师任职期间的履职情况进行评估。

第二十八条　设立董事会的公司，总会计师应当在会计年度终了向董事会述职，董事会应当对总会计师工作进行履职评议，董事会评议结果及总会计师述职报告应当抄报股东会或者出资人备案；未建立董事会的企业，总会计师应当将述职报告报送出资人，出资人根据企业财会管理状况对总会计师工作进行履职评估。

第二十九条　总会计师年度述职报告应当围绕企业当年重大经营活动、财务状况、资产质量、经营风险、内控机制等全面报告本人的履职情况，对本人在其中发挥的监督制衡作用进行自我评价，并提出改进措施。

第三十条　企业应当按照人事管理权限，做好对其各级子企业总会计师履职评估工作。

第三十一条　对总会计师履职情况评估，应当根据总会计师在企业中的职责权限，全面考核总会计师职责的履行情况，具体应当包括以下内容：

（一）企业会计核算规范性、会计信息质量，以及企业财

务预算、决算和财务动态编制工作质量情况；

（二）企业经营成果及财务状况，资金管理和成本费用控制情况；

（三）企业财会内部控制制度的完整性和有效性，企业财务风险控制情况；

（四）在企业重大经营决策中的监督制衡情况，有无重大经营决策失误；

（五）财务信息化建设情况；

（六）其他需考核的事项。

第三十二条 为充分发挥企业总会计师财务监督管理作用，建立健全企业内部控制机制，企业应当保障总会计师相应的工作权限。

第五章 工作责任

第三十三条 企业主要负责人对企业提供和披露的财务会计报告信息的真实性、完整性负领导责任；总会计师对企业提供和披露的财务会计报告信息的真实性、完整性负主管责任；企业财务机构负责人对企业提供和披露的财务会计信息的真实性、完整性负直接责任。对可能存在问题的财务会计报告，总会计师有责任提请总经理办公会讨论纠正，有责任向董事会、股东会（出资人）报告。

第三十四条 企业总会计师对下列事项负有主管责任：

（一）企业提供和披露的财务会计信息的真实性、完整性；

（二）企业会计核算规范性、合理性以及财务管理合规性、有效性；

（三）企业财会内部控制机制的有效性；

（四）企业违反国家财经法规造成严重后果的财务会计事项。

第三十五条 总会计师对下列事项负有相应责任：

（一）企业管理不当造成的重大经济损失；

（二）企业决策失误造成的重大经济损失；

（三）企业财务联签事项形成的重大经济损失。

第三十六条 企业总会计师应当严格遵守国家法律法规规定。对于企业出现严重违反法律法规和国家财经纪律行为的，以及企业内部控制制度存在严重缺陷的，应当依法追究企业总会计师的工作责任；造成重大损失的，应当追究其法律责任。

第三十七条 在企业财务会计工作中，对于违反国家法律法规和财经纪律行为，总会计师不抵制、不制止、不报告的，应当依法追究总会计师工作责任；造成重大损失的，应当追究其法律责任。

第三十八条 企业总会计师未履行或者未正确履行工作职责，致使出现下列情形之一的，应当引咎辞职：

（一）企业财务会计信息严重失真的；

（二）企业财务基础管理混乱且在规定时间内整改不力的；

（三）企业出现重大财务决策失误造成重大资产损失的。

第三十九条 在企业重大经营决策过程中，总会计师未能正确履行责任造成失误的，根据情节轻重，给予通报批评、经济处罚、撤职等处分，或给予职业禁入处理；涉嫌犯罪的，依法移交司法机关处理。

企业总会计师认真履行职责，成绩突出的，由本企业或者由本企业建议国资委给予表彰奖励。

第四十条 对于企业总会计师玩忽职守，造成企业财务会计工作严重混乱的，或以权谋私、滥用职权、徇私舞弊以及其他渎职行为致使国有资产遭受损失的，依照国家有关规定给予相应纪律处分；涉嫌犯罪的，依法移交司法机关处理。

第四十一条 在追究总会计师工作责任时，发现企业负责人、财务审计部门负责人和其他有关人员应当承担相关责任的，一并进行工作责任追究。

第四十二条 企业未按规定设置总会计师职位，或者未按规定明确分管财务负责人及类似职位人员兼任总会计师并履行总会计师工作职责的，或者企业总会计师未被授予必要管理权限有效履行工作职责的，本办法第三十五条、第三十六条、第三十七条、第三十八条规定的工作责任应当由企业主要负责人承担。

第六章 附 则

第四十三条 各企业可结合本企业实际情况，制定总会计师工作职责管理具体实施细则。

第四十四条 各省、自治区、直辖市国有资产监督管理机构可以参照本办法，制定本地区所出资企业总会计师工作职责管理相关工作规范。

第四十五条 本办法自2006年5月14日起施行。

总会计师风采

行 业 篇

石油石化行业

中国石油天然气集团公司

中国石油化工股份有限公司

大庆油田有限责任公司

中海油田服务股份有限公司

中国石化燕山分公司

航天行业

中国航天科技集团公司

中国航天科工集团公司

纺织行业

山东如意科技集团

上海申达股份有限公司

民营企业

联想集团

法政集团

浙江吉利控股集团有限公司

用友软件股份有限公司

电信行业

中国电信集团公司

中国移动通信集团公司

航空工业行业

中国航空工业第一集团公司

中国航空工业第二集团公司

洪都航空工业集团有限责任公司

西安飞机工业（集团）有限责任公司

兵器行业

中国兵器装备集团公司

中国兵器工业集团公司

长安汽车（集团）有限责任公司

中国兵器内蒙古第一机械制造(集团)有限公司

运输行业

中国铁路

中国远洋运输（集团）总公司

上海外高桥造船有限公司

大连港集团

轻工行业

贵州茅台酒股份有限公司

上海新工联（集团）有限公司

水利水电行业

汉江水利水电（集团）有限责任公司

黄河小浪底水利枢纽工程

能源行业

中国核工业集团公司

中国中煤能源集团公司

河南开滦煤矿

冶金行业

鞍山钢铁集团公司

外贸行业

中国通用技术集团

金融行业

中国建设银行

出版行业

经济科学出版社

石油石化行业

中国石油天然气集团公司

中国石油天然气集团公司（简称中国石油集团，英文缩写：CNPC）是根据国务院机构改革方案，于1998年7月在原中国石油天然气总公司的基础上组建的特大型石油石化企业集团，系国家授权投资的机构和国家控股公司，是实行上下游、内外贸、产销一体化、按照现代企业制度运作，跨地区、跨行业、跨国经营的综合性石油公司。中国石油集团是中国境内最大的原油、天然气生产、供应商，其业务涉及石油天然气勘探开发、炼油化工、管道运输、油气炼化产品销售、石油工程技术服务、石油机械加工制造、石油贸易等多个领域。中国石油集团在国内石油、天然气生产、加工和市场中占据主导地位，位居美国《石油情报周刊》最大50家世界石油公司排名第7位，美国《财富》杂志2008年全球500强第25位。

中国石油集团注册总资本1149亿元，截止到

2007年底，公司资产总额达1.6万亿元。在国内东北、华北、西北、西南等广大地区拥有13个大型特大型油气田企业、16个大型特大型炼油化工企业、19个石油销售企业和一大批石油石化科研院所和石油施工作业、技术服务、机械制造企业；油气投资业务扩展到全球26个国家。

中国石油集团2007年国内外生产原油13762万吨、天然气578亿立方米，加工原油12173万吨，生产成品油7681万吨。全年实现销售收入超过1万亿元，利润总额达1920亿元，上缴税费1955亿元。

中国石油集团积极探索并构建"一个全面、三个集中"的财务管理体制，推行全面预算管理，实施会计一级集中核算、资金与债务集中管理，加强内部控制与风险管理，经济效益不断提高，保障了公司科学发展、和谐发展。

进入新世纪新阶段，中国石油集团在国家的大公司、大集团战略和有关政策的指导、支持下，正在实施一整套新的发展战略，加快建设主业突出、核心竞争力强的综合性国际能源公司，为保障国家能源安全和全面建设小康社会做出新的贡献！

总会计师　王国樑

教授级高级会计师、中共党员、硕士研究生。中国石油天然气集团公司党组成员、总会计师；中国总会计师协会副会长、中国总会计师协会石油分会会长。

中国石油化工股份有限公司

中国石油化工股份有限公司（以下简称"中国石化"）是一家上中下游一体化、石油石化主业突出、拥有比较完备销售网络、境内外上市的股份制企业。中国石化是由中国石油化工集团公司依据《中华人民共和国公司法》，以独家发起方式于2000年2月25日设立的股份制企业。中国石化167.8亿股H股股票于2000年10月18日、19日分别在中国香港、纽约、伦敦三地交易所成功发行上市；2001年7月16日在上海证券交易所成功发行28亿股A股。截至2007年底，中国石化股份公司总股本867亿股，中国石化集团公司持股占75.84%，外资股占19.35%，社会公众股占4.81%。

中国石化是中国最大的一体化能源化工公司之一，主要从事石油与天然气勘探开发、开采、管道运输、销售；石油炼制、石油化工、化纤、化肥及其他化工生产与产品销售、储运；石油、天然气、石油产品、石油化工及其他化工产品和其他商品、技术的进出口、代理进出口业务；技术、信息的研究、开发、应用。中国石化是中国最大的石油产品（包括汽油、

柴油、航空煤油等）和主要石化产品（包括合成树脂、合成纤维单体及聚合物、合成纤维、合成橡胶、化肥和中间石化产品）生产商和供应商，也是中国第二大原油生产商。

中国石化建立了规范的法人治理结构，实行集中决策、分级管理和专业化经营的事业部制管理体制。中国石化现有全资子公司、控股和参股子公司、分公司等共80余家，包括油气勘探开发、炼油、化工、产品销售以及科研、外贸等企业和单位，经营资产和主要市场集中在中国经济最发达、最活跃的东部、南部和中部地区。

中国石化将认真实施资源、市场、一体化和国际化战略，更加注重科技创新、管理创新和提高队伍素质，努力把中国石化建设成为具有较强国际竞争力的跨国能源化工公司。

中国石化的最大股东——中国石油化工集团公司是国家在原中国石化总公司的基础上于1998年重组成立的特大型石油石化企业集团，是国家出资设立的国有公司、国家授权投资的机构和国家控股公司。

中国石化财务部，在中国石化集团公司党组和股份公司董事会的正确领导下，认真执行"改革、调整、管理、创新、发展"的工作方针，全面落实科学发展观，理论联系实际，不断锐意创新，在深化全面预算和资金集中管理、加强税收筹划和对外投资管理、完善内控制度以及强化财务"三基"工作等方面做了大量卓有成效的工作，有力地推动了中国石化财务管理水平的不断提升。

一、建立预算编制标准，完善全面预算管理

从上到下建立预算编制标准、过程控制标准和预算考核标准，推广零基预算和月度滚动预算，建立科学的指标分解和考核体系，重点强化预算监督和过程控制，充分发挥财务的控制职能，使预算准确性和控制力明显

总会计师 刘 运

财务管理专业本科，高级经济师，中国石油化工股份公司财务部主任、财务副总监；中国总会计师协会副会长、中国总会计师协会石油分会副会长、石化工作部主任。

提高。全面预算管理的不断深化，为实现公司年度降本增效和经济效益目标起到了有力的保障作用。

二、深化资金集中管理，拓展筹融资渠道

现代企业管理以财务为中心，财务管理以资金管理为核心。财务部通过实施资金收支两条线、债务集中管理、债务统借统还，实现了资金集中管理，提高资金使用效率。同时，通过发行债券，加大直接融资比重，调整优化债务结构，有效地降低了融资成本。特别在2007年，通过发行企业债、公司债、可分交易债等直接融资

的手段，直接融资比重由年初的12%提高到34%，与贷款相比节约财务费用4.88亿元。

三、开展清理整顿，加强资产管理

财务部积极推进清理整顿工作，分级制定了切实可行的措施方案，建立了快速协调机制，实行工作例会和周报制度，抓住重点企业和难点项目，实施专题解剖，严把清退质量关，严格执行审计、评估制度。在资产管理方面，逐步建立了从投资、采购、建设、转资、维修到报废的资产全生命周期管理体系，资产处置行为进一步规范，资产质量和使用效率明显提高。

四、加强制度建设，建立内控体系

近年来，财务部从完善制度和工作标准入手，修改、制定了20多项规章制度，如根据新会计准则修订了公司《内部会计制度》和《成本费用核算与管理办法》，拟定了公司《ERP会计凭证、账簿管理规定》。特别是在内控方面，通过三年来的实施和定期修订，《内控手册》不断完善，逐步形成具有中国石化特色的"家规家法"。在2009年五部委组织的企业内控基本规范发布会上，中国石化还作为唯一一家企业代表发言，并被指定参与《企业内控基本规范》的起草、审核、修订,此项工作得到了国资委、财政部等部委的充分肯定。

五、注重财务队伍建设，提升财务管理水平

财务部一直重视财务队伍建设，引导财务人员树立"学习培训是最大的福利"的新理念，组织促使全体财务人员学习内控制度、ERP、新会计准则、新税法等知识，共培训各级财务人员近2万人次。特别是通过参加全国会计知识大奖赛和开展销售系统财务知识大比武等形式，全面有效地提升了全系统财务人员的业务能力，有力地推动了中国石化财务管理迈向新台阶。

此外，财务部还在规范和加强对外投资管理，坚持依法纳税、加强税收筹划，加强风险管理和实施内控制度，资本运作和财务稽核等方面做了大量工作。中国石化财务管理水平的不断提升，赢得了资本市场的充分认可，被评为"最佳上市公司"。

大庆油田有限责任公司是中国石油天然气股份有限公司的全资子公司，注册资本475亿元，主要从事油气勘探开发、钻井、基建、科研设计、精细化工、机械制造以及水电信服务保障等业务，资产总额2072亿元，员工总数19万余人。

大庆油田1959年发现，1960年投入开发，是我国目前最大的油田，也是世界上为数不多的特大型砂岩油田之一。大庆油田历经49年的辉煌，创造了我国石油工业的"三个第一"：原油产量第一，累计生产原油19.5亿吨，占全国同期陆上原油总产量的40%以上；原油采收率第一，主力油田采收率已突破50%，比国内外同类油田高出10～15个百分点，从1976年开始，实现年产原油5000万吨以上，持续27年高产稳产，"十五"期间年均油气当量仍然保持在5000万吨水平，创造了世界同类油田开发史上的奇迹；上缴利税第一，2000～2007年连续8年位居中国纳税百强企业榜首。

大庆油田公司牢固树立并认真落实科学发展观，大力推进"持续有效发展，创建百年油田"的战略，展示出企业良好的发展势头和优异的经营业绩。2007年，大庆油田公司首批荣获"中国工业大奖"。

在大庆油田的发展进程中，5000多名财会人员发挥了重要的作用，在"规范运作、科学理财、持续创新"的理念指引下，始终围绕"一个全面，三个集中"的工作思路，建立

大庆油田有限责任公司

截至2006年9月，大庆油田应用三次采油技术累计产油突破1亿吨，成为世界最大的三次采油研发、生产基地

起符合国际市场化发展的现代财务管理体制。

大庆油田推行全面预算管理，将全部收支活动均纳入预算管理。公司创新地应用"级差定额"预算编制模型，配套建立起符合不同业务单元的政策导向型预算管理机制，调动全员积极参与经营管理、降本增效活动，使完成预算指标成为各单位的自觉行动。

采用具有变革意义的会计一级集中核算，各业务核算单元实现"一套账"管理。将核算信息超越地域限制适时传递，成本细化模块、基建管理模块、资金计划管理、合同管理模块等系统功能整合集成，财务信息资源实现高度共享。财务人员在汲取更丰富、更及时、更准确的财务信息的同时，也将更多的精力投入到财务管理当中。

实施具有风险和效益意识的资金集中管理，实现"一个账户"管理。通过实行"柜台前移、母子账户、网上银行"及资金收支两条线的管理方式，不断完善资金内控建设，规范财务收支行为，降低了资金运营成本，缩短和加固了资金循环链条，使资金利用效益和防范风险能力不断提高。

树立"以资产一生为管理对象"的资产管理理念，推进"全员、全方位、全过程"的效益型资产管理模式。实施装备专业化、区域化管理，推广全员规范化生产维护设备管理模式(TnPM)，优化增量、控制总量、提高质量、盘活存量，实现了国有资产保值、增值和效益最大化。

建立设计有效、执行有力的内控建设体系，实现相同业务执行"一套流程"。深入推进全面风险管理，有效规避经营风险和财务风险，保证公司稳健发展。2006年，大庆油田公司顺利通过了基于萨奥法案有关条款的内部控制审计。

大力弘扬团队文化，抓好财会队伍建设。倡导"一支军队、一所学校、一个家庭"和"坚持学习、坚持思考、坚持勤奋、坚持宽容、坚持健康、坚持创新"的团队文化理念。将诚信、廉洁作为员工的立身

总会计师　闫宏

教授级高级会计师，上海财经大学硕士研究生，现任大庆油田有限责任公司总会计师。

之本，团队的发展之基，将创新作为员工共同遵循的价值观。建立全方位、分层次、多元化的人才培养机制，使财务资产人员知识结构不断完善，创新能力快速提高，综合素质整体提升。

大庆油田铸就了中国石油事业的辉煌，大庆油田的财务管理者们也将继承发扬大庆精神、铁人精神，践诺"大庆油田为祖国加油"的神圣使命，坚持科学理财道路，积极创新理财思路，不断创造卓越业绩，推动百年油田的持续发展，续写大庆油田的辉煌篇章！

中海油田服务股份有限公司

海洋石油941平台北部湾作业

中海油田服务股份有限公司（COSL，CHINA OILFIELD SERVICES LIMITED）是一家分别在中国香港（2883.HK）、上海（601808.SS）两地上市、拥有40多年海上作业经验的综合型油田服务全面解决方案供应商。公司的专业技术服务涉及石油及天然气的勘探、开发、生产三个阶段，其四大业务板块分别为钻井服务、油田技术服务、船舶服务、物探勘察服务。公司拥有相对完整的油田技术服务链，可通过一体化总包或单项服务实现与客户的共赢。

公司自成立以来，以科学发展观为引领，以践行国有企业"三大责任"为己任，以持续深化改革、管理创新和企业文化建设为"三大法宝"，在不断突破中实现了跨越式的发展。在过去的6年中，公司收入复合增长率27%，经营利润复合增长率42%，净利润复合增长率45%，总资产复合增长率24%。从2001年合并收入约23亿元增长至2007年的92亿元，6年间整整翻了两番，创造了惊人的发展速度，令国内外同行刮目相看。目前，全球15个国家和地区都有COSL的身影，COSL品牌名扬四海，蜚声内外。公司的目标是2020年成为国际一流的油田服务公司，力争跻身国际油田服务行业前三甲。

上述骄人的发展业绩离不开一支志怀高远、百折不挠的管理团队，他们紧紧围绕公司的四大核心战略和公司整体发展规划，不断探索适合公司特点的管理方法。公司从抓基础工作入手，规划调研、梳理业务流程、狠抓制度和体系建设，注重专业队伍建设和人才培养，有效地促进了规范管理，提高了工作质量和效率。

在投融资管理工作上，公司一方面坚持通过管理合理的经营活动现金流来保证公司正常发展，另一方面通过创新的思路，积极探索新的融资方式和渠道，以适应公司高速发展的需要。

公司采用了一套完整的融资工作指导思想体系——"1234"体系，即1个中心：保障公司发展所需资金，保证日常现金流稳定；2个平台：直接融资平台和间接融资平台；3个结合：股权与债权的结合，长期与短期的结合，创新与传统的结合；4个原则：融资渠道多元化，资金成本最小化，资本结构最优化，及时、高效、前瞻、实用原则。在这一完善的思想体系指导下，2007年，公司先后成功运作发债、发股两大融资工作。5月份发行为期15年的固定利率公司债券，总额达人民币15亿元。发债期间被评为债券信用AAA级，发行人主体信用为AAA级。同年9月，公司又成功登陆A股资本市场，发行5亿股，发行价为13.48元/股，募集资金净额约65.99亿元。

公司注重日常计财管理工作，主要体现在：

1. 建立和完善了三大会计报告体系，即管理会计报告、责任会计报告和税务报告体系，确保坚持向公司管理层的决策提供及时、准确可靠的经营数据。其中，公司连续五年实现年度审计零调整，并先后于2007年、2008年取得中国海油系统财务报表评比一等奖和第三名的好成绩。

2. 制定了COSL《滚动发展规划编制与管理办法》，落实投融资规划等专项规划，有针对性地建立了板块滚动发展规划模型和指标评价体系，为公司科学地制定战略发展目标奠定良好的基础。

3. 根据国家、总公司以及董事会的有关投资管理体制改革和监管要求，不断完善投资管理体系、优化投资决策程序，对投资项目按"四个类别"（即已报待批、已批在建、已批待建、在研）分口径进行管理，修改、完善公司有关投资项目决策程序和要求，明确投委会和董事会对投资项目的决策地位，强化投资项目审查和审批工作，严格控制项目造价，确保项目投资经济效益和社会效益的双赢。

上海证券交易所A股上市公司董事会成员

4.进一步稳步推进内部控制工作，积极推动内部控制体系建设，为公司2007年底颁布"十大控制体系"做出积极贡献，对保障公司持续健康发展发挥了重要作用。

5.建立公司专职兼职结合的信息化建设和管控组织体系，使公司信息化建设规划得以有效的实施。2007年8月，ERP系统顺利上线，标志着公司信息化建设迈上了新台阶。

6.在计财员工队伍的建设上，2006年率先在财务计划资金系统组织了大规模岗位交流，使员工更加注重互相沟通，换位思考，促进了各项规章制度在公司内部的落实和应用。在人才队伍的培训上，培养了一大批适应海外业务发展的财务人员。

公司十分重视与投资者的关系，每年定期、不定期地通过投资者大会、一对一会议、电话会议、业绩路演和反向路演等方式，主动与资本市场中的分析师、基金经理、财经媒体和监管机构进行沟通，让他们更了解COSL，为COSL投资树立信心。这也为COSL带了诸多荣誉。2005～2007年公司股票连续3年被标准普尔选为"全球最具投资潜力的30只股票之一"；公司获得2007年中国100家最受尊敬上市公司；被东洋证券

首席财务官 钟 华
中海油田服务股份有限公司执行副总裁兼CFO

推荐为2007年全球八大金股之一；2007年中国最具投资价值的上市公司。2008年5月，在首届中国蓝筹公司年会上，COSL凭借优良的业绩、卓越的市场表现以及在国内油田服务行业的主导优势，入选"2008年中国蓝筹百强榜"，并荣获"2008年中国蓝筹油田服务行业首强"称号；同年还入选标准普尔大中华区精选股票组合25只表现最强股票之一。

海洋石油941平台建成投入使用

中国石化燕山分公司

中国石化燕山分公司（以下简称燕山石化）目前拥有资产300亿元，年销售收入500亿元，职工16000人；其原油加工能力超过1200万吨/年，乙烯生产能力超过80万吨/年，是我国最大的合成橡胶、苯酚丙酮生产和高品质成品油生产基地，也是我国最大的合成树脂生产基地之一。截至2007年底，燕山石化累计加工原油2.33亿吨，生产乙烯1323万吨，生产石化产品2亿多吨，累计实现销售收入4766亿元，实现利税605亿元，实现利润251亿元，为国民经济和社会发展做出了贡献。

燕山石化始建于1967年，成立于1970年，是我国建厂较早、规模最大的现代石油化工联合企业之一。20世纪60年代，根据当时国际、国内政治环境和"备战、备荒、为人民"的战略方针，以"靠山、分散、隐蔽"，"进山、入洞"，"少占或不占耕地"为原则，选址房山县周口店坟山村，建成了一座现代化炼油厂（即东方红炼油厂），结束了北京地区不生产石油产品的历史，奠定了燕山石化的坚实根基。

1970年7月20日，国务院批准成立北京石油化工总厂，开始形成初具规模的石油化工联合企业。70年代，为加快我国石化工业发展速度，经毛主席圈阅、周总理批准，燕山石化引

燕山石化办公区

进国内第一套年产30万吨乙烯及其配套装置，按期完成装置建设并一次开车成功，开创我国建设大型引进装置的成功范例，成为我国现代石化工业的一座里程碑。80年代，燕山石化陆续建成一系列配套装置和公用、民用设施，走出了一条系统优化、内涵发展的道路。90年代，燕山石化用28个亿的投资、28个月的工期将30万吨／年乙烯装置改扩建到45万吨／年，闯出一条依托现有装置并通过技术改造加快企业发展的新路。进入21世纪后，燕山石化又率先完成了乙烯第二轮改造，将45万吨／年乙烯装置扩建到71万吨／年，在加速发展石化工业方面进行了有益的探索。2007年，燕山石化完成1000万吨／年的炼油系统改造，燕山石化成为我国第一家生产欧IV标准高品质成品油的千万吨炼油基地，公司进入了一个崭新的发展时期。

党的十六大以来，燕山石化坚持科学发展，积极转变经济增长方式，努力探索新工业化道路。2003～2007年的5年间，实现销售收入增长80%，利税增长47%，利润增长122%，万元产值能耗下降35%，万元产值新鲜水耗下降62%，外排污水总量下降50%，外排污水化学耗氧量下降60%。燕山石化被授予"中国能源绿色企业50佳"、"全国企业文化示范基地"等称号。

今后一个时期，燕山石化将全面贯彻党的十七大精神，深入贯彻落实科学发展观，坚持"精心工作、严细管理、持续创新、科学发展"，努力把燕山石化建设成为资源利用率高、核心竞争力强的石化企业。按照"做大做强炼油、做精做优化工"的总体思路，一方面，发挥地处首都市场容量大、一次加工能力比较强、原油成品油管输能力充足的优势，通过提高二次加工能力，完善系统配套，努力提高炼油总量；另一方面，积极争取三轮乙烯改造，通过优化资源配置，调整产品结构，提高加工深度，延长产业链，突出产品特色，把化工做精做优。到2010年，燕山石化将继续保持全国最大的合成橡胶、合成树脂、

燕山石化总会计师　莫正林

总会计师莫正林与燕山石化财务领导开会研究工作

苯酚丙酮生产基地以及全国质量最好的清洁油品生产基地的地位。2008年预计年销售收入超过1000亿元，利税60亿元以上；在经济效益实现飞跃的同时环境得到改善，与"十五"末相比，万元产值综合能耗下降25%，万元产值新鲜水耗下降40%。

中国航天科技集团公司

"嫦娥奔月","万户飞天","太空漫步"……几千年来，对广袤的太空，中华民族充满了期待，充满了向往。而今天，中国航天科技集团公司以承担的载人航天工程和绕月探测工程为引领，从一箭双星到一箭多星，从服务国内到服务全球，一步步搭建起迈向太空的天梯，在航天科技这个世界科技的高峰领域稳稳占据了一席之地。

中国航天科技集团公司成立于1999年7月1日，是拥有"神舟"、"长征"等著名品牌和自主知识产权，创新能力突出、核心竞争力强的国有特大型企业集团，其前身源于1956年成立的我国国防部第五研究院，50年来历经第七机械工业部、航天工业部、航空航天工业部和中国航天工业总公司的历史沿革。

集团公司拥有中国运载火箭技术研究院、航天动力技术研究院、中国空间技术研究院、航天推进技术研究院、四川航天技术研究院、上海航天技术研究院、中国航天时代电子公司、中国航天空气动力技术研究院8家大型科研生产联合体，以及中国长城工业总公司等数家专业公司、上市公司和直属单位。

集团公司主要从事运载火箭、人造卫星、载人飞船和战略、战术导弹武器系统的研究、设计、生产和发射，专营国际商业卫星发射服务，具有大型系统工程管理的能力和经验。科研生产基地遍及北京、上海、天津、西安、成都、内蒙古、海南等地。集团公司还积极运用航天技术，大力发展卫星应用、信息技术、新材料与新能源、航天特种技术应用、特种车辆及零部件、空间生物等重点领域，形成了军民融合的发展格局。

集团公司获得两项国家科学技术进步特等奖。2006年7月，集团名列科技部、国资委和全国总工会启动的首批103家创新型企业试点单位之首。2007年，集团荣获国家首届"中国工业大奖"和国资委颁发的2004～2006年中央企业任期考核"业绩优秀企业"和"科技创新特别奖"。

集团公司整体经济保持健康快速发展，从1999年成立到2007年底，集团总收入从133亿元增长到606亿元；利润总额从2亿元到超50亿元，跻身中央企业30户重点盈利企业之列；资产规模也从296亿元增长到1271亿元，进入了中央企业的第一梯队。与此同时，集团公司的经济运行质量也得到了大幅提升，成本费用率从1999年的近

100%降低到2007年的92.9%，净资产收益率也从成立之初的2%提高到15.8%。

集团公司圆满完成了神舟五号飞船、神舟六号飞船载人航天飞行和嫦娥一号卫星绕月探测飞行任务，铸就了我国航天发展史上两座新的里程碑；实现了长征系列运载火箭100次发射的历史性跨越，取得了商业卫星整星出口零的突破。

2003年10月15日，长征运载火箭成功发射，中国首飞航天员杨利伟问鼎苍穹，浩瀚太空，从此有了中国人的身影。两年后，中国将两名航天员成功送上太空。从"一人一天"到"多人多天"，中国载人航天又向前迈出了一大步。2008年9月27日下午，随着神舟七号飞船轨道舱舱门的徐徐开启，中国航天员翟志刚进入茫茫太空，并挥舞国旗向人们致意。太空舞动的五星红旗告诉世界：中国，正式成为第三个掌握出舱技术的国家。

2004年，绕月探测工程正式立项，距地球40万公里的月球成为中国太空探索的新目标。2007年10月24日，嫦娥一号升空；11月5日，嫦娥一号被月球捕获；11月26日，中国第一幅月球图像正式发布……像是欣赏一场精彩的演出，谈笑间，"嫦娥奔月"的美丽传说从梦想走进现实。继人造地球卫星、载人航天之后，中国航天从此新增了一座闪光的里程碑，开启了中国人走向深空探索宇宙奥秘的时代，标志着我国已经进入世界具有深空探测能力的国家行列。

集团公司加强了与地方政府和国内外大企业集团的战略合作，开展了上海和西安两个国家民用航天产业基地的建设，通过多渠道融资，扩大了航天民用产业的投资规模，以上市公司和重点产业化项目为代表的航天民用产业正在不断发展壮大。2007年，民用产业收入规模达到了279.8亿元，占据了半壁江山。

集团公司现有从业人员12万余人，已培养形成了以重点学科带头人为代表的科技人才、以优秀企业家为代表的经营管理人才和以能工巧匠为代表的技能人才等五支人才队伍。其中，有中国科学院、中国工程院院士30余名。通过大力实施人才强企战略，新一代航天人才队伍已经形成。

在出成果、出人才的同时，孕育形成了航天精神、"两弹一星"精神和载人航天精神，培育形成了以"以国为重、以人为本、以质取信、以新图强"为核心价值观、具有鲜明时代特征和航天特色的企业文化。

过去的几年中，集团公司一手抓型号科研生产任务，不辱国家赋

总会计师 吴艳华

研究员，中共党员，硕士。2005年2月起任中国航天科技集团公司党组成员、总会计师。中国总会计师协会副会长、航天分会会长。

予的神圣使命；一手抓经营管理，锐意创新。这其中，各级总会计师委派到位，财务战线的全体员工奋发拼搏，各项财务管理工作得到了快速、整体推进，同时在重点领域取得了较大成效。财务工作与市场经济接轨，走上了规范化、体系化、市场化运作的轨道，历史性地实现了从行政性收支财务管理向经营型财务管理的转型升级，实现了由粗放向集约的转变，由被动的保障服务向主动谋事、参与重大决策的转变，由事后反映为主向事前策划的转变，由单一核算职能向完整管理职能体系转变。

现阶段，集团公司形成了集团化财务管理顶层战略，坚持"支撑战略、集中控制、精细管理、创造价值"的指导

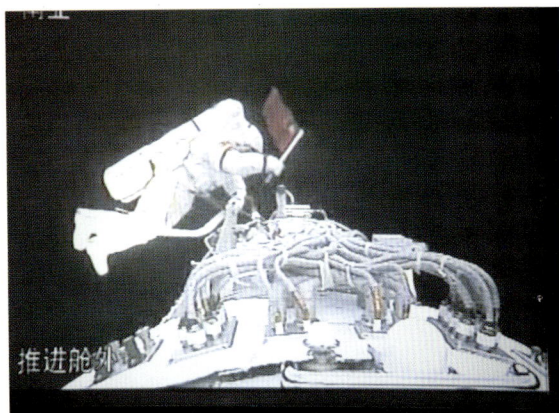

思想，实现"1361"财务工作总体目标——"确立一种模式、建设三项工程、构造六个体系、培育一支队伍"，即完善建立"统一管理、集中运作、预算统筹、核算集成、风险监控、绩效考评"的集团化财务管理模式；推进成本工程、财务信息系统工程和财务风险控制工程；健全全面预算管理体系、会计核算管理体系、资金管理体系、型号价格管理体系、资产产权管理体系和绩效考评体系；造就一支诚信为本、奉献高效、结构合理、人才辈出的财会队伍。

集团公司正在实现由经营型财务管理向集团化财务管理的新跨越，充分发挥财务价值管理的职能，强化注重决策支持的战略化财务管理，深化集中管理与战略协同并行共进，谋求信息化手段更加先进，显著提升集团公司的风险管理能力及对信息和知识的整合能力，优化资源的统筹配置，为实现发展战略保驾护航。

"神七"载人飞船成功出舱

"神七"载人飞船成功返回

中国航天科工集团公司是由中央直接管理的国有特大型高科技企业，资产过千亿，拥有7个研究院、2个科研生产基地、科研生产企业和专业研究所，6家上市公司和150多个企事业成员单位。

集团公司的前身是于1956年10月创建的国防部第五研究院，先后历经第七机械工业部、航天工业部、航空航天工业部、中国航天工业总公司、中国航天机电集团公司，在2001年经国务院批准后正式更名为中国航天科工集团公司。

航天科工集团拥有以"两弹一星"元勋黄纬禄为代表的多位德高望重、国际知名的航天老专家、两院院士、一大批中青年科技学术带头人以及一支始终践行"自力更生、艰苦奋斗、大力协同、无私奉献、严谨务实、勇于攀登"航天精神的管理、科技、政工、技能人才队伍。在近10万名职工中，各类专业技术人员占40%以上，青年职工接近半数。

集团拥有亚洲最大的北京仿真中心以及导弹控制系统仿真国防科技重点实验室等多个国内乃至国际一流的大型实验室，拥有一批现代化的生产加工中心，技术实力与科研生产能力十分雄厚。

集团成立以来，经济指标一直保持两位数的增长速度，发展势头十分强劲，被国内权威机构评为"中国百强企业"和"中国最具影响力"企业。

集团以航天防务、信息技术、装备制造为主业。用航天技术铸造中华神剑，发展一流航天防务技术，先后为国家提供了大量不同类型、性能先进的导弹武器系统，在远程精

办公大楼

中国航天科工集团公司

确打击、争夺作战空间等方面具有相当实力，极大地提高了我军应对复杂情况和突发事件、赢得未来高技术条件下防卫作战胜利的能力。2008年1月8日，集团公司研制的某重点型号工程荣获唯一一个最高奖项——国家科学技术进步特等奖。集团公司研制生产的固体火箭发动机、卫星有效载荷、星上零部件等多种航天产品，成为火箭、卫星、飞船不可分割的重要组成部分。

按照"寓军于民，军民融合式发展"的总体战略部署，集团公司坚持和平利用军工技术，逐步将航天技术转为民用，在信息安全、装备制造、金融与贸易、建筑与房地产等方面形成了自己的特色和优势，为我国国民经济建设与发展做出了重要贡献。

奥运火，航天心。2008年第29届北京奥运会，集团公司在奥运火炬燃烧系统设计、奥运火炬登顶珠穆朗玛峰并成功点火、奥运安保科技系统设计、集成和保障，开闭幕式大型配套工程以及奥运场馆建设等方面做出了突出贡献。集团公司研发的大型赛事电子门票系统首次在奥运会上大规模使用，创造了世界第一，实现了奥运会安保技术和理念上的重大突破。

在信息产业领域，列为国家重点工程的航天金税防伪税控

系统，作为集团公司推向市场的"三金"工程之一，为国家实施税制管理，以及打击利用增值税发票进行经济犯罪提供了先进可靠的科技手段，每年为国家财政增收上千亿元，被中央领导称赞为"具有中国特色的创造发明"。

在装备制造领域，集团公司大型平板车项目入选首批国防科技工业军民结合产业示范项目；大型风力发电设备，发展势头强劲并逐步在国内国际市场崭露头角；应急急救车、多功能远程会诊车、手术车、防疫车、野外炊事车和移动卫星通信车等在人防、医疗、交通、气象、消防等各种突发事件的应急指挥、远程医疗和急救护理中效果显著，在四川汶川大地震中，这些特种车辆、装备发挥了重要保障作用。

采用先进工艺制作的永远盛开的香港紫荆花、澳门盛世莲花，巍峨壮观的香港天坛大佛、无锡灵山大佛、南海三面观音等，让海内外人士叹为观止。

如今，集团公司已经形成了重点发展航天防务装备、信息产业、装备制造业三大主业，并稳妥发展金融、贸易等现代服务业及建筑房地产业的"军民融合"式发展战略格局。

集团公司的财务工作始终紧紧围绕集团科研生产和经营发展中心任务，以科学发展观为指导，全面推动变革与创新，近年来集团公司经济规模大幅增长，经济效益稳步提升。

一、实施财务战略管理，建立战略指引机制

航天科工集团积极推进稳健发展、攻守平衡型的财务战略，精心构建一个基础管理平台，全力打造两个金融平台，努力实现三个重大转变，全面推进四大管理控制体系建设。

二、率先启动全面预算管理，推动集团战略目标实现

航天科工集团于2002年在军工行业率先启动全面预算管理工作，已经形成了全员参与、全过程控制、全方位反映的预算管理模式，通过预算管理的

集团公司研制的远程医疗会诊车整装待发

集团公司研制的舰空导弹

集团公司总经理许达哲作为全国唯一的
科技界代表前往雅典迎取圣火

传导机制，落实发展战略、优化资源配置。

三、持续推进资金集中管理，提高整体资金效益

2002年起逐步推行"以财务公司内部融资为主、以集团公司统一签约授信银行为辅"的资金集中统一和筹资统一管理模式，充分实现集团"资金集约化"和"效益最大化"管理目标。

四、高起点推进财务信息化，实现会计核算四统一

大力推进财务信息化，率先在军工行业搭建了"统一软件、集中管理、穿透查询、实时监控"的通用基础核算平台，财务信息化一期工程项目团队获2007年度中国企业信息化500强优秀信息化团队建设奖。

五、持续改进基础工作，推进财务信息质量保证体系建设

持续改进和完善会计核算体系、财务分析评价体系、财务监督检查体系，实施严格的奖惩措施，推进财务信息质量保证体系建设。

六、多方推进队伍建设，整体素质明显提升

通过多种方式持续推进财会队伍建设，全面提升人才队伍结构、专业知识层次、综合管理和职业操守能力。截至2008年，集团公司有6人入选"会计领军人才"，占军工行业的43%，在2007年全国会计知识大赛复赛中取得了军工行业第一名的好成绩。

今天，承载着50多年发展所取得的丰硕成果，中国航天科工集团公司正满怀信心、充满激情地冲出新世纪的起跑线，以富国强军为使命，以和平与发展为己任，努力实现新的跨越！

总会计师　刘跃珍

中国航天科工集团公司党组成员、总会计师。中国总会计师协会常务理事，中国会计学会理事兼企业会计准则专业委员会副主任委员，中国航天工业会计学会会长。硕士研究生、研究员级高级会计师，第十届全国人大代表。

纺织行业

山东如意科技集团

山东如意科技集团是多元持股的大型中外合资企业，国家级高新技术企业，纺织产业突出贡献企业，全国纺织十佳经济效益支柱企业，中国毛纺织最具竞争力十强企业，山东省百家重点企业集团。2007～2008年度中国纺织服装企业综合竞争力500强排名中名列第13位，中国纺织服装行业出口100强中列第5位，中国纺织服装行业主营业务收入列第14位，中国毛纺行业竞争力十强企业，中国印染行业竞争力十强企业，成为全国独家同时获得五个奖项的企业，被业内人士称为是"一份反映企业在全球化时代生存和竞争能力的榜单"。集团目前资产总额55亿元，职工近2万人。

集团旗下涉及精纺呢绒、兔毛纺纱、纺织服装、棉纺织、棉印染、针织、纤维、牛仔布、房地产等产业，拥有进出口自主权，通过ISO9001和ISO14001认证。2001年，集团在济宁市高新技术产业开发区投资兴建如意高新技术工业园，现已全部竣工投产。2005年，在重庆万州区建设的50万锭中国技术纺织基地项目，成为国内乃至世界最大的紧密纺生产基地。

为与国际市场接轨，公司在澳大利亚联邦科学院、国际羊毛局、意大利毛纺协会建立科研开发机构，并与中国纺织科学院等国内科研院所建立长期的产学研合作关系。1994年被认定为国内同行业中第一家国家级技术中心，1998年被国家纺织局定为全国纺织企业首批重点支持的"扶优扶强"、"以产顶进"企业，2000年被国家科技部认定为"火炬计划重点高新技术企业"，2001年被国家纺织产品开发中心评定为"精毛纺织产品开发基地"；公司拥有自主知识产权的赛络菲尔双组分纺纱及其系列产品荣获国家科技进步二等奖，是新中国成立50多年来同行业中唯一获得的国家科技进步奖最高奖项；目前拥有国家专利3项，5个产品获国家科技进步奖、10余个产品获山东省科技进步奖，20余类产品通过国家级技术鉴定，达到国际先进水平。

集团在国内、国际市场树立了良好的品牌形象。"如意"品牌同时获得国家质检总局认定的"中国名牌产品"、国家工商总局认定的"中国驰名商标"、国家商务部认定的"重点培育和发展的中国出口名牌"三项殊荣，是纺织行业唯一一家同时获此殊荣的企业。

财务管理经验

集团全部核心子公司财务实行集中式财务管理模式，实现财务、业务一体化管理。所有子公司的财务人员人事、办公场所统一由集团财务管理；财务管理决策权高度集中于集团公司，子公司的利润分配、费用开支、工资及奖金分配、财务人员任免等重大财务事项都由集团公司统一管理。

如意大厦

一、资金、人员、制度的统一

（一）资金管理统一：实行统收统支、以收定支，收支两条线；

（二）财务机构、人员管理统一：集团所属子公司及集团范围内各独立法人实体及单位的财务人员全部实行集团统一管理；

（三）内部管理制度统一：集团公司制定统一的内部财务制度、内部结算制度、内部资金管理制度、财务人员管理制度等，各公司统一执行。

二、充分发挥集团资金管理中心、集团结算中心、财务管理中心的职能作用

（一）财务管理模式分为二级管理模式，一级为在本地地域设立一级财务管理中心，二级为在本地地域以外的事业部或子公司进行财务与业务数据转入后直接通过信息网络技术进行管理。

（二）资金管理中心：主要负责集团所有公司的银行融资业务、集团各子公司内部信贷业务的审批和发放。

（三）财会管理中心：实施集中式财务管理模式后，逐步实现财务与会计分设，有利于提高财务管理水平。

（四）集团结算中心：集团结算中心主要负责集团公司所有

总会计师　崔居易

1956年生，1975年1月至2001年12月先后在山东济宁毛纺织厂、山东如意毛纺集团总公司担任会计、财务科长、财务处长、总会计师；2002年1月至今在山东如意科技集团有限公司担任总会计师。

子公司结算业务、内部资金结算以及与集团商流本部和物流本部的衔接、资金的收入和支出业务。

山东如意高新技术工业园规划鸟瞰图

上海申达股份有限公司

上海申达股份有限公司自1992年改制成立以来，始终秉承"创造一流"的企业精神，不断进行产业结构调整和转型升级，经过16年的努力和探索，已成功地从一个纯粹纺纱织布的传统纺织企业发展成为一个外贸出口为龙头，高新材料成支柱，传统纺织奠基础，房产物业作补充，资本运营显特色，主营突出，工贸结合，多元发展，跨国经营的现代纺织企业。公司旗下的进出口贸易板块的两家企业均位列全国进出口企业500强，出口规模和效益连年位居全国纺织自营进出口企业榜首，同世界上120多个国家和地区的1000多个客户建立了长期稳定的业务关系；汽车纺织内饰板块下辖12家控股和合资企业，主要生产汽车地毯、内饰面料、安全带等汽车纺织内饰产品，是上海大众、一汽大众等企业的主要供应商，其综合能力在国内同行业中名列前茅；新材料板块下辖5家企业，产品主要为PVC柔性复合材料、土工合成材料等产业用纺织品，是国内最大的PVC柔性复合材料生产商。

数字见证了申达的发展成就：从1992年至2007年底，公司的年销售收入从4.75亿元增长到48.29亿元；年出口创汇从2051万美元增长到5.08亿美元，累计实现出口创汇39.14亿美元；年利润总额从2792万元增长到2.04亿元，累计实现利润16.7亿元；净资产从1.61亿元增长到16.8亿元（不包括已分红），公司实力大幅增强；重视股东利益，坚持回报股东，

公司总部

控股企业——上海汽车地毯总厂

16年中累计分红12次达4.8亿元，至今一直列入上证红利50指数。

在业绩稳定增长的同时，财务指标也不断优化，资产质量显著提高。2007年，资产负债率从1992年的64.67%降低到30.8%，偿债能力坚挺；净资产收益率达10.14%，始终维持较高的盈利水平；净资产周转率达292.87%，运转效率颇佳；速动比例达151.61%，应收账款周转次数达22.6次，存货周转次数达26.84次，资产流动性处于很高的水平；应收款和应付款的比例为0.75：1，"借鸡生蛋"，资源利用率颇高。

作为一个传统的纺织企业，多年来始终保持如此良好的财务状况，取得如此骄人的成绩，实属不易。这与公司重视财务管理、充分发挥财务管理职能有着密切的关系。

重视财务管理，确立财务管理地位。申达股份历任经营者都非常重视财务管理工作，将财务管理作为公司经营中的第一性管理。财务总监在财务管理、经营管理、战略决策上与总经理、董事长相辅相成，相得益彰，使财务管理功能得以有效地开展。

健全内控制度，推进财务管理工作。在发展企业和控制企业相制衡、岗位和职责相配套、分权和制约相挂钩、静态和动态相结合等方面完善内部控制制度。不仅从静态上注重内控制度的覆盖面，而且在动态上随着外部环境的变化和业务职能的调整，不断修订和完善内控制度体系。

创新职能手段，延伸财务管理职能。根据财务管理职能的特性，深度挖掘和开发"114"——查询职能、"110"——报警职能、"12121"——预测职能、"120"——急救职能，最大限度地发挥会计职能。并充分利用"申达财务之窗"的网络信息平台，使之落到实处，提高了工作效率，降低了管理成本。

做好当家理财，生财聚财理财有道。始终以提高公司效益为中心，提高资金使用效率，降低资金使用成本。不断探讨生财之道，提高资金利用效率；弘扬理财之术，改善资产质量；研究聚财之途，紧抓开源节流。在履行财务管理职责的同时，每年都能为公司贡献不菲的收益。

申达的财务管理团队做出了很多有益的探索，取得了显著的成绩。申达股份先后获得"A类纳税信用单位"、"A类财务会计信用单位"荣誉称号，是上海首个"双A"上市公司；市级以上刊物对申达股份的财务管理经验进行了十多次的专题报导；多家媒体先后对财务总监丁振华先生进行了20多次的访谈；上级领导单位多次授予申达

财务总监 丁振华

上海申达股份有限公司财务总监。先后荣获全国、全国纺织、上海市"先进会计工作者"等荣誉称号。

财务先进集体称号，丁振华先生多次荣获全国、全国纺织和上海市先进会计工作者称号。

展望申达未来的发展，申达财务将继续坚持"诚信为本，操守为重"的管理原则，尽职尽责，为早日实现公司使命和公司愿景贡献自己的力量。

联想集团

联想集团于1984年在北京成立，到今天已经发展成为全球领先PC企业之一，由联想集团和原IBM个人电脑事业部组合而成。联想的2007/08财年营业额达164亿美元，占有全球7.6%的市场份额。从1996年以来蝉联中国国内市场销量第一，并连年在亚太市场（日本除外）名列前茅（数据来源：IDC）。联想集团于1994年在中国香港上市（股票编号992）。

在过去的四分之一世纪，PC在全世界迅速普及，改变了人们的工作和生活方式，极大地提升了生产力和社会效率，在这一历程中，联想扮演了至关重要的角色。作为全球PC行业的领导厂商，联想以自主创新和服务客户的理念，不仅连续11年保持中国市场领先地位，而且在中国和亚洲谱写了令人叹服的PC传奇。

面对新的时代，新联想将秉承"成就客户、创业创新、正直互信、多元合作"的坚定信念，全力打造一个以快速成长和锐意创新为导向的全球化科技企业。联想将始终致力于开发、制造并销售最可靠的、安全易用的技术产品及优质专业的服务，帮助全球客户和合作伙伴取得成功。

联想集团通过联想自己的销售机构、联想业务合作伙伴以及与IBM的联盟，新联想的销售网络遍及全世界。联想在全球拥有超过23000名员工。制造和物流基地主要设在中国、墨西哥、美国、波兰、印度、马来西亚、日本和澳大利亚等。联想拥有庞大的分销网络，在中国有大约近万个零售点为客户提供服务。

联想集团的强大实力包括享誉全球的"Think"笔记本电脑品牌及中国家喻户晓的联想品牌，为消费者和企业客户提供优质专业服务的能力，以及在中国这个全球增长最快的IT市场上已经建立的领导地位。

在全球范围内，联想为客户提供屡获殊荣的ThinkPad笔记本电脑和ThinkCentre台式机，并配备了ThinkVantage技术、ThinkVision显示器和一整套PC附件和选件。联想集团凭借其领先技术的个人电脑产品、易用的功能、个性化的

设计以及多元化的解决方案而广受欢迎。联想还拥有针对中国市场的丰富产品线，包括移动手持设备、服务器、外设和数码产品等。2006年2月，联想同步在全球10个城市同期发布了联想中小企业电脑，开始了Lenovo品牌国际化的营销战略。

联想集团是一家极富创新性的高科技公司，秉承自主创新与追求卓越的传统，联想持续不断地在用户关键应用领域进行技术研发投入。联想将最新的研发成果从实验室带到市场，转化为生产力并改善人们的工作和生活。联想集团建立了以中国北京、日本东京和美国罗利三大研发基地为支点的全球研发架构；在中国大陆，联想还拥有北京、深圳、上海和成都四大研发机构。

联想为全球PC技术的进步做出了重要贡献。联想集团拥有包括众多世界级技术专家在内的一流研发人才，他们曾赢得了数百项技术和设计奖项，其中包括2000多项专利，开创了诸多业界第一。联想研发团队的最终目标是改善个人电脑拥有者的整体体验，同时降低总体拥有成本。

2003年，联想将其英文标识从"Legend"更换为"Lenovo"，其中"Le"取自原标识"Legend"，代表着秉承其一贯传统，新增加的"novo"取自拉丁词"新"，代表着联想的核心是创新精神。2004年，联想公司正式从"Legend"更名为"Lenovo"。

2004年3月26日，联想集团作为第一家中国企业与国际奥委会签署合作协议成为国际奥委会全球合作伙伴。在2005～2008年的4年内，联想集团为2006年都灵冬季奥运会和2008年北京奥运会以及世界200多个国家和地区的奥委会及奥运代表团独家提供台式电脑、笔记本、服务器、打印机等计算技术设备以及资金和技术上的支持。

2005年5月1日，联想完成了对IBM全球个人电脑业务的收购，这标志着全球第三大个人电脑企业从此诞生。这笔交易的完成对联想是一个历史性的事件，标志着全球个人电脑产业新纪元的开始。

2006年2月，都灵第20届冬季奥运会上，联想提供了近5000台台式电脑、600多台笔记本、近400台服务器、1600台桌面打印机以及技术支持和服务，历经17天冬奥会赛程，2次大型预演，16次测试比赛，100余项模拟检测，联想始终表现如一。尤其是在冬奥会赛事进行当中，联想所提供的所有IT产品无一例外地实现了"零故障"运行，赢得了国际奥委会和都灵奥组委的高度信赖和评价。

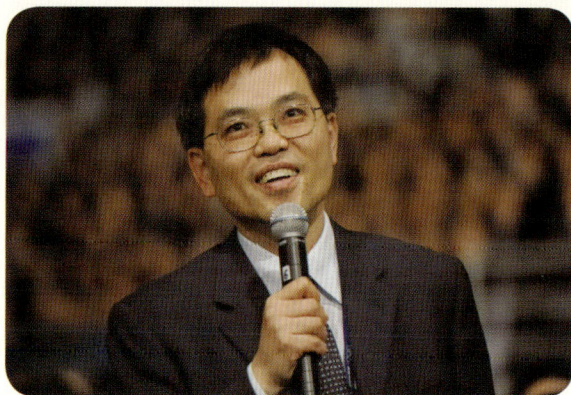

首席财务官　黄伟明

香港会计师公会以及英格兰及威尔斯特许会计师公会会员，英国曼彻斯特（维多利亚）大学（Victoria University of Manchester）管理学理学学士学位。在投资银行业务方面拥有逾15年经验，曾为香港联合交易所有限公司上市委员会成员。2007年7月起担任联想集团首席财务官兼高级副总裁。

2007年3月，联想和北京奥组委确定了支持北京奥运会的服务器、打印机、台式电脑、笔记本电脑的型号和配置，并已经完成集成实验室第一阶段的设备安装和第三批的硬件交付，为奥运会的前期准备尤其是测试赛提供了重要的技术、设备支持。

2008年5月，联想以自身的信息技术、产品和服务，成功助力北京奥运会火炬祥云登顶珠峰，不仅为中国登山队提供了安全可靠的信息技术保障，还为中外媒体搭建了稳定畅通的信息平台，让全球公众共同见证这一盛事。

联想承诺成为一名负责和积极的企业公民，通过自主创新，不断改善经营，为社会发展做出贡献。联想坚信企业是社会的一个重要部分，并致力于与员工和当地社会一道改善人们工作和生活的质量。在2003年和2005年，联想分别向中国非典防治和南亚印度洋海啸灾区提供了资金帮助，2008年5月的四川汶川地震后的第一时间，联想捐赠1000万元人民币并组织员工献血。联想还积极支持中国的体育和健身事业发展，分别向中国国家女子足球队、北京2008年奥运会申办委员会和奥运火炬珠峰登山队提供资金和设备的支持。2008年7月，联想首次入围《财富》杂志全球500强。

联想集团的财务管理有三大特点：第一，充分利用信息

联想 成就科技奥运梦想

lenovo

系统的优势，使财务信息更加精准；第二，打通业务流程中的各个环节，促进财务信息的高效和透明度；第三，充分发挥财务信息的作用，使其真正为管理者和经营者提供决策支持。

主要体现在如下几个方面：

一、利用信息系统的优势，搭建企业的财务信息流通道

随着2000年联想实施ERP系统以来，ERP带给人们的变革理念已经植入联想财务的管理体系，不断地将财务管理理念以及逐层细化的需求，通过信息系统的配置和实施，使其能够更加高效地、准确地加以管控，使得财务信息系统管理不断迈向新台阶。目前，联想财务系统全面实施了ERP系统，所有的会计凭证实时可以生成。对外的财务系统可以与金税系统、银行对账系统实现自动对接，同时按照各种不同要求的报表在月底结账后1天内即可完成；集团合并报表和绩效考核报表也可通过ERP系统自动完成，使各层管理者迅速而全面地掌握信息，加速决策过程。

二、完善内控体系，发挥财务的管控作用

2004年6月，财务和审计部门共同颁布了《联想集团内控制度》，通过颁布企业内控标准，规范了供应和销售环节的流程控制点要求。每个财务年度初，财务部门都会结合《企业会计准则》的要求，颁布本年度的《会计核算准则》以及配合内部管理而颁布的《管理会计核算准则》。确保制度的落实，包括业务流程、操作手册以及检查规则在内的一整套流程文档逐

步加以完善，已经成为财务人员进行制度落实的有力保障。截止到2008年10月，财务部门共颁布了13大类，共190余个流程文档，这些流程文档进一步明确了"哪些业务需要遵循什么样的制度"、"这些制度应该如何进行监控"，等等。完善的制度体系以及配套的流程监控机制，是财务内控管理体系中相互促进的两大重要组成部分。

三、不断推进精细化核算，促进经营分析效果

联想集团1994年就打破传统观念，在企业内部实现了事业部的管理考核体制。随着内部考核体制的逐步深入和细化，经营者以及事业部的负责人对财务信息更加关注，也提出更多更精细的需求。在内部考核机制的推动下，财务部门一直不断致力于精细化核算，并不断推广和应用这一成果。直至今天，财务部门提供给管理者的各种报表，不仅包括传统的损益和资产负债等报表，还提供了按产品、按区域、按销售模式甚至按订单的多维度的内部考核信息，这些信息又通过集中维护和集中管理的集团报表发布系统（BW、SAP公司）展示给各级使用者，有效地促进了经营决策的实施。

四、全面的预算管理措施，确保经营绩效的达成

联想集团实施全面预算管理体系，主要从以下几个方面入手：第一，健全预算管理的流程，使之形成一套从预测、预算、跟踪、完善等几个环节的闭环；第二，明确各级预算参与者的职责，使责权落实到位，形成从上至下，由粗到细的逐级责任制，充分调动预算参与者在预算过程中的积极作用；第三，强调财务部门在预算管理过程中的监督、管理责任，并将预算的准确率、预算工作的满意度等KPI纳入到财务部门的考核目标中；第四，发挥信息系统的效能，利用信息系统开发了工作流程的审批管理、数据的版本管理和过程中的变动管理等。

五、不断创新，迈向财务国际化进程

2005年并购IBM的个人电脑业务后，联想财务也面临了一场国际化的变革。过去，联想财务管理的理念一直被其他企业效仿，并且也是国内第一家实施财务ERP系统的企业；国际化的联想财务正在积极投身于建立统一的财务信息战略平台，不断完善适合国际化企业财务运作的各种流程和制度的体系搭建工作。

法政集团

　　北京法政集团创立于1993年，现已发展成为集房地产业、教育事业、医疗卫生、法律服务、物业管理、金融典当、出国留学、跨国公司经济咨询与研究为一体的全方位、多层次、宽领域经营的现代企业集团。注册资金2亿元，员工1000余人，资产总额23.5亿元，下属18家子公司。

　　1993年起，法政集团在亚北地区相继独资开发了王府公寓、园中园别墅、新王府豪华公寓、王府温馨公寓、北京景山学校等项目，组成占地面积2平方公里、总建筑面积60万平方米的王府大社区。社区处于中轴龙脉，上风上水，环境优雅，配套设施完善，以规模人、档次高、管理好而誉满京城。

　　2001年，集团在中关村上地开发区核心地带兴建的国际科技创业园，面积16万平方米，集金融、餐饮、购物、娱乐于一体，按照国际5A智能化高档商住公寓标准建筑，造型典雅大方，品质精良，是上地信息产业基地的标志性建筑群。

　　积极发展教育事业是法政集团贯彻落实"科教兴国"战略的重要举措。集团1996年创办北京景山学校分部，并于2007年改组为景山实验学校。学校占地150亩，建筑面积10万平方米，设施完善，环境优美，师资力量雄厚，现有在校生1200人，实行开放式教学、封闭式管理，培养"德、智、体、美、劳"全面发展的复合型人才。

　　为适应教育国际化发展趋势，集团于2003年创办了中外合作的北京王府学校，引进英国剑桥大学考试委员会教育标准课程，成为全国首家"剑桥国际教育考试中心"。2007年与美国明尼苏达大学中国中心合作，引入美国教育导向的AEOP项目，现有在校生400人，先后有近百名毕业生进入英国剑桥、帝国理工、华威、美国明大、纽约大学、普林斯顿等世界名校学习，奠定了法政教育事业国际化的基石。

王府大社区全景

北京大学教师经济适用房

为积极参与医疗事业，发扬传统中医文化，法政集团投资5亿元兴建王府中西医结合医院，是北京市第一家大型非营利性中西医结合医院，也是北京中医药大学附属医院及临床医学院，并经有关部门审批，于2008年10月底成为医保定点医院。医院按照国家三级甲等医院标准设计，融临床、教学、科研、药业为一体，传承发扬中华传统医学，并重西医治疗手段，充分满足了周边50万人口就近医疗的需要。

多年来，法政集团在企业发展的同时不忘回报社会，先后累计向光彩事业促进会、中国残疾福利基金会、中国政法大学等团体及受灾贫困地区捐款捐物1000余万元。尤其是2003年抗击"非典"、2008年抗震救灾等斗争中，行动迅速，表现突出，多次被民政局、工商联等部门评为先进单位。

为把握时代脉搏、掌控经济热点，法政集团同商务部共同组建研究所，并相继开设金融典当、法律服务等资本、知识密集型产业，丰富产业结构，抢占市场的制高点。

放眼未来，我国正从新的历史起点出发，迈上更加壮丽的新征程。法政集团将继续高举中国特色社会主义伟大旗帜，以邓小平理论和"三个代表"重要思想为指导，坚持科学的发展观，走自主创新的和谐发展之路，严格按照党的十七大精神开创企业发展的新纪元，再创法政事业的新辉煌，为国家、社会做出更大贡献。

回顾法政集团15年来的成长历程，法政人坚持以人为本、以发展为主题，以"求真务实、改革创新、敬业高效"为宗旨，适应中国特色社会主义市场经济要求，抢抓商机，大胆创新，以国家和社会责任为己任，全面实施科教文卫发展战略，完善管理机构，整合优质资源，走出了一条宽领域、跨行业、接轨国际的发展之路。主要体现在以下方面：

一、讲政治，把思想政治工作摆在企业的重要位置

邓小平同志告诫我们要"加强党的思想工作，防止埋头经济工作，忽视思想工作的倾向"。

法政集团始终站在讲政治的高度、稳定大局的高度，承担责任的高度，把思想政治工作摆在企业的重要位置，保持头脑清醒，坚持正确的政治方向，把思想政治工作、企业发展战略、产业结构转型与党的方针政策保持高度一致。重视党建工作，充分发挥党组织的政治核心作用，使企业内部形成了良好的向心力、凝聚力、战斗力。

二、科学决策，自主创新，合理布局产业结构

创新发展是企业振兴的动力。15年来，凭借集团领导的敏锐洞察力和科学的决策能力，法政集团充分发挥战略前瞻性，扎扎实实从房地产业做起，积极参与投资教育和医疗事业，充分开发可持续发展的绿色朝阳产业，逐渐构建起以教育医疗为中心、以地产开发建设为支撑、以金融法律物业服务为辅助的战略布局。

三、以人为本，构建和谐团队，提升企业竞争力

市场经济是人才经济，实践证明培养优秀人才、发展引进人才、加强复合型人才队伍建设，是提升企业软竞争力的法宝。

法政集团始终坚持贴近员工，贴近生活，以人为本，增强了干部员工的凝聚力。集团出资鼓励干部员工终身充电，定期组织安排各种培训。切实保障职工权益，不断提高员工物质文化生活水平。严格按照国家政策规定缴纳职工"五险一金"，构建了和谐的劳动关系。

法政集团董事长　王广发

中共党员，博士，北京法政集团创始人、董事长，北京市昌平区政协委员。中国总会计师协会副会长，荣获"首都精神文明先进个人"，"全国少年军校先进工作者"，"首都优秀中国特色社会主义事业建设者"、"北京市优秀思想政治工作者"等荣誉称号。

北京王府医院

浙江吉利控股集团有限公司

浙江吉利控股集团有限公司是中国汽车行业十强企业，1997年进入轿车领域以来，凭借灵活的经营机制和持续的自主创新，取得了快速的发展，连续5年进入中国企业500强，连续3年进入中国汽车行业十强，被评为"国家创新型企业试点单位"和首批国家级"汽车及零部件出口基地企业"，是"中国汽车工业50年发展速度最快、成长最好"的企业。

集团总部设在杭州，在浙江临海、宁波、路桥和上海、兰州、湘潭建有六个汽车整车和动力总成制造基地，拥有年产30万辆整车、30万台发动机、变速器的生产能力。

集团现有吉利自由舰、吉利金刚、吉利远景、上海华普、美人豹等八大系列30多个品种整车产品；拥有1.0~1.8L八大系列发动机及八大系列手动与自动变速器。上述产品全部通过国家的3C认证，并达到欧Ⅲ排放标准，部分产品达到欧Ⅳ标准，吉利拥有上述产品的完全知识产权。

集团已在国内建立了完善的营销网络，拥有近500个4S店和近600家服务站；投资近千万元建立了国内一流的呼叫中心，为用户提供24小时全天候快捷服务；率先在国内汽车行业实施了ERP管理系统和售后服务信息系统，实现了用户需求的快速反应和市场信息快速处理。自2001年起，累计销售各类吉利汽车80多万辆，吉利商标被认定为中国驰名商标。

集团已在海外建有200多个销售服务网点，在乌克兰、俄罗斯和印度尼西亚等国家设厂进行SKD/CKD组装生产和销售，实现海外销售近7万辆，位居中国轿车出口前列。

集团投资数亿元建立了吉利汽车研究院，总院设在临海；目前，研究院已经具备较强的整车、发动机、变速器和汽车电子电器的开发能力，每年可以推出4~5款全新车型和机型；自主开发的4G18CVVT发动机，升功率达到57.2千瓦，处于"世界先进，中国领先"水平；自主研发的Z系列自动变速器，填补了国内汽车领域的空白，并获得2006年度中国汽车行业科技进步唯一的一等奖；自主研发的EPS，开创了国内汽车电子智能助力转向系统的先河；同时在BMBS爆胎安全控制技术、电子

与外方合作签约

等平衡技术、新能源汽车等高新技术应用方面取得重大突破；目前已经获得各种专利417项，发明专利42项；2006年集团被认定为国家级"企业技术中心"和"博士后工作站"。

集团公司现有员工近1万人，其中工程技术人员1800余人，拥有院士4名，外国专家十多名，博士数十名，硕士、高级工程师及研究员级高级工程师数百名，在吉利各条战线发挥了重大作用，成为吉利汽车后来居上的重要保障。

集团投资数亿元建立了北京吉利大学、海南大学三亚学院、浙江汽车职业技术学院，在校学生超过4万人；培养了万名毕业生，为中国汽车工业输送了大量人才。受中国汽车工程学会委托，吉利集团投资建立的浙江汽车工程学院和附属的汽车营销学院、工商管理学院已经开学，首批近百名汽车车辆工程硕士、博士和EMBA学员带着研发项目和管理课题正式入学就读。2007年5月"吉利－同济汽车工程研究院"的成立，创造了民营企业与高等学府联合开发、联合办学的新模式。

本着"时刻对品牌负责，永远让顾客满意"的质量方针，集团狠抓质量体系建设，2003年通过了ISO9000质量体系认证，2007年通过TS16949:2002质量管理体系认证和绿色环境标识认证；为适应国际市场需要，全面启动了欧盟的ECE、美国的DOT和EPA等认证工作。

为实施国际化战略，集团已制定了十年中长期发展规划，到2010年将拥有以左、右舵兼顾，满足各国法规和消费习惯的较宽系列的9个平台40多款整车及满足国内外法规要求的汽、柴油发动机，手自动变速器；紧紧围绕安全、节能、环保开展领先技术的研发，目前已取得突破性进展。

到2015年，吉利将形成年产200万辆汽车的产销能力，在海外建成15个生产基地，实现2/3外销的目标。

目前，吉利集团已经开始全面进入战略转型，以客户为中心，从单纯的成本领先向成本、技术、人才、质量、服务全面领先战略转型，以"营销链、研发链、供应链"为核心价值链，在提升品牌竞争力、业务流程再造、经营管理创新、人力资源体系建设、企业文化建设、全面实施信息化等方面展开卓有成效的工作。

集团本着"总体跟随、局部超越、重点突破、招贤纳士、合纵连横、全面领先"的发展战略，持续进行技术创新和管理创新，积极参与国际竞争与合作，以先进的技术、优质的产品和细微的服务，全心全意地圆中国老百姓的汽车梦，为中国汽车工业自主品牌的崛起，为实现"造最安全、最环保、最节能的好车，让吉利汽车走遍全世界"的美好理想而拼搏奋斗！

财务总监　尹大庆
浙江吉利控股集团有限公司副总裁兼财务总监。

汽车生产车间

吉利13款新车同步亮相，震撼眼球

用友软件股份有限公司

财务总监 郭新平

用友软件股份有限公司副董事长兼财务总监。

用友软件园区

用友公司成立于1988年，致力于把基于先进信息技术（包括通信技术）的最佳管理与业务实践普及到客户的管理与业务创新活动中，全面提供具有自主知识产权的企业管理/ERP软件、服务与解决方案。2001年5月，用友公司股票在上海证券交易所挂牌上市（股票简称：用友软件；股票代码：600588）。用友软件股份有限公司连续多年被评定为国家"规划布局内重点软件企业"，是中国软件业最具代表性企业，"用友牌ERP管理软件"也成为中国软件业的名牌产品。

用友软件股份有限公司是亚太本土最大的管理软件提供商，是中国最大的管理软件、ERP软件、财务软件、集团管理软件、人力资源管理软件及小型管理软件提供商。目前，中国及亚太地区超过60万家企业运行用友软件，每年超过8万家企业选择用友软件，每天超过500万用户使用用友软件。用友软件让企业业务更加高效，反应更加迅速，效益更加显著。

用友公司的ERP/企业管理软件、集团企业和行业解决方案、小型企业管理软件及在线服务等产品业务线，全面覆盖众多行业领域、企业规模和成长阶段。用友公司拥有中国和亚太实力最强的企业管理软件研发体系，规模最大的支持、实施、培训服务网络以及完备的产业生态系统。

用友公司拥有由总部研发中心、南京制造业研发基地、上海先进应用研究中心等在内的中国最大的企业应用软件研发体系和1400人的研发队伍。用友公司的41家分、子公司，60家客户服务中心，61家授权服务中心，150家培训教育中心，3000名服务专家组成了中国管理软件业最大的服务网络。在日本、泰国、新加坡等亚洲地区，用友公司建立了分公司或代表处。用友公司与超过2000家的各类合作伙伴一起为客户提供优质的服务和创新的解决方案。

以用友软件股份有限公司为主体的用友集团，定位于企业及政府、社团组织管理与经营信息化应用软件与服务提供商，旗下还拥有用友政务软件公司、用友移动商务公司、海晟用友软件公司、用友艾福斯公司、用友华表公司等在内的投资控股企业。

用友公司的目标是：成为世界级的管理软件和移动商务服务提供商。

电信行业

中国电信集团公司

中国电信集团公司是原邮电部政企分离后组建的特大型国有通信企业，中国最大的综合信息服务提供商，拥有全球最大的固话网络和中文信息网，覆盖全国城乡、通达世界各地，成员单位包括遍布全国的31个省级企业，在全国范围内经营电信业务，可以提供固定及移动电话业务、互联网接入及应用、数据通信、视讯服务、国际及港澳台通信等多种类综合信息服务，能够满足国际、国内客户的各种通信及信息服务的需求。

中国电信集团公司由中央管理，是经国务院授权投资的机构和国家控股公司的试点。注册资本1580亿元人民币。主要经营国内、国际各类固定、CDMA移动电信网络设施，包括本地无线环路；基于电信网络的语音、数据、图像及多媒体通信与信息服务；进行国际电信业务对外结算，开拓海外通信市场；经营与通信及信息业务相关的系统集成、技术开发、技术服务、信息咨询、广告、出版、设备生产销售和进出口、设计施工等业务；以及根据市场发展需要，经营国家批准或允许的其他电信相关业务。

中国电信集团公司控股中国电信股份有限公司。中国电信股份有限公司在中国香港联合交易所和美国纽约股票交易所上市。并在全国三十一个省、自治区、直辖市经营综合性固定、移动电信和相关服务，包括本地电话、国内长途、国际长途电话服务、互联网和基础数据、网元出租以及其他相关业务。目前，中国电信股份有限公司的经营地域已扩展至中国香港以及欧洲、美国等海外市场。

中国电信集团公司在原有强劲发展的基础上，近年来又取得了可喜的战略转型阶段性成果。2005年初中国电信开国内运营商之先河，提出由"传统的电信运营商"向"综合信息服务提供商"转型的战略，力图通过业务和通信终端的融合与创新，拓宽用户获取信息和交流信息的渠道，在推进社会信息化、提升民众生活质量的过程中，实现企业价值增长方式由投资成本拉动型向规模效益型转变，实现企业的持续健康发展。

战略转型的阶段性成果主要表现：在财务方面，企业的回报水平和创造现金能力逐步提高，成本结构趋于合理。业务结构调整初见成效，增长方式逐年改善，截至2009年10月底，非话音业务收入所占通信主业收入比已提升至51.5%左右。在品牌方面，根据"综合信息服务提供商"的定位，加大企

总经理 王晓初

总会计师 吴安迪

中国电信集团公司副总经理、总会计师、中国电信股份有限公司执行董事、执行副总裁兼财务总监(CFO)、财政部内控标准委员会委员、中国总会计师协会副会长及电信系统分会会长、国际财务总裁协会联合会理事。曾任信息产业部经济调节与通信清算司司长、邮电部财务司处长、副司长与司长。

业品牌的宣传力度，中国电信企业形象进一步提升。在企业形象品牌之下，通过梳理和整合，逐步建立三到四个客户品牌，形成覆盖各类客户的品牌体系。目前，已成功推出企业客户品牌"商务领航"、家庭客户品牌"我的e家"和个人客户品牌"天翼"，以及业务品牌"号码百事通"、"互联星空"等，打造完整的客户品牌体系。同时，以品牌经营统领经营工作，使企业的经营工作逐步从产品经营向品牌经营转变，取得了良好的效果。在业务方面，综合信息服务业务初步形成。商务领航客户增长迅速，移动客户发展良好，号码百事通日呼叫量稳步提升，IT服务及应用业务不断延伸至各类行业；宽带接入及应用业务正成为核心业务，宽带接入与增值业务收入的比重不断提升。在投资方面，逐步改变单纯依靠投资拉动增长的方式。加大投资规模压缩力度，投资结构逐步改善，普通固话的投资不断下降，移动及宽带业务、增值及综合信息业务投资不断上升；积极推进网络演进，增强业务支撑。在服务方面，客户感知的服务水平显著提高。运行维护着眼"面向网络、面向产品、面向客户"，积极创新；建立了三级客户响应体系，提升大客户服务中售前、售中、售后服务的响应速度和规范化服务水平，实现全网一点受理、闭环管控。在新兴业务发展及其管理方面，积极创新新兴业务的体制机制，逐步实现员工有序进出。截至2009年6月底，全集团固定电话用户达到1.93亿户，移动电话用户达到3928万户，宽带用户达到4905万户。

中国电信集团公司自成立以来，始终本着"追求企业价值与客户价值共同成长"和"用户至上 用心服务"的经营与服务理念，坚持"全面创新、求真务实、以人为本、共创价值"的核心价值观，肩负"让客户尽情享受信息新生活"的企业使命，朝着既定的"做世界级综合信息服务提供商"的战略目标，以自强不息、不断超越的企业精神，向世人展示了与时俱进、奋发向上、蓬勃发展的企业风貌。

中国电信在国务院国有资产监督管理委员会对所属大型国有企业的年度考核中，连续4年考核为A级绩优企业。连续7年入选《财富》杂志"世界500强企业"。

中国电信财务管理情况

中国电信集团公司是中央管理的特大型国有通信企业。2002年11月，中国电信股份有限公司在中国香港和纽约上市，2006年12月，中国通信服务股份有限公司在中国香港成功上市，形成中国电信集团主实业双股份公司运营架构。为有效支撑集团战略转型目标以及开展全业务经营，几年来集团财务管理工作围绕预算和业绩考核、内部控制、资金资产、对外投资及产权、会计及税务管理、成本管理及统计数据等方面作了有益的探索和改革，取得了显著成效。在全球固网业务均为负增长的情况下，中国电信经过努力，成为国际上唯一的固网收入、利润双增长的公司。公司连续四年被国资委评为A级绩优企业，多次被资本市场评为"世界最受赞赏的公司"和"亚洲最佳管理公司"。

一、实施预算和绩效考核精确管理

公司自2002年推行全面预算管理以来，在预算编制、执行分析、控制以及考核的各个环节落实预算管理责任，形成"职责有分工、权力有控制、管理有侧重"的责任预算管理体系。根据业务发展需要，预算模型不断完善，确保资源配置支撑公司转型战略和全业务经营。集团对所属单位的考核以财务指标为主体，辅以必要的管理和扣分指标，指标内容每年根据内外部经营环境的变化和经营管理工作重点进行调整优化，同时接应国资委对集团公司的业绩考核。集团公司已连续4年被国资委评为A级绩优企业。

二、建立健全内部控制管理体系

根据美国《萨班斯》法案以及国内监管机构在内部控制方面的要求，为进一步提高公司控制风险能力和经营管理水平，中国电信于2009年底完成集团公司的内控手册及权限列表的制定工作。该手册不仅包括了集团控股的两家上市公司，还将集团未上市部分全部纳入管理范围，成为中国电信效力最高的内控政策。中国电信股份有限公司和中通服股份有限公司分别也已制定了自己的内控手册和权限列表，同时，两家股份公司下辖的各省公司也已制定了实施细则。中国电信股份公司已连续三年顺利通过外部审计师的内控评估。

中国电信几年来在内控制度建设方面所取得积极成效得益于公司各级领导的高度重视，得益于公司日常的高效管理和强化的宣贯培训，这既在很大程度上减少了运营的风险，也为公司今后进一步提高运营高效打下了坚实的基础。

三、优化资金和资产管理

几年来公司逐步建立了现金流量事前预算、事中控制、事后评价的预算管理体系。通过集团内部资金融通，发行短期融资券等方式拓宽融资渠道。推广优化资金管控系统，完善资金管理制度，搭建起全集团限额或收支两条线的资金管理体系。近年来，集团全面推广固定资产管理流程优化工作，固定资产基础管理水平显著提高。在开展清产核资和优化资产管理的基础上，公司不断完善固定资产管理制度，同时进一步优化资产资源配置，利用绩效考核引导企业积极盘活存量资产。

四、夯实对外投资及产权管理工作

在主业对外投资方面，集团公司上收了投资权限，对外投资项目统一由集团公司进行审批，并从预算和外派董事管理等方面加强对投资企业的日常管理。针对历史遗留的大量非主业投资，自2003年开始集中清理规范多种经营企业，使集团资本链条基本控制在5级以内。2006年、2007年集团实业资产重组，成立了中通服公司并分两批上市，成功走出了一条全新的国有企业辅业改制之路。

五、加强会计制度及税务管理

公司率先在国内大型国有企业中启动会计制度改革，从2003年起全面实行企业会计制度，2007年又全面执行新《企业会计准则》。随着公司2008年实施一级法人体制调整，中国电信拟于2010年实现双股份公司财务"一本账"，于2011年实现全集团财务"一本账"，集团财务管控力度进一步强化。公司高度重视会计决算和信息披露管理，月报和年报已连续6年获得财政部通报表扬，并在国资委2009年进行的首次决算评比工作中获得通报表扬，中国电信股份公司年报已连续2年获国际ARC银奖。公司重视税务筹划，制定了《中国电信集团税务管理手册》，有效指导各级企业加强税务管理。

六、创新成本管理，完善数据统计

公司以成本核算作为管理会计工作的突破口，开展了作业成本（ABC）研究和试点工作，并为实现产品、客户等多维度的成本核算及数据综合分析创造了条件，在此基础上定期出具管理会计报告，为管理层出谋划策。公司从数据管理流程，统计数据质量问责制，统计数据标准等方面进行了严格规范，已基本形成业务、财务、投资和通信能力等数据集中管理，增强了财务部门提供资本市场全面信息数据和支撑公司决策的能力。

中国移动通信集团公司

2000年4月20日，中国移动通信集团公司（以下简称中国移动）成立，注册资本518亿元人民币，资产规模超过7000亿元。中国移动拥有全球第一的网络和客户规模，是北京2008年奥运会的合作伙伴。

中国移动通信集团公司全资拥有中国移动（香港）集团有限公司，由其控股的中国移动有限公司在国内31个省（自治区、直辖市）设立全资子公司，并在中国香港和纽约上市。目前，中国移动有限公司是我国在境外上市公司中市值最大的公司之一。中国移动主要经营移动话音、数据、IP电话和多媒体业务，并具有计算机互联网国际联网单位经营权和国际出入口局业务经营权。除提供基本话音业务外，还提供传真、数据、IP电话等多种增值业务，拥有"全球通"、"神州行"、"动感地带"等著名服务品牌。

中国移动在我国移动通信大发展的进程中，始终发挥着主导作用，并在国际移动通信领域占有重要地位。中国移动已建成一个覆盖范围广、通信质量高、业务品种丰富、服务水平一流的移动通信网络，网络规模和客户规模列全球第一。目前，网络已经100% 覆盖全国县（市），主要交通干线实现连续覆盖，城市内重点地区基本实现室内覆盖，截至目前公司客户总数已达到4.29亿户；截至2007年底，中国移动与231个国家和地区的350个运营公司开通了GSM国际漫游业务，并与161个国家和地区的187个运营商开通了GPRS国际

漫游，国际短信通达110个国家和地区的262家运营商，彩信通达44个国家和地区的74家运营商。

中国移动成功进入国际资本市场，良好的经营业绩和巨大的发展潜力吸引了众多国际投资。中国移动已连续8年被美国《财富》杂志评为世界500强，最新排名第148位；上市公司成为连续4年入榜《福布斯》"全球400家A级最佳大公司"的唯一中国企业；首度入选2008年道·琼斯可持续发展指数，成为中国大陆首家入选道·琼斯可持续发展指数的公司；中国移动的品牌价值不断上升，连续第三年入选明略行和《金融时报》发布的"BRANDZTM100全球最强势品牌"排名，名列第五位；债信评级随国家主权评级继续得到标准普尔和穆迪公司同步调升。

中国移动既是一个财务稳健、能够产生稳定现金流的盈利性公司，又是一个充满发展潜力、具有发展前景的持续成长性公司。面向未来，中国移动确立了"做世界一流企业，实现从优秀到卓越的新跨越"的发展战略目标。围绕这一目标，中国移动通信将秉承"正德厚生、臻于至善"的企业核心价值观，深入贯彻科学发展观，努力提升核心竞争力，通过打造卓越的运营体系，建设卓越的组织，培育卓越的人才，打造"一个中国移动（One CM）"，努力成为移动信息专家和卓越品质的创造者。

集团战略转型目标即开展全业务经营，几年来集团财务管理工作围绕预算和业绩考核、内部控制、资金资产、对外投资及产权、会计及税务管理、成本管理及统计数据等方面作了有益的探索和改革，取得了显著成效。

一、积极推动公司重组整体上市，促进企业转换经营机制

中国移动自成立以来，一直积极推动公司重组整体上市工作。经过前后五次艰苦的融资收购工作，通过在中国香港设立的中国移动有限公司分批完成了对内地31个省（区、市）移动通信资产的整体改制上市工作，成为国内第一家在海外整体上市的电信公司。在历次收购的融资活动中，财务部门充分利用国际资本市场的各类金融工具，成功的在国际资本市场运用增发股票、发行海外可转换债券和定息票据等筹资手段，累计融资超过

总会计师　薛涛海

现任中国移动通信集团公司党组成员、副总经理兼总会计师，中国总会计师协会常务理事，电信分会副会长。先后任原邮电部财务司副司长、信息产业部经济调节与通信清算司副司长，原电信总局副局长。

150亿美元；在国内以发行人民币企业债券、银团借款等形式，累计筹集255亿元人民币。这不仅拓宽了公司的筹资渠道，提高了筹资能力，降低了融资成本，同时还运用上市筹集的资金在集团公司层面有计划、有步骤地实施注资减债，改善公司整体资本结构，促进企业健康持续发展。

中国移动在国内电信企业中率先推行全面预算管理，从战略出发，优化资源配置，搭建起预算、考核、薪酬的闭环管理体系；推行并加强经营业绩考核管理，提高子公司的科学管理和效益观念，充分发挥经营效绩考评的监督和导向作用，有效保证集团总体经营预算目标的实现，并将考核结果直接与人工成本相挂钩，切实实现预算、考核、薪酬闭环管理，确保集团全面、稳健地提升可持续发展能力。

二、实施财务管理创新，探索大型企业集团资金管理模式

中国移动积极探索建立大型企业集团的资金管理模式，以加快资金周转，提高资金效益。创建了借助于银

行的结算网络，实行总部与各省公司二级管理的具有金融创新的集团资金调度运行模式，集中管理各省（区、市）资金，所需资金全部通过集团内部解决，集团对外融资由总部统一操作。通过实施集团内部资金集中调度，盘活沉淀资金，使现金浮游量大大减少，加速了资金周转，降低了集团总的融资费用，提高了资金的使用效益。全集团建立了高度集权的资金管理模式，将各子公司的银行账户、融资权限、对外担保权限、投资权限上收集团集中管理，有效地防范了资金风险。

三、推动财务管理改革，强化大型企业集团控制力和风险管控力

中国移动在国有电信企业中率先实施了集财务、综合统计和内部运营综合分析系统为一体的企业管理信息系统（MIS），加强推广MIS功能运用，整合运营管理流程，实现控制点前移和管理流程的模板化，建立集团内部统一、高效的管理信息平台，实现信息资源的共享；进一步提出建立全集团财务信息化整体规划的思路，从全局的角度前瞻性地规划设计，逐步推动全集团财务管理系统的标准化、统一化和规范化，优化资源配置，强化系统控制，降低管理风险，以信息化手段全面提升财务管理水平。

2005年，在财务集中管理理念的指导下，中国移动全面实施由三级会计核算体系向两级会计核算体系转变的财务管理体制改革。集中效果已初步显现，前端基础信息采集更加规范化，会计核算更加标准化，资金管控更加透明化，实现了信息系统的全流程支撑，强化了集团管控力和内控风险管理，进一步提升了财务分析的前瞻性、及时性和预警作用，强化了财务管理的执行力。

中国移动全面梳理各项业务流程，按照国际COSO框架建立起系统化的内控管理体系，一次性成功通过萨班斯法案404条款遵循性审计，外部审计机构每年均出具无保留审计意见。在此基础上，积极推动内控管理向常态化管理机制、全面风险管理的转变，在确保必要人员配备的基础上，加强内控团队建设和人才培养，进一步全面梳理评估公司重大风险，并利用IT系统固化控制流程和控制点，促使内控管理和风险管理理念深入人心，树立全员风险意识，全面提升公司风险管理水平。

四、发挥财务前瞻作用，为企业可持续发展储备竞争力

中国移动前瞻性地研究资源的有效和优化配置，研究制定与电信技术发展相契合的资产折旧及报废政策，为公司未来发展储备成本竞争力；高度重视财务人才培养和财务团队的建设，通过创新性地开展全集团ACCA、财务新员工、骨干员工培训、举办财务管理创优评奖等，积极培育诚信、责任、激情、敬业的国际化、职业化的财务团队，为公司发展提供财务人才储备。

中国移动的各项财务管理工作得到各界的赞许和认同，多次获得国际著名杂志的嘉奖和认可，2007年荣获《亚洲财经》杂志"最佳公司"评选"最佳管理"、"最佳企业管治"、"最佳投资者关系"、"最佳强劲股息政策实现"四项中国组第一，薛涛海副总裁荣获"最佳财务总监"。

中国航空工业第一集团公司

中国航空工业第一集团公司（简称中国一航）是中央管理的大型企业集团，致力于以快速成长、建设航空强国为目标的创新型科技产业集团。目前，集团公司拥有包括工业企业、科研院所等在内的成员单位100多家，2007年底，集团公司总资产1907亿元，年营业额1048亿元，职工27万余人。

中国一航系列发展歼击机、歼击轰炸机、轰炸机、运输机、教练机、侦察机与涡喷发动机、涡扇发动机和空空、地空导弹等，产品谱系日益丰富，其中包括已经公开的猛龙、飞豹、枭龙、山鹰等飞机和秦岭、昆仑、太行等发动机，能够研发空中加油机、预警机、无人机、新型空间飞行器等特种飞行器，部分机载设备达到或接近国际先进水平。

中国一航可自主研发生产轻重搭配、与发达国家在役主战机种相当的第三代歼击机、第三代大推力涡扇发动机和第四代空空导弹，并自主开展新型航空武器装备的研发。

新舟60涡桨支线飞机实现多国批量出口。具有自主知识产权的ARJ21新型涡扇支线客机即将实现首飞。大型飞机研发能力基本具备。世界上正在服役的干线客机，约一半装有中国一航生产的零部件。燃气轮机形成轻重系列，摩托车、空调压缩机处于行业领先地位。

中国一航为中国军队提供了90%的航空武器装备，累计生产20多个型号15000余架飞机，20多种5万余台发动机，万余枚导弹。

中国一航所属的中国航空研究院和31个科研院所组

总经理　林左鸣

成高水平的科研体系，拥有一批中国科学院、中国工程院院士和国家重点实验室，一批重大科研试验设施达到亚洲一流或国际领先水平。多年来，航空关键技术领域科研成果丰硕。

集团金航网联通16个省市的100多家成员单位，大大提升了异地协同设计制造能力和现代化信息传输能力。

以建设世界一流企业为方向，初步形成以综合平衡计分卡为主线，具有一航特色的先进管理平台。集团文化已成为凝聚几十万员工的精神纽带和强大动力。

激情筑就通天路，壮志抒写报国篇。中国一航人秉承"航空报国，追求第一"，"激情进取，志在超越"的集团理念和精神，以"市场化改革，专业化整合，资本化运作，国际化开拓，产业化发展"为战略方针，为跻身世界航空工业强者之林，为建设创新一航、魅力一航、和谐一航而拼搏。

中国一航构建现代财务管理五大体系的实践

集团成立之初，面临着经济增长缓慢、经济效益下滑、企业负债沉重、解贫脱困、步履艰难、潜亏严重、个别单位会计信息失真、财务监督不力等诸多问题和困难。为促进集团公司发展，在集团公司党组的领导下，中国一航副总经理、总会计师顾惠忠同志率领广大财务会计人员，集思广益、激情进取，创造性地制定了集团公司财务管理"十五"和"十一五"规划，其核心内容是财务会计管理"五大体系"建设：即以资金管理为核心，建立全面预算管理体系；以规范财会行为为核心，建立财会管理制度体系；以强化风险意识为核心，建立财务预警监控体系；以快捷高效为核心，建立会计信息网络体系；以提高素质为核心，建立结构优化的财会队伍体系。

经过从成立集团公司以来的全力推进，以财务会计管理"五大体系"建设为主要内容的现代财务体制创新工作取得了丰硕成果，集团公司财务管理发生了质的变化。实践证明，财务会计管理"五大体系"建设不仅大大提高了集团公司财务管理水平，缩短了与国际先进企业的差距，也为推进集团战略实施，实现科学跨越发展做出了重要贡献。

1.推进全面预算管理，提升集团财务的管控能力和战略适应性。集团公司成立了以顾惠忠同志为主任委员的全面预算管理委员会，通过不断完善健全全面预算管理组织体系，制定完善全面预算管理管理制度，选择单位进行全面预算管理试点，推进全面预算管理的信息化，并借鉴波音公司和GE公司的先进经验，在军工集团率先编制了五年长期预算和三年滚动预算，增强了集团总部管理决策的预见性和适应性，使集团战略逐级落地。

2. 规范财务会计基础工作，狠抓财务会计制度体系建设。集团公司成立之初，就印发《中国航空工业第一集团公司财务会计工作规范管理指导意见》，对财务会计工作规范管理提出了明确要求：建立健全集团公司以内部控制制度为重点的财务会计管理制度体系；制定集团公司统一的财务管理规定和会计政策；规范会计人员管理体制；树立良好的职业道德规范；认真整顿基础工作。在顾惠忠同志的主持下，目前集团公司已经形成了集团公司统一的财务会计制度、总部财务会计制度、企事业单位财务会计制度三个层次构成的财务会计制度体系。

3. 建立健全财务预警监控体系，防范财务风险。9年来，中国一航的财务预警监控体系也趋于完善，形成了财务、内外部审计和纪检监察协同监督的机制，强化了财务稽核的事中和过程控制，重大事项报告制度日趋完善，并探索建立了一套具有航空工业特点的财务预警指标体系，对经济运行情况进行实时预警、报警和排警。

4. 推进集团公司财务信息化建设，建立统一信息平台。目前，中国一航大多数单位实现了信息适度共享。经过统一会计核算软件、财务信息联网、财务业务信息集成共享三个阶段，财务信息的应用范围不断拓展，集团公司以快捷高效为核心的财务信息网络体系已初具规模，提高了财务信息的及时性和真实性，为各级领导管理和决策提供了信息支持，成为集团公司财务管理现代化水平的重要标志，对企业管理信息化起到了重要的牵引作用。

5. 加强财会队伍建设，为集团化财务运作提供智力保障。近几年来，在集团公司财会队伍建设方面采取了一系列有效措施和方法，狠抓会计人员职业道德规范，积极推进企事业单位总会计师配备与管理，实行财务总监和财务主管委派制，抓好各层次人员的财务培训，推进财会队伍之间的"四个交流"（总会计师或财务总监交流、财务部门负责人分工交流、财务人员与其他部门人员的交流、关键岗位如资金主管及出纳的交流），加强了集团财务管控力度，提升了财会队伍素质。同时，顾惠忠同志还非常重视国际的交流与合作，采用"走出去，请进来"的方法，先后亲自率团开展了与波音公司、UTC公司、GE公司的交流、培训、考察学习和互访，拓宽了财会队伍的国际视野。

总会计师　顾惠忠

硕士研究生学历，长江商学院EMBA，研究员级高级会计师，享受国务院政府津贴，荣获"跨世纪人才"等称号。从集团公司1999年成立以来，一直担任党组成员、副总经理，2005年被国资委任命兼任总会计师职务。

中国航空工业第二集团公司
CHINA AVIATION INDUSTRY CORPORATION Ⅱ

1999年7月1日,根据国务院(国函〔1999〕58号)批复,中国航空工业第二集团公司(以下简称"集团公司")正式成立,是国家授权投资的机构,公司注册资本126亿元。集团公司作为国务院下属的特大型企业集团,是经国务院批准的国家授权投资机构,代表国家行使出资人权利,享有所有者权益,即资产受益、重大决策和选择管理者等权利。集团公司作为国家授权的资产经营主体,与所属企业建立母子公司关系。集团公司的成立是国防科技工业体制重大改革的产物,犹如喷薄而出的红日在我国航空工业的领地上冉冉升起。

集团公司成立9年以来,不断发挥其科研生产能力的雄厚优势,以市场为导向,坚持"军民结合、军品优先、民品为主、扩大出口、发展经济"的方针,树立"实干图强、创新兴航、诚信经营、品质一流"的现代企业理念,在困境中不断推行改革、奋力开拓前进,致力于发展经济和科技水平。广大财务工作者恪守"诚信为本、廉洁自律、依法理财、以德治业"的职业道德,发扬"内求团结、外塑形象"的团队精神,在不断深化改革和发展的大潮中,团结一致、同心同德,群策群力,知难而进,在默默无闻的岗位上用自己的汗水和智慧,为集团公司的发展做出了不平凡的贡献。

过去的9年是财务管理工作紧紧围绕集团公司发展战略和经营目标、始终坚持集团公司创新理念、努力适应集团公司经营需求、精心提供财务保障与服务的9年,最终形成围绕集团公司发展战略,以产权为主体,以资本为纽带,以会计工作规范化建设为基础,以全面预算管理、内

运八

部控制建设、风险控制为手段，以会计信息化建设为平台，坚持实施成本系统工程促进扭亏增盈和创建节约型企业，坚持科学开展资本运作和精心构建资金管理模式促进集团公司发展壮大，最终实现跨越式发展的集团公司财务管理模式。

9年来，集团公司广大财务工作人员围绕集团公司扭亏增盈、建设大集团目标和实现跨越式发展战略，付出了艰苦卓绝的劳动：持之以恒实施成本系统工程、有条不紊推进全面预算管理、卓有成效构建资金管理模式、精雕细琢夯实会计基础工作、循序渐进创建内部控制体系、勇辟蹊径开展资本经营运作、齐心协力创建节约型企业。这些工作既是广大财务人员不断思索的过程、不断探索的轨迹，也是9年来财务管理步入规范化、科学化、特色化的必由之路。

面对取得的成果，财务工作者深切的感悟和体会是：始终坚持围绕集团经营目标，充分发挥财务职能；坚持集团发展战略，树立财务创新观念；坚持依法理财，健全财务制度体系；坚持科学发展，提高财务技术含量；坚持以人为本，加强财务队伍建设；坚持加强领导，抓好集团财务全盘工作。同时，我们也深刻地体会到取得的丰硕成果，主要得益于国家经济的发展和企业经营环境大背景的改善，得益于国家各有关部委及军方的大力支持，得益于国家对军工企业改革脱困政策的实施，还得益于集团公司全体员工上下团结一心，共同努力拼搏。

副总会计师　白萍

女，中共党员，一级高级会计师，现任中国航空工业第二集团公司副总会计师。

中国航空工业第二集团公司举办会计知识大赛

洪都航空工业集团有限责任公司

　　江西洪都航空工业集团有限责任公司（简称洪都集团）是新中国第一架飞机的诞生地。自1951年创建以来，伴随着共和国的成长，历经千锤百炼，风雨无数，以其独特的"洪都精神"和"强五精神"享誉中国。在新中国的发展史上创下了"十个第一"的辉煌业绩。先后研制生产了教练机、强击机、运输机、歼击机、通用

飞机等5大系列20多种型号5000多架飞机，以及5大系列10多种型号数千枚导弹，出口飞机500余架。

　　目前，洪都集团设有国家级企业技术中心，拥有飞机设计所、导弹设计所、工艺研究所等5个设计研究所，设立了博士后流动站，是中国航空工业企业唯一一家"厂所合一"型企业；拥有中国工程院院士1人，省

部级以上有突出贡献专家20余人，享受政府特殊津贴专家80余人，专业技术带头人100多人，有122人入选国防科工委"511人才工程"队伍，高级职称专业技术人员近千人。

50多年来，洪都集团充分发挥"厂所合一"体制优势，按照"构思一代、预研一代、研制一代、生产一代"的研发思路，先后研制出了国内领先的多种飞机和导弹产品。其中，初教六飞机荣获国家质量金奖，为中国人民解放军培养了数以万计的飞行员；强五飞机荣获国家科技进步特等奖，成为我国空军的主力机种并屡立战功；K8飞机荣获国家科技进步一等奖，大量出口并装备我国军队，成为亚非上空的中国鹰；"猎鹰"（L15）高级教练机实现了中国教练机由第二代向第三代的跨越，赶超世界先进水平；导弹产品多次填补我国武器装备研制的空白。这些成果不仅为我国国防工业和民族经济做出了贡献，也为洪都集团赢得了市场和发展空间。

洪都集团按照"航空为本、大上民品、多种经营、加快发展"的经营方针，在不断加快航空产品研制的同时，利用航空技术、资产及管理优势，先后开发了片梭织机、助力车、高尔夫电动车、体育器材、造纸机械等一系列非航空产品；在国际转包生产加工、通用航空服务、房地产开发等领域长足发展，实现了经营多元化。目前，洪都集团已成为以航空产品为主，集多种机电产品科研生产经营为一体的高科技企业集团。

洪都集团的财务管理团队在实践中紧密围绕集团公司的发展战略，积极进取，努力开拓，为企业的发展壮大提供了强有力的支持与保障。

1.明确目标，优化管理，强化财务监督，建立和完善内部控制和风险防范机制，为洪都集团公司经济效益的稳定增长提供了强有力的财务保障。

2.加强资金集中统一管理，实现集团公司内部

总会计师　陶国飞

1985年7月厦门大学毕业。历任洪都集团财务处会计员、副主任、主任、副处长、处长、副总会计师兼财务部部长，2001年2月起担任洪都航空工业集团公司总会计师，2003年1月至今，任洪都航空工业集团公司副总经理、总会计师。

资金的融通，提高资金使用效益。

3.实行全员全过程的成本控制工程，建设节约型企业，运用好财务分析方法，加强财务过程的分析和控制，以促进集团公司经济效益的提高。

4.提升全面预算管理水平，建立健全六大体系，建立以预算管理为中心的企业内部管理整合，实施一体化的全面预算管理。

5.建立健全价格信息系统，主要航空产品价格实现动态管理，提供方便快捷的询价报价。合理制定价格方略，军品价值得到合理体现。

6.加快财会信息化建设，以信息化带动财务管理的规范化。

7.诚信为本，操守为重，抓好财会队伍建设，使财会人员的综合素质大幅度提高。

展望未来，洪都集团将一如既往、激情进取、不断超越，为振兴我国航空工业而不懈努力。

西安飞机工业(集团)有限责任公司

西安飞机工业（集团）有限责任公司（以下简称"一航西飞"）是中国一航下属的集科研、生产一体化的特大型航空工业企业，是我国大中型军、民用飞机的研制生产基地，国家一级企业。公司占地面积400多万平方米，现有员工19700多名。公司自1958年创建以来，始终坚持以军、民用飞机研制生产为主，以科技进步求发展，大力开发非航空产品，现已形成军机、民机、国际合作生产、非航空制造业、现代服务业五大产业格局。

在50年的发展中，一航西飞先后研制生产了30多种型号的军、民用飞机。军用飞机主要有"中国飞豹"、轰六系列飞机等，其中5个机型30架飞机参加了国庆50周年阅兵式。民用飞机主要有运七系列飞机、新舟系列飞机等。非航空制造业涵盖汽车、建材、电子等产品，现代服务业涉及进出口贸易、房地产、酒店服务等。

新舟60飞机是我国首次按照与国际标准接轨的CCAR25部进行设计、生产和试飞验证的飞机，主要性能达到当代世界同类先进支线客机的水平，目前国内外订单达到122架。

在拥有自主知识产权的新支线飞机ARJ21的研制中，一航西飞承担着机身、机翼等大部件制造任务，占整机制造工作量的62%。

一航西飞于1980年率先开展国际合作转包生产业务，主要产品有波音737系列飞机垂尾、波音747组合件、A320系列机翼、 ATR42/72机身16段和18段、波音747客改货地板梁等。一航西飞已经成为世界级飞机制造商的大部件主要供应商。

2007年，一航西飞实施了西飞国际定向增发，率先实现主营业务整体上市。通过定向增发与产业结构调整，创建了军民机发展的商业运作新模式，将西飞国际打造成为集融资功能与完整产业链为一体的发展平台。

2008年5月8日，一航西飞迎来了创建五十年华诞。肩负着大运飞机研制总集成重任的西飞干部职工，牢记着温家宝总理要让大飞机早日"飞上蓝天"的嘱托，在中国一航战略转型的引领下，弘扬精神、放飞思想，正在为把西飞建设成为"国内领先、世界一流"的现代化航空工业企业而努力奋斗。

近年来，西飞公司认真贯彻国家各项财经政策，努力创

总会计师　杨毅辉

西安飞机工业(集团)有限责任公司总会计师。

新财务管理，夯实会计基础工作，促进了综合财务管理水平的提高，企业科研生产经营稳步发展，各项经济指标连创新高。2007年西飞公司实现销售收入105亿元，利润总额6.2亿元，上交利税3.3亿元。

一、以制度建立、修订为重点，努力推进内控制度建设

对以前未规范的事项和经济行为不断补充完善，建立新的制度，扩大制度涵盖范围，先后对70多项财务、会计、价格制度全面进行修订，完成《西飞集团公司财务会计价格管理制度》汇编工作。

为使稽核工作有法可依，有章可循，公司组织制定了《西飞集团公司财务会计稽核管理办法》，为建立稽核工作体系打下了基础。根据各分公司的实际情况，分别设立专、兼职稽核岗位，在公司建立完整的稽核体系。

为加强对所属投资企业的财务监管，公司组织起草并下发《西飞集团公司所投资企业重大财务和经济事项报告办法》，详细规定了子公司及控股公司应请示和报备的事项。

近年来，公司狠抓制度执行工作，每年开展一次会计基础工作检查，会计基础工作得到进一步规范。

二、认真开展全面预算的研究工作，建立全面预算框架体系，打通了编制流程，为全面预算的开展打下了坚实的基础

作为中国一航的试点企业，公司将全面预算作为一项重要工作来抓，组织各单位较好地完成每年度的全面预算试编工作，打通全面预算编制流程，完善全面预算表格体系及全面预算编制说明书，为西飞公司全面预算的开展打下了坚实的基础。

公司安排工作人员积极做好全面预算管理软件的开发工作，进行程序调试和相关初始化工作的同时，公司还组织召开全面预算研讨会、软件开发会，在行业内积极推广全面预算成果。2006年，陕西省推荐西飞参加《财会信报社》和《会计之友》杂志社组织的全国财务管理先进评选活动，公司的《全面预算管理》获财务管理优秀案例。

三、积极做好西飞国际增发工作

2006年4季度，公司开始启动西飞国际增发工作，专门成立增发工作组，抽调业务能力较强的财会人员集中办公，及时完成西飞国际增发，2008年元月，西飞从资本市场融资32亿元，极大地改善了公司的资金状况，增强了飞机生产实力。

四、积极开展纳税筹划工作

为降低企业的纳税风险，使企业税负更加合理，一方面组织对近3年来的各项税金支出情况进行认真的分析，深入了解公司的纳税状况；另一方面，积极和税务筹划专家联系，请他们进行培训和指导。

充分利用国家税收优惠政策，取得固定资产设备投资抵免企业所得税优惠政策、"西部大开发所得税优惠政策"和债转股企业所得税政策返还。

五、组织做好清产核资后续管理工作

进一步加强账销案存资产后续管理工作，规范账销案存资产账务处理行为，落实相关单位的任务和责任。西飞公司各类损失累计盘活10519.31万元，被评为账销案存资产后续管理先进单位，受到中国一航表彰。

中国兵器装备集团公司

总经理　徐　斌

中国兵器装备集团是经国务院批准组建的特大型企业集团，是国家授权的投资机构，由国务院管理，拥有长安汽车（集团）有限责任公司、中国嘉陵工业股份有限责任公司、建设工业（集团）有限责任公司等40多家工业企业，研究院所4家、研发中心23家，在全球30多个国家和地区建有生产基地或营销机构，产品销往世界100多个国家和地区。

集团公司在中国国民经济繁荣发展和国防现代化建设中是一支重要力量，已形成特种装备、汽车、摩托车、车辆零部件、光电等五大主业板块。目前拥有100万辆汽车生产能力，是中国重要的汽车制造供应商，产品涵盖中高档轿车、经济型轿车、多功能车、微型汽车、特种车在内的系列产品；摩托车具备500万辆的生产能力，是中国最大的摩托车制造供应商；一批汽车零部件和光电生产企业已具规模；培育出"长安汽车"、"嘉陵摩托"、"建设摩托"、"大阳摩托"、"天兴仪表"、"冰山光学玻璃"等一批著名品牌。

集团公司以积极开放的姿态与世界知名企业进行了成功而深入的合作，与美国福特、伟世通、天合、IBM、李尔、日本铃木、雅马哈等世界500强中的数十家企业保持长期有效的成功合作，培育出长安福特、长安铃木、建设雅马哈、嘉陵本田、北方易初等众多知名合资、合作企业。

站在新的历史起点，集团公司将高举邓小平理论和"三个代表"重要思想伟大旗帜，全面贯彻落实科学发展观，以"保军报国，强企富民，科学发展"为己任，坚持军民结合、寓军于民，开拓创新，奋力拼搏，推动经济又好又快发展，致力于发展成为具有国际竞争力的创新型集团。

构建集团化财务管控模式，实现企业持续增长

战略是旗帜和方向，要实现战略必须要求全集团协调、统一、行动一致。为实现集团公司战略，适合的财务管理模式起到了重要

的支撑作用。2004年，装备集团结合自身实际，形成一套有集团特色的，着力于管理风险和创造价值的，贯穿"战略规划—全面预算—运营监控—业绩评价"整个管控链条的集团化财务管控模式，即以集团公司发展战略（Strategy）为牵引，以优化配置财务资源（Resource）为核心，以有效管理财务风险（Risks）为重点，以持续创造企业价值（Value）为目标的"SRRV"集团化财务管控模式。几年来，我们结合集团公司发展实践，不断推进，并逐步建立起了在"SRRV"模式下的集团化财务管理框架，即"围绕一个核心、把握两个重点、建立三个平台、创新四个体系、抓好五个重点，实现企业价值的持续增长"的"12345"集团化财务管理架构。

集团化财务管控以"124"工作方针为核心开展工作，通过不断深化集中资源、配置资源和评价资源配置效果的闭环系统来支撑"好字优先，好中快进"，使"好"真正体现到发展方式的转变上，体现到结构的优化、质量效益的提高上，体现到自主创新能力、核心竞争力的增强上。

集团化财务管控要把握两个重点，一是要有利于企业"提高发展质量和效益"，二是要有利于"提高企业核心竞争力"。

集团化财务管控的基础是做好三个平台建设：统筹信息资源，搭建财务信息管理平台；统筹资金资源，搭建资产管理平台；统筹人力资源，搭建财务高管人员管理平台。

集团财务管控的保障是创新四个体系：创新财务政策体系，建立统一的财务会计制度；创新全面预算体系，管理资源配置计划；创新经济运行监控和考核评价体系，提高成员单位的经济运行质量；创新对财务风险集中管理体系，防范财务风险。

集团化财务管控重点抓好五个方面：以资金集中管理为切入点，支持主业发展，提高资金使用效率，理好财，服好务；以财务政策引导为切入点，促进科技创新和产品产业结构调整，增强企业可持续发展能力；以优化资产负债结构为切入点，优化企业投资计划，逐步

总会计师　李守武

中国人民大学政治经济学专业经济学博士，高级会计师、中国兵器装备集团公司党组成员、副总经理、总会计师，中国总会计师协会副会长、国务院关税税则委员会关税专家咨询委员会委员、财政部企业内部控制标准委员会咨询专家、中国兵器装备集团财务有限责任公司董事长。

推行统一负债，有效防范财务风险；以全面推行降本增效为切入点，大力实施成本领先战略，提高发展质量和效益；以财务高管人员管理为切入点，实现对三级及三级以下子公司的管理。

中国兵器工业集团公司

中国兵器工业集团公司是1999年在原中国兵器工业总公司基础上，经国务院批准改组设立的特大型企业集团。目前，集团公司拥有包括工业企业、科研院所、商贸公司和勘察设计企业等在内的成员单位130多家，分布在全国18个省市，并在数十个国家和地区建立了近百家海外分支机构。

集团公司组建以来，高举中国特色社会主义伟大旗帜，以邓小平理论和"三个代表"重要思想为指导，深入贯彻落实科学发展观，始终坚持以服务国防现代化建设和服务国民经济建设为根本任务，始终坚持以改革和科技创新为动力，始终坚持军民结合、寓军于民、军民协调、互动发展的指导方针，在改革发展上成功实现了"四大跨越"，开创了发展兵器高科技的新时代。

一、军品发展实现了由传统兵器向高科技兵器的跨越

总部大楼

集团公司坚持把发展兵器高科技放在各项工作的首位，全力推动兵器科技自主创新，成功攻克和掌握一批国际领先的高科技兵器核心关键技术，推出一批具有国际竞争力的高新技术武器装备，进一步巩固了兵器工业在国防现代化建设中的基础地位，在国际国内成功塑造了中国高科技兵器的新形象。9年来，累计获国家科技进步奖20项、部级科技进步奖772项，获国家专利611项，在中央企业第一任期考核中获科技创新特别奖。

二、民品发展实现了由无行无业到重点打造三大军民结合高新技术产业的跨越

在深刻总结兵器军转民20多年经验和教训的基础上，集团公司坚持一手抓高科技军品发展，一手抓军民结合高新技术产业发展，成功培育了重型装备与车辆、特种化工与石油化工、光电材料与器件三大军民结合高技术产业，走出一条具有兵器特色的军民结合发展道路。2007年实现民品销售收入452亿元，比1999年翻了近三番，其中硝化棉、人造金刚石产销量世界第一，石油钻铤、矿用车等7个产品产销量全国第一。

三、国际化经营实现了由传统进出口贸易到现代国际化经营的跨越

集团公司始终把提升国际化经营能力和水平放在重要位置，坚持经营产品与经营市场相结合、开发市场与开发资源并举，不但有一批高新技术武器装备成功打入国际军贸主流市场，而且成功开发了一批石油和贵金属矿产资源。集团成功实现了由单一军贸向军品外贸、战略资源、技术引进、工程承包、民品出口五位一体国际化经营的转变，由单一服务于国家领土安全向服务于国家领土安全和国家资源安全的转变，国际化经

营已成为集团公司持续快速发展的重要推动力量。

四、集团公司实现了由扭亏脱困向持续发展、科学发展的跨越

集团公司组建之初，全系统主营业务收入只有221亿元，亏损额高达27.6亿元，职工人均年收入还不到6000元。集团公司成立后，大力推进自主创新和结构调整，成功实现了由扭亏脱困向持续发展、科学发展的跨越。2003年，全系统实现扭亏为盈，一举扭转了兵器工业长达13年连续严重亏损的困难局面；2007年销售收入突破1300亿元，实现利润39亿元，跨入了全国企业30强行列，连续4年获A级中央企业。

推进财务管理"四大工程"，构建集团化财务运作体系

围绕集团公司在新时期的战略目标，即到2020年将集团公司建设成为具有国际竞争力的大公司和高科技现代化的兵器工业。公司提出了推进资金集中管理、全面预算管理、财务管理信息化和财会队伍建设的"四大工程"，努力构建集团化财务运作体系的工作目标，并在全集团范围内进一步推行和完善会计委派制。

一、实施总会计师委派制

集团公司在军工系统内较早地实行了会计委派制，2000 年启动了总会计师委派制试点工作，制定了《关于委派财务主管人员的办法》，初步确定了总会计师的配备时间表。2004年已向全部成员单位委派总会计师。会计委派制对集团公司的发展起到了积极的促进作用，是实现财务集中管理、强化运行监督的有效制度。

二、构建集团化财务运作体系

构建集团化财务运作体系是建立以产权关系为基础，以集团公司总体效益最大化为目标，以资金统一调度和全面预算管理为手段，实现资源统一利用，财务管理信息化，会计信息网络化的财务管理新框架，其核心是推进"四大工程"建设。

构建集团化财务运作体系的基本思路是通过实施"四大工程"，整合财务资源，增强总体调控能力；构建集团化财务运作体系的主要目标是以量化的财务目标整合各项经济资源，为集团总体发展战略提供支撑。推进"四大工程"建设的重点工作包括：

1.资金集中管理方面，在建立覆盖全集团成员单位的集中管理体系的基础上，进一步强化"资金监控，统一调度"的系统功能。

2.全面预算管理方面，结合公司治理结构等专项工作推进，系统完善成员单位预算管理体系。探索研究建立以预算管理评价为主的企业管理评价指标体系，强化企业在外部形势多变的环境下对经营发展的把握能力，切实提高管理水平。

总会计师　罗乾宜

中国兵器工业集团公司总会计师。

集团公司生产的高科技武器装备在国庆50周年阅兵式上接受检阅

3.财务管理信息化方面，重点围绕财务管理需求扎实推进本单位财务信息化工作。

4.在财会队伍建设方面，继续加强总会计师队伍建设，完善会计委派制，围绕"四大工程"要求，积极开展业务培训；继续抓好总会计师队伍建设，强化培训和业务考核，重点提高总会计师的理财水平。

长安汽车(集团)有限责任公司

　　自1862年创办至今，长安汽车（集团）有限责任公司已跨越3个世纪，走过近150年的风雨历程，从中国最早的近代工业先驱发展为国内最大的军民结合型企业，跻身中国汽车行业前列，成为中国汽车工业自主创新的领军企业之一。

　　长安集团总部位于重庆长江和嘉陵江两江汇合处，集团公司下辖十多家分子公司，地跨西南（重庆）、华中（江西）、华东（江苏）、华北（河北）四地，拥有12个汽车制造工厂和2个独立的发动机制造工厂，具备年产汽车130万辆、发动机130万台的能力。产业涉及汽车、特种机器、地产、物流、汽车电子、IT等领域。在自身不断发展的同时，长安还与福特、铃木、沃尔沃、马自达、伟世通等跨国企业建立了战略合作关系。

　　1958年，长安第一次进行"军转民"的探索，并制造出中国第一辆吉普车；改革开放后的1983年，长安再一次实现"军转民"的探索，引进日本铃木技术开始生产微型汽车和发动机，开始全面进入汽车制造领域；21世纪初，在加强与国际汽车巨头合资合作的同时，长安开始踏上"自主品牌、自主创新、自主研发"之路。

　　作为我国自主创新的优秀代表，长安汽车始终坚持走国际化的发展道路，致力于探索全球化的科技创新之路，形成了"以我为主，自主研发"独特的"长安模式"。长安建立起"三国"（中国、日本、意大利）"四地"（重庆长安汽车工程研究院、上海长安汽车工程研究院、日本横滨长安汽车设计中心、意大利都灵长安汽车设计中心）的全球研发格局，并具备造型设计、工程化设计、仿真分析、试验开发评价、样车试制等五大自主研发能力，成为中国首屈一指的汽车研发机构。

　　目前，长安汽车已形成微车、轿车、客车、卡车、SUV、MPV等多层次、宽系列、多品种的汽车产品谱系，以及0.8L～2.5L系列发动机平台。长安汽车先后推出长安之星、长安之星2代、奔奔、杰勋、长安星卡、都市彩虹等自主产品，以及福特蒙迪欧、福克斯、马自

2008年3月26日，长安自主品牌中级轿车志翔在重庆正式亮相

达3、马自达2、沃尔沃S40、S-MAX、铃木奥拓、羚羊、雨燕、天语等多款产品。未来3年，长安还将推出30款自主品牌汽车和13款发动机。

作为具有悠久历史的国有特大型军民结合型企业集团，长安有着强烈的社会责任感。在抗战时期，长安坚守"战以止战，兵以弭兵，正义的剑是为保卫和平。创造犀利的武器，争取国防的安宁"的信念，成为世界反法西斯战争贡献最大的中国军工企业。在市场经济发展新时期，长安在保持高速增长的同时，矢志不渝地履行企业社会责任，积极追求汽车产业与人类社会的协调发展，以科技创新为第一驱动力，推出了一系列低排放、小排量汽车；致力于前瞻科技，推出了HEV混合动力、氢内燃机等新能源产品。长安始终将利润着力点定位在服务社会、反哺公民的社会责任上，追求公平、和谐、稳定和良性的"利润文化"，以实际行动回馈社会。多年来，长安积极救助贫困地区、灾区，支持残疾人事业，设立大学奖学基金，捐资成立希望小学，积极投身环保等社会公益事业。

长安将继续在科学发展观指引下，坚持自主创新，把握发展规律，创新发展理念，转变发展方式，力争到2010年，实现产销汽车200万辆，销售收入1000亿元以上的宏伟目标，成为国际化的汽车企业，开创长安汽车更加灿烂辉煌的明天！为中国民族汽车工业的发展做出新的、更大的贡献！

总会计师 崔云江

高级会计师，长安汽车（集团）有限责任公司总会计师

创新观念，实现低成本战略的科学化、长效化

长安汽车面对激烈的市场竞争和对手强有力的挑战，依照"产品为中心，流程为主线，全员降成本"的全面降本计划，推动企业低成本战略的科学化、长效化，形成"创新观念降成本，定性定量降成本，全员全面降成本，深入持续降成本"的企业成本文化，实现企业跨越式、裂变式发展。

在实施中，长安以提升效益和管理水平为目标，按照"既抱西瓜，又捡芝麻；横向到边，纵向到底，实现全员全过程降成本"的原则，采用各专责组和各大板块联动的方式，重点在产品开发、生产制造和营销服务等环节运用价值工程思想，抓深、抓细成本控制工作；并在日常工作中倡导节约思想，努力培养"创新观念降成本，定性定量降成本，全员全面降成本，深入持续降成本"的企业成本文化，从而实现低成本战略的科学化、长效化。

长安自主轿车总装线

长安自主品牌轿车焊接线

中国兵器
内蒙古第一机械制造(集团)有限公司

内蒙古第一机械制造（集团）有限公司（简称第一机械集团）是国家"一五"期间156个重点建设项目之一，是中国兵器工业集团公司保军骨干企业，也是自治区装备制造业骨干企业。

截至2007年底，公司拥有资产总额118.9亿元，现有职工26560人，拥有世界先进水平的进口设备1000多台（套）。公司建有国家级的企业技术中心，形成了较为完善的工艺技术体系，具有雄厚的科研开发和生产制造能力。同时，建立起完善的现代化管理体系，质量管理通过ISO9001体系认证，计量管理通过ISO10012-1体系认证，环境管理通过ISO14001体系认证。

经过50多年的建设和发展，公司成为兵器行业乃至国内外知名的重型车辆制造集团。目前，经营业务有车辆核心业

维和部队专用载货车

务、车辆零部件专业化业务、车辆相关业务、辅助产业四个层次。

车辆核心业务包括军品、重型汽车、铁路车辆、专用汽车、工程机械等系列产品。

重型汽车是国内唯一全套引进、消化、吸收德国奔驰技术，代表国内重车最高技术的产品。可生产高档、中高档、中档三大系列，40种基本车型，500多个品种的载重车、牵引车、自卸车和专用车。

铁路车辆可生产敞、罐两大系列30多个品种，形成年产6000辆的能力，是铁道部首批重载提速零部件研制单位，是国内铁路车辆研制生产品种多、零部件自制率高、产能较大的定点生产企业。

专用汽车可生产重型运钞车、液化石油气罐车、气卸散装水泥罐车、低温液体罐车及其他特种车辆等系列产品，是我国众多专用汽车制造企业中有较强影响力的企业之一。

工程机械可生产320马力、230马力、160马力推土机和吊管机系列产品。其中，大马力推土机市场份额排名行业第二位，是国内研制生产大马力推土机的重要企业之一。

车辆零部件专业化业务主要包括车辆铸件、锻件、结构件、传动装置、辅助件、橡胶制品、机电产品以及重型车辆发动机、车桥、驾驶室、变速器、制动器、弹簧等。

车辆相关业务主要包括石油机械、专用设备制造、工模具、设备维修、焊接材料、信息网络、检验测试、物采配送等。

辅助产业包括综合企业、建筑安装、房地产、物业、宾馆餐饮等。

进入"十一五"以来，公司围绕建设现代化重型车辆制造集团的目标，深入推进相关多元专业化战略，不断加快结构调整，深化体制机制改革，强化科技创新和管理创新，经营发展实现不断跨越。2007年，公司经营规模达到102.7亿元，成为兵器集团工业企业和内蒙古自治区装备

制造业首家突破百亿元的企业。

长期以来，公司受到国家和地方的极大关怀，特别是近年来多次受到表彰奖励。曾先后三次荣获全国"五一劳动奖状"；连续十次获"全国思想政治工作优秀企业"称号，连续7年被评为"全国用户满意企业"；先后获得"国家技能人才培育突出贡献奖"、"中国名牌企业"称号，被评为"中央企业先进基层党组织"、"全国精神文明建设工作先进单位"、"国家自主创新能力行业十强"、"全国企业文化建设优秀单位"和"全国模范劳动关系和谐企业"；名列中国机械500强第55位。公司成为兵器集团建设有国际竞争力大公司和高科技、现代化兵器工业以及推动地方经济腾飞的主力军，中国兵器"第一机械"企业形象、市场影响力和行业地位不断得到提升。

注重财务信息化建设，实现财务管理创新

第一机械集团的财务信息化建设总体思路是：全面推进兵器集团提出的"资金统一调度、全面预算管理、财务管理信息化建设和财会队伍建设"四大工程建设工作；贯彻落实公司提出的"数字一机"建设目标；不断加快财务信息化建设工作，努力提高财务信息的时效性、真实性，促进企业财务管理制度创新、管理创新，建立一套适用、规范、高效和先进的财务管理信息网络系统以满足公司集团化财务管理的要求。

财务管理信息化建设目标是基于集团公司信息化建设总体目标和建立财务管理新框架，按照集团化财务运作的思路，实现财务管理体系的网络化、现代化、信息化，实现统一配置财务资源、统一控制财务风险、统一会计信息体系，最终实现企业集团化财务管理的应用目标。

总会计师 王朝钦

内蒙古第一机械制造（集团）有限公司总会计师。

公司的财务信息化建设工作始于2003年，按照兵器工业集团财务信息化建设总体部署要求进行总体规划、分步实施，采取了积极稳妥、以点带面、逐步推进的实施策略。首先以公司财务部为切入点，率先进行财务信息化的实施工作。在财务部项目实施取得成功后，分别选择具有典型业务代表作用的三分公司、四分公司、科研所等三家单位作为试点单位进行试点应用。在此基础上，扩大试点单位的实施，在取得阶段性成效的基础上，全面推进财务信息化的实施工作。2007年底，分5批完成34家二级单位的财务信息化实施工作。初步实现账务、电子报表、应收应付、固定资产、内部银行、财务分析及领导查询等软件功能，基本满足第一机械集团财务管理核算的需要。2008年，按照兵器集团公司的统一要求，结合第一机械集团的实际，公司从集团化财务报表系统的研制和开发入手，开展了财务信息化的集团化应用工作。

C80铝合金运煤车

油品运输车

运
输
行
业

时速200公里及以上"和谐号"国产化CRH2型动车组飞驰在泰山脚下

中国铁路

新中国成立后，中国铁路取得了长足进步，截至2007年底，营业里程已达7.8万公里（不含我国台湾省，以下均同），居世界第三、亚洲第一，其中复线率达34.7%，电气化率达32.7%。全国铁路拥有机车1.83万台，牵引动力全部实现内燃电气化；拥有客车车辆4.4万辆、货车车辆57.8万辆；每天开行旅客列车近3000列、货物列车33300多列。2007年，全国铁路完成旅客发送量13.6亿人、货物发送量31.3亿吨、换算周转量31013亿吨公里。

党的十六大以来，在党中央、国务院的正确领导下，铁路系统坚持以科学发展观为指导，立足经济社会发展大局，以快速扩充运输能力、快速提升技术装备水平为主线，全面深入推进和谐铁路建设，铁路发展取得了新的历史性进步。

——铁路建设取得显著成就。2003年以来，铁路系统按照国务院批准的《中长期铁路网规划》，展开了大规模的铁路建设。在客运专线建设、大能力通道、既有线改造、铁路枢纽和客站建设等方面加快推进，取得重要成果。

——技术装备水平大幅提升。2003年以来，中国铁路按照"先进、成熟、经济、适用、可靠"的技术方针，大力推进原始创新、集成创新和引进、消化、吸收再创新，取得了技术创新的重大突破。中国铁路不仅在机车车辆装备现代化取得重大进展，并在既有线提速技术、高原铁路技术和重载运输技术方面均达到世界先进水平。

——铁路运量和效率效益持续大幅增长。坚持走内涵扩大再生产之路，大力实施既有线改造和提速工程，实现了铁路运量和效率效益大幅度增长。尤其在党的十六大以来的5年中，全国铁路旅客发送量增长28.5%，货物发送量增长52.7%，换算周转量增长50.3%，国家铁路运输总收入增长66%。铁路运输增量超过1978～2002年24年增量的总和。我国铁路以占世界铁路6%的营业里程完成了世界铁路24%的工作量，旅客周转量、货物发送量、换算周转量、运输密度居世界第一，运输效率世界最高。

我国铁路坚持国家利益至上、社会效益第一，承担了大量公益性运输任务，2003～2007年，为国家和社会贡献的资金达6882亿元，平均每年1376亿元。

为实现铁路快速、健康、可持续发展，财务部门把转变经济增长方式、提高经济效益作为一项战略任务来抓，深入推行全面预算管理，加快信息化建设步伐，深化财务制度改革，规范铁路经营管理，全面提升铁路财会工作水平，做到强化管理、科学管理、规范管理，保证了铁路生产和建设的顺利进行。

1.大力推进铁路投融资体制改革，多渠道筹措资金，吸引各类资本投资铁路，保证了大规模铁路建设对资金的需要。推进省部铁路建设战略合作，积极吸引地方政府和社会资本投资铁路建设。2003～2007年，按省部协议，地方及企业权益投资约4000亿元，全路已新组建合资铁路公司40余个，投资总规模9600多亿元。5年中，共发行铁路债券1130亿元。同时，加快铁路运输企业股份制改造试点步伐，完成大秦铁路在上交所挂牌上市和H股上市的广深公司成功首发A股。通过使用邮政储蓄资金、信托、保险资金等融资渠道和金融工具，结合利用铁道部本级内部调剂资金，降低筹资成本。

2.加强资金源头控制。推行资金预算管理，压缩资金闲置时间，提高资金使用效率。全路建立了大额资金使用集体讨论决策制度、大额资金使用联签制度和大额资金动态监督报告制度；建立了资金结算系统业务办理监督制度，结算中心对不合规的业务不予受理，不合规的资金不予支付，及时堵住了资金支付的漏洞；对资金全过程进行管理控制，加强了财务归口和集中管理，严格银行账户管理；推进了大额、大项资金的集中直接支付，实现资金的动态、实时监控和部门联控。

3.以预算为龙头，约束和规范企业的经营行为。在全路实施全面预算管理，用预算来约束企业的经济活动，统一配置企业的财务资源，推动铁路运输新的增长，提高铁路经济发展质量。各单位通过实施全面预算管理来统筹安排和控制各部门的各项生产经营活动，强本简末，突出

时速350公里和谐号动车组试验列车飞驰在我国第一条高速铁路——京津城际铁路的高架桥上

唐古拉山火车

重点，用预算把有限的资金配置到最需要的地方。严格预算纪律，业务部门凡是需要增加财务预算的，必须先按照程序追加财务预算，才能组织实施。财务部门严格按预算支付各项资金，凡是没有预算的资金一律不能支出。通过近些年坚持不懈地推进全面预算管理，通过预算管理规范企业的经济行为，统筹财务资源、控制成本支出，保证了铁路建设、生产、改革、安全、稳定对资金的需求，对确保当年经营目标的实现起到了重要的作用。全面预算管理思想在管理层、生产经营层，在干部职工观念中已经有了较好的基础。

4.加强建设成本控制。落实铁路建设单位建设成本控制责任。加强对工程质量的监督考核，推行了大标段招标、工程总承包、施工总承包。加强建设资金管理，严格投资预算管理，有效控制投资，降低建设成本。对具备条件的大宗材料实行甲方招标供应，减少价差调整。建立铁

路建设项目的综合考核机制，对建设、施工、设计、监理、咨询等各方在进度、投资、安全、质量等全方位考核。实行铁路局建设资金集中直接支付试点。开发运用了建设项目管理信息系统以及银行账户信息系统，对建设资金进行实时监控。

5.加大资产管理力度，资产质量得到明显提升。建立健全了资产管理制度、机制，制定并推进了加强资产管理的三年规划，逐步消化不良资产，到2006年底不良资产已全部得到规范处理，资产质量明显改善。进一步完善了铁路国有资本监管办法，对运输企业实行了资产经营业绩考核制度，把资产安全纳入了考核体系，减少了资产损失。从源头上控制资产的投入，严格控制各种非生产性资产，资产使用效率进一步提高。推广零库存和集采专供，加快了资金周转。加强债权管理，组织开展专项清理工作。积极盘活闲置资产，制定了汽车定编管理办法，大力

压缩汽车数量，基本实现乘用车压缩50%的目标。

6.依法加强监管。统筹安排内部审计、会计师事务所审计、财会专项检查和日常国有资本监管，形成系统监管。加大内审工作的力度，部审计中心对铁路企事业单位开展了经营业绩、资金安全、领导干部任期经济责任制等审计，部、局内级财会、资金部门从2005年起接受同级审计部门的审计。部、局审计部门坚持对铁路大中型建设项目进行年度审计。进一步加强中介机构审计监督的力度，对会计师事务所通过投招标方式进行选择，并实行严格的违约责任追究和检查质量责任追究制度，审计质量明显提高。实施两年来，已有2个事务所被停止了投标铁路业务的资格，5个事务所被追究经济责任。

7.严格对铁路局的考核制度。铁道部对铁路局实行经营业绩考核制度，考核指标包括效益指标、效率指标、安全指标、质量指标、建设项目管理指标和节能指标。建立经营管理重大失误和财经重大损失的问责制度，并制定

违反财经纪律处罚办法。2004年和2005年有三个铁路局因资产安全和违反财经纪律扣分，当年考核不合格。

通过以上管理手段，铁路取得了良好的经济效益和社会效益，铁路经营状况发生了根本性变化。实施内涵扩大再生产，不仅扩充了铁路运输能力，而且促进了铁路增长方式的转变。这几年，铁路经营形势一年比一年好，国家铁路运输收入连年大幅度增长，2007年完成3298亿元，比2003年增加1312亿元，年均增加328亿元，年均递增13.5%。盈利水平不断提高，由2003年的5亿元增加到2007的78亿元。 铁路整体负债处于较低水平，偿债能力持续增强，保持了良好的财务状况，为加快铁路建设和各项事业发展奠定了坚实基础。

我国第一条时速350公里的高速铁路——京津城际铁路试验列车行驶在北京永定门桥

中国远洋运输（集团）总公司

远洋大厦

中国远洋运输集团（简称中远集团）是以国际航运、现代物流以及船舶修造为主业，集远洋运输、现代物流、船舶修造、码头、船务代理、海上货运代理、海上燃油供应、贸易、金融、IT、劳务等产业于一体的全球性跨国企业集团，是中国最大的国际航运、物流和修船企业集团，综合实力居世界前列。

截至2007年年底，中远集团拥有和控制着800余艘各类现代化商船，共5100多万载重吨，年货运量超4亿吨，远洋航线覆盖全球160多个国家和地区的1500多个港口，船队规模稳居中国第一位，世界第二位。

中远物流业的规模和实力在我国居市场领先地位，在汽车物流、家电物流、化工物流、电力物流、会展物流、融资物流六大领域为客户提供高附加值服务，连续4年蝉联"中国物流百强企业"评比榜首。

中远港口业发展迅速，目前在全球投资经营30个码头项目，总泊位达140个，世界排名第五位。

中远修造船业迅速崛起，拥有多家国内领先、国际上享有较高知名度的大型船舶企业及多家船舶配套企业，从事大型船舶和海洋工程建造、改装及修理，拥有含30万吨级、50万吨级的各类型船坞，可以承建海洋工程项目、重吊多用途船、散货船、30万吨VLCC、30万吨VLOC、6200PCC和13000TEU等船舶，从生产设备装配水平到生产管理水平均居国内领先地位，技术能力、生产效率及生产成本等指标居业界前列。

中远集团是最早进入国际资本市场的中国企业之

一，目前在境内外控股和参股中国远洋、中远太平洋、中远国际、中远投资、中远航运、中集集团、招商银行、远洋地产等8家上市公司，中远集团航运主业全面走向国际资本市场。

中远集团数百家国内外成员单位形成了以北京为中心，以远洋航运和全球物流为依托，以中国香港、日本、新加坡、美国、欧洲、澳洲、韩国、南非和西亚等9大区域为辐射点的全球业务网络，在50多个国家和地区拥有千余家企业和经营机构。

如今，中远集团把积极履行企业社会责任与企业发展战略相结合，积极培育"绿色竞争力"，成功跻身财富全球500强，主要国际化经营指数正接近联合国"全球跨国公司100强"标准，正逐步确立国际航运、物流和修造船领域系统集成者的地位。

创新管理思维，提升管理水平，为实现集团战略目标提供财务保障

中远集团作为中央直接管理的大型国有企业集团，在市场激烈的竞争环境中，不断创新，坚持企业管理以财务管理为核心的管理理念。

一、建立适度集中的财务管理模式，适应集团发展需要

为配合发展战略推进实施，集团确定了"财务管理体制要向财务集中管理模式方向发展"的工作思路，提出了"构建四个体系、培养一支队伍"的财务管理目标，即：建立健全财务集中控制体系、全面预算管理体系、财务风险控制体系和税务筹划管理体系，培养一支高

中远船务30万吨级浮船坞

素质的远洋财会人才队伍。

财务集中管理模式是建立在财务信息化基础上，服务于集团发展战略，以财务信息集中管理、资金集中管理、债务集中控制、出资人权益集中管理以及财务人员专业管理的相对集中为主要内容的适度集中。通过整合资源、统一规划、统一标准，打造信息共享平台，推进集中管理和控制体系，目前集团已基本建立起符合中远实际情况的适度集中的财务管理模式，并在逐步完善。

二、建立动态高效的财务信息管理平台，提高财务信息质量

为提高财务信息质量，向管理决策提供更加有效的信息支持，实现集团发展战略和"打造数字化中远"的目标，中远集团已搭建起以中远财务信息系统为核心，以总裁视窗系统、财务决算和财务快报系统等为辅助的财务信息管理平台。目前，中远财务信息系统上线公司已达500余家，覆盖了集团境内外大部分重要公司。通过财务信息管理平台的建立，不仅使财务人员从"人海疲劳战斗"中解脱出来，更为集团上下按照统一标准和规则开展财务工作提供了平台，财务工作的规范化和信息化水平得到全面提升。

借助这一平台，中远集团在认真研究自身实际情况的基础上，于2007年1月1日在系统内全面施行新《企业会计准则》，成为中央企业24家首批执行的企业集团之一，并顺利完成新旧准则的转换过渡工作。同时，财务信息管理平台提供的数据管理功能，有效提高了财务信

息的时效性，集团财务决算工作连续多年获得财政部的表扬和国资委的肯定，财务快报工作也多次获得财政部的表彰。中国远洋作为中远集团的上市旗舰，2007～2008年连续两年获得ARC国际年报评选的财务数据披露杰出奖。

三、发挥财务支持保障功能，服务集团发展战略实施

集团财务工作始终围绕着集团发展战略，从战略决策需要出发，以提高企业价值为目标，积极参与策划、实施集团的各项重组、改制、整合工作，特别是近年来中远集团按照国务院批准的"整体上市、分步实施"的战略部署，先后启

最先进的超过10000TEU集装箱船——中远亚洲轮

亚洲第一半潜船——泰安口轮

动了中国远洋香港上市、A股回归以及散货资产注入等重大资产运作项目。在项目实施过程中，全集团近千名财务人员在审计报告、资产评估、债务重组、税务筹划等重大时间节点和工作中，排除万难、全力推进，按时保质地完成了各项工作，有效地保障了项目的顺利实施。

四、实施资金集中管控，提高资金使用效率

财务管理以资金管理为核心，中远集团财务集中管理也是以资金集中管理为核心，集团内部统一管理、统一操作，从集团整体利益出发提高资金使用效率。2000年以来，集团陆续在北京、天津、广州、青岛、上海、大连建立结算中心，搭建起以结算中心为节点、辐射全国的境内人民币资金集中管理平台。同时，依托"全球现金管理系统"对境外资金实施统一管控。2006年，集团获得外汇管理局批准，成为国内服务业首家开展外汇资金集中管理的单位。通过资金集中管控，不仅最大程度地降低了整个集团的财务费用，更在系统内实现了资金的优化配置，对加强管理、降低成本发挥了重要的作用。

五、强化内控管理，提高风险防范能力

强化内控管理，是中远集团近年来的财务工作主线，也是未来相当长一段时间内财务工作的重点。中远集团从制度建设入手，通过抓制度落实、推进业务流程标准化、实行财务决算统一委托审计以及开展专项检查等措施，强化内控管理，加大财务监督力度，规范企业财务行为。

同时，中远集团早在2005年就提出"树立风险管理意识，建立财务风险管理子战略"的工作目标，把财务风险管理工作提升到一个新的管理层次。在强化内控管理、提高风险意识的同时，中远集团积极探索适合自身经营特点的财务风险防控模式，以燃油保值、利率和汇率风险管理为核心的中远集团财务风险管理体系已经初步建立，并在逐步完善中。

六、加强职业道德教育，建设高素质财务人员队伍

中远集团拥有财务人员2500余人，"着力打造一支素质好、能力强、水平高的财务人员队伍"一直是集团财务队伍建设的目标。中远集团已初步建立以岗位交流、分层次模块化培训、财务专业考核为主体的财务人才培养体系，并在集团所属单位着力推进财务总监委派制度，推行财务负责人定期汇报制度，实行高级财务人员年度专业考核制度，集团高级财务人才队伍正在逐年壮大。同时，中远集团注重财务人员职业道德建设。2004年，集团号召全系统财务人员签署了"抵制职务犯罪、爱岗敬业的承诺书"，2007年，结合新形势，集团再次组织全系统财务人员就抵制职务犯罪做出新的承诺。

30万吨超级油轮——远荣湖轮

上海外高桥造船有限公司

上海外高桥造船有限公司成立于1999年10月18日，是中国船舶工业集团公司旗下的上市公司——中国船舶工业股份有限公司（股票代码：600150）的全资子公司。属下拥有上海江南长兴造船有限责任公司、上海临港海洋工程有限公司、上海欣业船舶海洋工程设计有限责任公司等全资子公司或控股子公司。公司规划占地总面积近500万平方米，年造船能力700万载重吨以上。目前，公司手持订单、造船规模和经济效益均处于国内领先地位，被誉为"中国第一船厂"。

经营市场化

经营企业，最重要的是要搭准市场脉搏，向市场要效益。公司成立初期就严格按照现代企业制度管理要求生产经营，公司股东会、董事会、经理层关系清晰，所有经营活动服从于股东利益，对企业资产的保值、增值高度负责。完全市场化的经营管理理念和适时抓住船市机遇的快速反应机制给公司持续经营带来新的活力。

迄今，公司所有已完工船舶均按时或提前交付，实现了对船东的庄严承诺，树立了中国造船企业在国际上敢于承担责任和风险的诚信形象，获得了世界各地船东的信任和尊重。近年来，公司的管理者们以敏锐的眼光和对造船事业的执著追求，成功把握市场机遇，积极盘活母子公司资源，通过全体员工不懈努力，使公司年造船总量不断上新台阶，努力实现"做大做强"的目标。

产品国际化

公司从成立一开始就确立了面向国内和国际两个市场，不断提高国际竞争力，瞄准世界一流产品的目标。目前已形成了17万吨级好望角型散货船、7.6万吨巴拿马型散货船、11万吨级阿芙拉型成品/原油轮、30万吨级大型级油轮（VLCC）、大吨位海上浮式生产储油轮（FPSO）、深水半潜式钻井平台等六大系列产品，远销美国、德国、意大利、比利时、希腊、挪威、日本、新加坡及中国香

1—30万吨FPSO

港、中国台湾等国家和地区；客户中不少船东都是知名的航运公司或大集团，如美国的康菲公司、日本的邮船株式会社、希腊卡迪夫航运公司、新加坡万邦（IMC）航运公司以及国内的中远和中海油两大集团公司。

管理现代化

近几年，公司在生产经营和产品开发过程中，科学组织和利用生产力，合理调整生产关系，提升企业文化和执行力，不断引进先进管理理念，初步形成了体制扁平化、设计标准化、计划系统化、物资模块化、质量体系化、理财预算化、信息数字化、人才市场化的总装化造船需求的管理模式。同时，公司还被认定为"国家级企业技术中心"；公司主打产品17.5万吨好望角型散货船获得"上海名牌产品"，10.5万吨阿芙拉型油轮获得"中国名牌产品"的光荣称号。

如今，公司造船规模持续扩大，产品产能逐年提高，产业领域不断拓宽，科研能力继续增强，核心竞争力显著提升，在推进建立现代造船模式的发展过程中迈出了坚定的步伐。公司将继续大力弘扬"学习、创新、团结、卓越"的企业精神，积极倡导"员工与企业共同发展"的价值观，秉承"推行绿色造船，创立安全环境，建造优质产品"的管理理念，奋发进取、豪情满怀，共同描绘中国船舶工业更加宏伟的蓝图。

细化经济管理　提高企业效益

上海外高桥造船有限公司紧紧围绕"建厂、造船、育人、效益"四同步目标，聚精会神以经济效益为中心、踏踏实实开展工作，通过提升总量、抓住市场机遇、千方百计强化降本增效工作，提高产品毛利率水平，进而实现盈利水平的不断提高。公司年度完工吨位从2003年的50万载重吨增长到2007年的353万载重吨，主营业务收入也从2003年的8.12亿元快速提高到2007年的111.2亿元，实现了完工吨位和经济效益连续3年国内第一，被誉为"中国第一船厂"。目前公司手持订单饱满，财务状况持续良好。公司在现代管理尤其在财务管理中获得了一些经验，理财团队在企业经济管理中发挥了重要作用。

一、推行单船效益管理，为各年度生产经营计划安排服务

外高桥造船公司是一家以船舶为主要产品的制造型企业，企业经济效益取决于造船的效益，而船价随行就市，因此要想取得较好的经济效益，唯一的选择就是控制造船成本。因此，公司在

王德宝　副董事长，总会计师协会副会长

总会计师　孙鉴政

男，汉族，大学本科学历，高级会计师。1992年5月任厂财务会计处电算管理科副科长，1993年6月后历任厂财务会计处处长助理、副处长、处长。1996年12月任江南造船（集团）公司总经理助理，1998年2月兼任上海外高桥造船基地办公室副主任，1999年11月后任上海外高桥造船有限公司财务总监，2003年至今任上海外高桥造船有限公司总会计师。

中华和平号

财务管理中特别注重建立单船效益管理和造船成本分析制度，通过定期对手持订单的效益分析，并及时向公司管理层反馈各船毛利率、各年度经济效益情况，为各年度生产经营计划安排做好准备。

也正是基于对单船效益分析的长期积累，公司于2004年在原已承接船舶订单和生产计划线表的基础上，在中国造船企业中，率先提出"插船"的经营策略，2005年公司抓住市场机遇成功插入3艘较高价船舶，上演了一场经济效益大逆转。

二、以经济效益为中心，千方百计采取措施开展降本增效工作

从建厂初期，为了尽快回报股东，公司经营班子对成本管理工作高度重视、思想统一，从技术、生产、采购、经济考核等方面综合考虑，采取了一系列措施优化造船流程，强化单船目标成本管理，加强采购成本管理，提高动能源管理水平，实行模拟法人考核，公司总会计师在整个过程中承担着重要职责，积极推进企业"降本增效"工作。

（一）加强采购成本管理，大力降低造船物耗水平。针对当时国产小板平均单价低于进口大板的实际情况，采用国产小板替换进口大板的措施降低采购成本；公司以推行CIMS为契机，成立专题课题组，不断提高钢材利用率，降低制造成本；针对材料设备不断涨价的情况，

建立了开发、设计、营销和物资的信息沟通机制，成立了技术与价格审查工作组，认真做出厂商的选择并有效地压缩采购价格。

（二）优化生产组织方式，提高动能源使用效率，控制动能源支出。动能源费一直是公司一项重要的支出，公司不断优化生产组织方式，实行了"限时供能"的措施，有效提高能源使用效率；同时，为了创建节约型企业，公司定期召开动能源分析会，依托"节能节约"重点攻关课题，取得了较好的效果。

（三）开展生产部门模拟法人经济责任制考核。公司采取模拟法人经济责任制考核的模式，不断控制和降低各船加工费水平。单船加工费逐批次下降，各部门的成本意识不断增强。公司现已按这种考核方式作为部门目标管理的重点，把成本管理延伸到操作岗位。

三、加强外汇风险管理，规避人民币升值的汇率风险

公司大部分订单都来自于国外，全部合同以美元计价，外汇头寸的汇率风险巨大。为此，公司先后采取了以下措施。

提高前期预收款的比例：公司在签订船舶建造合同时将签约款比例由原先的10%提高到20%，最高时达到40%；在承接订单时，在合同中采用组合币种计价方式，固化部分船款收款汇率，从源头上规避汇率风险；调整资产负债结构，采用币种对冲来规避汇率风险；根据公司的资金需求以及本外币贷款利率差异，采取了除还贷外销售收汇全部即时结汇，生产用汇采用美元贷款，不断扩大美元贷款规模；运用远期结售汇等金融工具：2007年年初，公司抓住金融市场机遇，分批完成总额达10多亿美元的远期、超远期结售汇业务，有效规避了2008～2009年外汇敞口风险，实现了过亿元的经济效益。

四、加强财务管理，优化资金结构，大幅降低财务费用

制定公司的中长期资金收支计划，在进度款比例大幅提高，保证公司资金周转顺畅的前提下，公司及时调整资金结构。与银行紧密合作，开拓合适的银行金融产品。公司根据资金使用计划，在资金的流动性和收益性达到最佳收益的前提下，合理确定自由资金持有量。

大连港集团

作为一个远洋运输区位优势独到、自然条件优良、基础设施齐全的国际贸易大港，大连港拥有集装箱、原油、成品油、粮食、煤炭、滚装、散矿、化肥等几十个现代化专业泊位，已与世界上160多个国家和地区、300多个港口建立了海上经贸航运往来关系。大连港集团还是亚洲最先进的散装液体化工产品转运基地，是中国最大的海上客运港及海上客、车滚装运输港口以及东北亚地区最大的散粮运输中转港。

近年来，大连港集团的发展始终定位于实现大连港口成为大宗散货物流中心和国际集装箱枢纽中心的目标，定位于加快大连市"一大中心、四大基地"的建设，定位于适应东北老工业基地振兴战略和环渤海区域经济的发展，通过使码头建设适度超前，尽快形成能力储备，努力为将大连建设成为东北亚国

港口夜景

际航运中心提供硬件支持。

与此同时，大连港集团不断加快港口生产布局调整的步伐，顺利完成了百年老港的历史性搬迁、重建工作。实现了港口功能结构的调整，拓展了发展空间，提升了专业化水平，进一步打造了集团的比较优势。

面对全新的发展环境，集团以加快发展为主线，按照港口服务物流化战略的要求，完善海上中转和内陆集疏运体系，努力由传统装卸港向现代物流港转变。这些举措延伸和提升了港口服务功能，促使港口生产实现历史性跨越。

从2003年4月政企分开成立大连港集团公司至今，大连港走出了一条财务管理创新之路。

一、创新财务管理体制，强化财务管理手段

在全集团实施全面预算管理，并在业内率先引进先进预算指引制度和预算滚动管理制度，建立起"战略指导规划、规划指导预算、预算指导经营"的现代化企业经营管理模式；实行财务信息化管理，建立起全集团的财务管控平台，大连港一直走在全国沿海港航企业的前沿；制定和不断修订大连港集团财务、会计管理、财务精细化管理制度等一系列配套制度措施，建立起完善的集团财务会计制度管理体系。

二、规范会计核算，提升理财水平

强化会计基础工作规范，规范集团公司会计核算工作，推行新企业会计制度，建立集团合并报表网络化编报体系，健全集团公司财务管理数据基础。

三、加强投融资管理，提高资本运营效益

建立对集团公司项目投资管理的有效监控体系，提高集团公司项目投资管理的决策和执行水平。认真研究筹资策略，降低筹措资金成本，确保集团重点建设项目资金的使用。优化集团负债结构，实施债务风险管理，化解偿债风险。2004年，利用国内银行低利率美元混合贷款置换集团公司原有的较高利率世行美元贷款，规避美元利率变动的风险，对日元贷款实施折扣"调期"保值型的外汇风险管理，规避日元贷款的汇率风险；2006年，大连港股份公司H股上市；2008年，发行"08大连港债"。

总会计师 张凤阁

大连港集团总会计师。中国总会计师协会常务理事、辽宁省总会计师协会常务理事、大连总会计师协会常务理事、副会长，辽宁省高评委委员。

集团与金蝶签订财务信息化战略合作协议

轻
工
行
业

贵州茅台酒股份有限公司

　　贵州茅台酒股份有限公司是我国唯一一家集国家一级企业、国家特大型企业、国家优秀企业、全国质量效益型先进企业于一身的白酒生产企业。自改革开放以来，公司不断总结与完善茅台酒生产工艺、坚守质量、开发新产品、开拓新市场，大胆管理、锐意进取；坚持发展壮企、环境立企、科技兴企、人才强企、管理固企、和谐旺企，实现了企业持续、健康、快速的发展。特别是公司于2001年上市以来，经济指标大幅增长，茅台股票一路攀高，产业规模不断

壮大，和谐发展效果显著，公司实现了连续九年的跨越式发展。公司利税率、人均利税等指标稳居全国白酒行业第一，公司总市值、品牌价值等都高居行业榜首，"贵州茅台"在"第二届中华老字号品牌价值百强榜"中，以135.97亿元夺得中国最有价值商标白酒行业第一名；2005年上榜"中国上市公司综合20强"，是目前沪深两市唯一的一只百元股。

　　截至2007年，公司总资产达104.81亿元，职工7306人；当年实现销售额84.65亿元，实现利税61.64亿元，上缴税金36.01亿元，净利润28.31亿元，每股收益3元/股。

茅台集团

财务总监　谭定华

高级会计师，财会专业大学本科，自1971年起在茅台集团财务部门工作至今。茅台集团公司党委委员、董事，茅台股份公司董事、财务总监。

一、坚持以资金管理为重点，合理控制资金的安全与盈利

资金是企业的血液，是企业赖以存在和发展的基础。做好资金收支预算、量入为出、积极筹措、合理安排资金是资金管理的重点。公司资金需求量较大，特别是2001年股份公司上市以来，公司步入长足发展轨道，除正常的生产经营资金需求外，每年至少要投入基本建设资金5亿～10亿元。资金需求压力较大，财务部门积极开源，狠抓节流，严格控制资金的流出，对每笔支出款项都严格审批，切实抓好资金的回笼，定期清理欠款，主动催收，加快资金流转。通过有效的资金管理和筹划，实现了资金的合理分配和有效利用。

二、强化预算管理、坚持成本控制、推行成本否决

全面预算管理是搞好企业内部控制行之有效的方法，通过实施全面预算管理可实现企业资源优化配置，提高企业经济效益。

公司财务部门负责预算的编制，成本费用计划的分解，计划执行的过程控制及计划执行结果的考核。年初，财务部门根据历史数据以及本年度公司经营管理目标编制

年度财务预算，将成本费用计划分解落实下达各责任部门，下达前先将计划初表发各责任部门征求意见，广泛听取意见后下达执行，并将执行结果与责任部门的报酬挂钩，严格兑现奖惩。

三、坚持不懈推行电算化管理，提高核算与管理水平

现代化管理的进一步发展，推行电算化，提高统计与核算的进程和管理的水平势在必行。公司电算化初期使用的单机版财务软件已不能满足公司的需要，1998年开始启用软件功能强大的用友网络版本的财务软件，经过10年的不断改进完善，由v7.01发展到2007年启用nc5.02软件版本。公司财务管理凭借该系统平台，实现了公司财务核算的精细化、口径统一的集中财务管理，真正实现了财务数据的快捷性、准确性、及时性。随着其他子系统的启用和对接，也实现了公司内部数据和资源的共享。

四、加强学习教育，更新财会人员知识水平，提高财会人员的职业道德水平

公司非常重视培育财会人员的职业修养，致力于树立财会人员正确的世界观、人生观和价值观，增强财会人员的社会责任感，自觉遵守和维护职业道德。

目前，公司正在通过多种方式，不断提高财会人员的职业道德和专业水平。一是抓好会计人员后续教育工作，定时给财会人员充电；二是积极推荐财务人员学习深造；三是新法规、新制度出台后，及时请专家到公司讲解或选派人员外出学习；四是多买专业书籍发放给财会人员，鼓励他们自学。

"茅台集团"的发展已进入到一个十分重要和最具活力的崭新时期，公司必须以更加饱满的激情，开创更广阔的发展空间；以更加创新的胆略，谋求更远的发展前景；以更加昂扬的斗志，营造更好的发展氛围；以更加卓越的工作，创造更新的发展业绩。公司将紧密团结在以胡锦涛同志为总书记的党中央周围，高举邓小平理论和"三个代表"重要思想伟大旗帜，以科学发展观为统领，解放思想、求真务实、团结一致、奋发进取，永葆国酒地位，再创国酒辉煌。

上海新工联(集团)有限公司

董事会和集团管理层

上海新工联(集团)有限公司前身为上海二轻实业总公司,始建于1992年,公司注册资本1亿元,是一个综合投资型的企业集团。公司拥有全资、控股及参股公司30多家,投资范围涉及工业、贸易、房地产以及现代服务业;企业分布上海、江苏、浙江、深圳、珠海等省市和香港地区。新工联成立15年来,始终坚定不移地走新型集体经济发展之路,把一个当初在行政主导下建立的缺乏市场竞争能力的企业,打造成适应市场经济发展、颇具一定规模的新型集体企业集团。

15年来,公司把发展作为第一要务,以经济工作为中心,坚持在改革中加快发展,在发展中深化改革。坚持走小步、走快步、不停步的原则,通过不断整合资产、塑造核心业务、培育核心竞争力,形成"南方总部"和"鼎隆房

产"、"惠罗商贸"等联合体;新建"新工联产权经纪"、"惠罗典当行"、"轻工会展"等一批企业,以现代服务业引领优化产业结构,建设好"新工联产权"、"宝隆高档礼品代理"和"惠罗"三大品牌,通过对外合作和吸引外资等方式合作共赢、发展壮大。

公司拥有一支团结合作、积极进取的团队,倡导"诚信、合作、进取、图强"的企业精神,树立"务实创新,追求卓越"的经营理念,推崇"立足奉献,把新工联建设成为员工自己的企业"的价值观。公司连续两届被评为上海市文明单位,2007年12月荣获全国轻工行业先进集体称号。

结合新型集体经济的特点,公司积极探索和建立具有自身特点的财务管理监控体系,坚持改革创新,大胆实践,

总会计师 范杰

上海新工联（集团）有限公司总会计师。

先后建立以全面预算管理、企业财务主管人员垂直管理等五大财务管理体系，加强长期投资、应收账款、存货三项资产风险管理，为降本增效，推动新工联持续稳定快速发展产生了显著的成效。2005年，建立集团资金运用中心，为投资开发、提高资金使用效益发挥了重要的作用。在公司董事会领导下，总会计师范杰同志带领全体财务人员坚持现金流量管理，把握和控制好财务风险，增加主营业务收入和利润，不断优化资产质量和资产结构，提高经常性收益，全面完成了新工联经济目标。

近年来，公司在财务管理的新举措：（一）加强现金流量的管理，合理调度，努力降低使用成本，提高使用效益，把控制财务风险放在首位；（二）改善和调整资产结构，努力提高资产收益率；（三）探索建立以净资产为主要指标的考评体系，增加对股东的投资回报；（四）修改和完善集团的会计核算规范，不断提高会计信息完整性和及时性；（五）积极培养中高级会计人才，逐步提升集团会计人员的专业水平，组织召开"新形势、新要求下新工联总会计师工作交流会"，为青年财务人员提供财务主管和见习经理岗位锻炼，组织青年财务人员进行专题研究，学习先进财务管理经验和价值理念，改善和优化财务团队后备力量。

公司还根据企业特点，通过整合内部监督部门的力量，形成了纪委、监察、审计三位一体的大审计工作格局，发挥了监督制约的整体效能，推进了全系统的党风廉政建设，为确保集体资产的保值增值和集团公司持续、稳定、健康、和谐发展做出了积极贡献。

公司召开新形势、新要求下总会计师工作交流会

汉江水利水电(集团)有限责任公司

汉江水利水电（集团）有限责任公司（简称汉江集团公司）始建于1958年，前身为水利部丹江口水利枢纽管理局，1996年改制为有限责任公司，同时保留"水利部丹江口水利枢纽管理局"名称，2000年政企脱钩时移交长江委管理。

汉江集团是以汉江集团公司（水利部丹江口水利枢纽管理局）为核心企业，由丹江电厂、王甫洲水力发电公司、丹江铝业公司、山东中兴碳素公司、江苏昆山铝业公司等20多家成员企业组成的大型企业集团。集团以发电、供水、有色冶金为主业，在册职工9243人，各类专业技术人员2500多名。2007年，集团资产总额达63亿元，主营业务收入32.5亿元。

集团多年来坚持"产业多元化、产权多元化"的发展道路，延伸产业链做大集团的水电和铝业。"十五"期间，汉江集团在山西、山东、江苏、浙江、新疆、湖北宜城等地进行投资，累计完成项目投资20.3亿元，集团销售收入、利润、税金、职工收入五年翻了一番，年均增长15%。其中，2005年以来，汉江集团在湖北十堰地区投资建设潘口、孤山、龙背湾和小漩四个水电站，装机容量共计89万千瓦，总投资达到91亿元。

总经理贺平（前左一）向湖北省省长李鸿忠介绍大坝加高工程

财务部部长　陆淑萍

2008年上半年，集团公司实现营业收入20.54亿元，实现利润总额1.65亿元，实现税金17327万元。截至2008年6月底，集团公司合并报表总资产为70.18亿元，负债总额为36.92亿元，所有者权益为33.26亿元。

汉江集团公司管理的丹江口水利枢纽是一座具有防洪、供水、发电、灌溉、航运、养殖等综合利用效益的大型水利工程。枢纽位于丹江与汉江汇合处，集水面积9.52万平方千米，占全流域面积的60%。坝址处多年平均径流量379亿立方米，约占全流域水量的75%。丹江口水利枢纽运行30多年来，发挥了巨大的经济和社会效益，截至2005年累计防洪效

益匡算450亿元，发电效益100亿元，向两省灌区供水158亿立方米，累计灌溉耕地面积近3350万亩次，在航运和养殖上也发挥了一定作用，为国民经济发展和社会稳定做出了巨大的贡献。

目前，丹江口水利枢纽正处于大坝加高阶段，加高工程是在丹江口水利枢纽初期工程的基础上进行加高续建，是国内目前最大的大坝加高工程，技术复杂、施工难度大、工艺要求高。

加高完成后的丹江口水利枢纽主要任务是防洪、供水、发电和航运。保坝洪水位174.35米，总库容339.1亿立方米，防洪要求保护下游大面积农田及大、中城市等的安全，供水任务为向华北跨流域调水，过坝建筑物可通过300吨级驳船。根据其规模，枢纽定为Ⅰ等工程。大坝、电站厂房等主要建筑物定为1级建筑物。通航建筑物的主要部分定为2级建筑物。挡水建筑物的洪水标准按千年一遇洪水设计，按可能最大洪水（万年一遇洪水加大20%）校核，可基本解除汉江中下游的洪水灾害。

目前，汉江集团公司正按照"有利于国家、有利于出资人、有利于企业、有利于职工"的原则全力推进股份制改造，通过增资扩股、引进战略投资者，将国有独资的汉江集团改造成股份制企业。在未来几年里，将优先发展清洁能源——水电，有序建设潘口、龙背湾、小漩、孤山水电站，争取夹河关水电站相互开发，积极参与开发大藤峡水利枢纽工程、大宁河引江济汉工程等大型水电项目；在南水北调中线水源工程完工后，将努力实现丹江口水利枢纽防洪、供水、发电等功能科学一体化管理，精心调度，努力提高整体经济效益。通过扩大规模，提高技术装备水平，降低能源消耗，延伸产业链，使高载能产业成为规模型、环保型、效益型产业；按照产业适度多元化战略，继续在矿产资源开发、房地产开发以及其他领域积极开拓新的经济增长点。

到"十一五"末，汉江集团将建设成为汉江流域水电开发龙头、南水北调中线供水主体、铝加工行业技术领先的，集发电、供电、供水、高载能于一体的跨行业、跨所有制、跨地区、跨国界的企业集团。到2019年，规划项目全部建成投产后，汉江集团总资产将超过400亿元，年实现净利润将超过10亿元。

黄河小浪底水利枢纽工程

伟大的黄河像一条金黄色巨龙横卧在祖国北部辽阔的大地上，穿过三门峡后，继续在中条山和秦岭余脉间奔流，东行130公里来到小浪底。

小浪底水利枢纽控制黄河流域面积69.4万平方千米，占流域总面积的92.3%；设计目标以防洪、防凌、减淤为主，兼顾供水、灌溉和发电等；概算总投资347.46亿元人民币，其中利用外资11.09亿美元。水库正常高水位275米，总库容126.5亿立方米，长期有效库容51亿立方米。移民20万人。

主体工程由大坝、泄洪排沙系统和引水发电系统组成。拦河大坝为壤土斜心墙堆石坝，坝高160米，坝顶长1667米，坝体总填筑量5880万立方米，是我国目前填筑量最大的堆石坝。泄洪排沙系统

小浪底进水塔风光

宏伟壮观的小浪底大坝

总会计师　庄安尘

中共党员，大学学历。2001年
2月至2004年3月任小浪底建
管局总会计师；2004年4月至
今，任小浪底建管局副局长兼
总会计师。

副局长、总会计师庄安尘（右二）视察工地

小浪底调水调沙

和引水发电系统集中布置在左岸山体内。泄洪排沙系统由进水塔、泄洪洞、排沙洞、溢洪道和消力塘组成，规模宏大、结构复杂。引水发电系统由发电洞、地下厂房、主变室、尾水闸门室和尾水洞组成，其中地下厂房是我国少有的几个特大型地下发电厂房之一；电站装机180万千瓦，设计多年年均发电量51亿千瓦时，是河南省电网中理想的调峰电站。

小浪底水利枢纽建设资金部分利用世界银行贷款，通过国际公开招标选择承包商，全面实践项目法人责任制、招标投标制和建设监理制。1994年9月主体工程开工。1997年10月大河截流。2000年1月首台机组并网发电。2001年底主体工程全面完工。主体工程和移民部分分别在2002年底和2004年元月通过竣工初步验收。工程建设取得了按期完工、质量优良、投资节约的巨大成就。

黄河之害在于多沙，历史上黄河素有"善淤"、"善决"、"善徙"之说。兴建小浪底水利枢纽是根治黄河水害、开发黄河水利的壮举。枢纽建成后使黄河下游防洪标准从60年一遇提高到千年一遇；采用蓄清排浑运用方式，可使下游河道20年不淤积抬高。自2000年初投运以来，在防洪、减淤、供水、水沙调节、发电等方面发挥了巨大综合效益，根除了下游凌汛，保证了黄河下游不断流，维系了黄河的健康生命。

中国核工业集团公司

中国核工业集团公司是1999年7月1日经国务院批准组建，中央直接管理和国资委直接监管的特大型国有独资企业，其前身是中国核工业总公司、核工业部、第二机械工业部。

中国核工业集团公司是国家核科技工业发展的主力军，国家战略核威慑力量的核心，国家核能发展的中坚，国家核技术应用的骨干。中核集团拥有完整的核科技工业体系，主要承担核动力、核材料、核电、核燃料、乏燃料和放射性废物的处理与处置，铀矿勘察采冶、核仪器设备、同位素、核技术应用等核能及其相关领域的科研开发、建设与生产经营，对外经济合作和进出口业务。与世界上40多个国家和地区有科技经济往来。

中国核工业集团公司现有企事业成员单位100余家，在职职工约10万人，拥有在职中国科学院和中国工程院院士19名。

中国核工业在半个世纪的发展过程中取得了一系列的辉煌成就。成功研制了原子弹、氢弹与核潜艇，为加强综合国力和提高我国的国际地位做出历史性的贡献。大力开发核能的和平利用，先后建成了秦山核电站，被誉为"国之光荣"和"国之骄傲"；秦山二期核电站实现了我国自主设计、自主建造商用核电站的重大跨越；秦山三期核电站成功实现核电工程管理与国际接轨；中俄合作建设的江苏田湾核电站建成投产；中外合作建成大亚湾、岭澳核电站，核燃料形成军民两用与核电相配套的工业体系。民用核技术和各类民品生产在国民经济建设中正发挥着重要作用。核工业的发展为国防现代化和国家经济社会建设做出新的贡献。

中国核工业集团公司拥有一支具有较高水平的核科技开发设计队伍，这支队伍致力于开

总部大楼

秦山三期（重水堆）核电站

百万千瓦级燃料组件

拓创新，积极进取，不断为核工业的发展注入新的活力，努力攀登世界核科技高峰。

近年来，中国核工业集团公司经济稳步健康发展，2007年实现利润26亿元。集团公司步入了良性发展轨道。中国核工业集团公司确定了2020年"3221"的发展战略目标是："经济翻三番，实现技术与管理两个跨越，成为国家战略核威慑力量与国家核能发展的中坚，建成军民结合、技术领先、管理规范、效益突出，具有国际竞争力的一流特大型企业集团。"中国核工业集团公司正按照中央关于军民结合、自主创新，又快又好又安全地发展的指导方针，以"兴核强国、服务社会"为企业宗旨，继续弘扬"事业高于一切，责任重于一切，严细融入一切，进取成就一切"的核工业精神，大力推进核能、核技术的和平利用，致力于我国核事业的加快发展。

先事虑事、先患虑患，为集团创造优异财务业绩努力工作

中国核工业集团公司在财务管理方面，狠抓经济效益，保证主业发展。树立财务管理必须服从集团发展战略，一切经济活动必须以效益为中心的理念。以实现低成本融资，推进集团化运作，保证主业发

展为目标，大力推进资金集成，积极开拓融资渠道。

2008年首批成功发行中期票据18亿元，大大提升集团公司在银行间市场的影响力。积极开展核电债务重组、降低财务费用、培养财源，取得明显成效；以建立与市场经济接轨的中核集团现代财务管理体系为目标，完善和规范了财会制度体系建设。

按照"区分类型，统筹规划，精心组织，分步实施"的要求，积极推进集团改制上市工作。从抓预算入手，加强财务监督与分析，财务管理与核算水平不断提高，集团国资委考核第一任期获得A级业绩。超前加强铀产品收购体制等政策研究，落实核电企业增值税返还政策，中核集团所得税集中缴纳等有利政策，有力地促进了集团发展；"十五"期间集团经济效益强劲增长，利润总额连续翻番。

在积极有效投资的同时，超前研究并有效防范投资风险、金融市场等风险，加强风险管理，并通过制定和强化制度执行，严格限制成员单位涉足高风险领域投资，有效避免了近10亿元的资金损失。

推行财务公开，促进规范运作。每年将集团的预算和决算及重大财务事项向全体员工通报，一方面使大家共同监督财务工作，另一方面使全体员工关心集团的发展，共同参与，献计献策。坚持以人为本，强化队伍建设。以人才是事业的保证为信念，在注重总体队伍素质提高的同时，提供更多培养年轻人的机会，提供施展才华的平台和空间，使集团的财会队伍更加专业化、年轻化。

在审计管理方面，进一步推进和规范集团公司经济责任审计、重大项目审计、效能监察审计及审计成果的有效利用，有力地促进了中核集团的规范管理和健康发展。有序推动风险管理工作，提出"整体规划，分步实施；点面结合，重点先行"的集团公司风险管理体系建设的工作思路，为2008年全面开展风险管理体系建设工作打下良好的基础。

在法律工作方面，逐步完善中核集团规范管理制度体系，围绕中心工作强化制度的有效执行，逐步建立和完善企业法律顾问制度，有效防范重大法律风险。

总会计师　孙又奇

中国核工业集团公司党组成员、副总经理兼总会计师、总法律顾问；兼任中核财务有限责任公司董事长、中国广东核电集团公司董事、中国广东核电集团公司副董事长、中国长江电力股份有限公司董事。取得注册会计师、律师、企业法律顾问、金融机构高级管理人员和外汇业务高级管理人员资格。

孙总（左二）在核电厂址考察

中国中煤能源集团公司

中国中煤能源集团公司（简称中煤集团）是国务院国资委管理的国有重点骨干企业，主业涉及煤炭生产及贸易、煤化工、煤机制造、煤层气开发、坑口发电、煤矿建设及相关工程技术服务，在煤炭行业中具有产业链完整的优势，是中国煤炭行业最具特色的大型企业集团之一。中煤集团现有职工9.9万人，全资公司、控股和

香港上市仪式

均股子公司21家，境外机构4家，参股企业11家，旗下拥有中煤能源、上海大屯能源、太原煤气化三家上市公司。目前中煤集团资产总额1195亿元，拥有煤炭资源总量160.4亿吨，2007年煤炭产量10503万吨，煤炭贸易量10180万吨，营业收入572.9亿元，利润总额77亿元。

中煤集团的前身是1982年成立的中国煤炭进出口总公司。改革开放初期，公司充分发挥国家赋予的政策优势，利用外资中外合作开发平朔安太堡露天煤矿，成为我国煤炭工业对外开放的开篇杰作，使我国的煤炭开采技术一步向前跨越了30年。在改革开放大潮中公司积极探索，不断创新，通过煤炭资源"走出去"，实现资金、技术、装备"引进来"，主动参与国际竞争，融入国际市场，在自身发展取得长足进步的同时，有力地促进了我国煤炭企业经营管理、技术装备水平的提升，为我国煤炭出口创汇和加速我国煤炭工业发展做出了贡献。

经过多次资产重组，中煤集团从单一的外贸型公司快速发展成为以煤炭生产和贸易为核心的大型能源企业集团。中煤集团坚持以市场为导向，突出主业发展，以煤为主推进产业链延伸，开发上游，发展煤机制造、煤矿设计与建设安装，发展了全国最大、技术领先的煤矿装备制造企业，打造了煤矿建设"王牌军"；延伸下游，发展煤化工、坑口发电、煤电铝、煤层气商业开发等，建设大型煤化工基地，发展了我国最大的独立炼焦企业。中煤集团推动煤炭相关产业协同发展，形成了煤—电—铝、煤—电—建材、煤—化—电等循环经济模式，构建了相互联系、相互促进的多元产业格局。中煤集团大力推进股份制改革，中

战略合作协议签字仪式

煤能源成功实现了在香港和上海两地上市，搭建了资本运作平台，建立了现代企业制度。

中煤集团全面贯彻落实科学发展观，坚持依靠科技进步，走资源利用率高、安全有保障、经济效益好、环境污染少和可持续的煤炭工业发展道路，争当科学发展排头兵。2007年，中煤集团煤炭产量和煤炭贸易量双双过亿吨，建成我国第2个亿吨级煤炭大集团，连续4年保持年均增产1500万吨，增幅保持国内领先。在扩大生产规模的同时，中煤集团注重安全高效矿井建设，9处矿井被评为安全高效矿井，安全高效矿井产量占总产量的87.8%。中煤集团坚持自主创新，所属大型生产企业全部建立了技术中心，拥有2个国家级技术中心，近年来共实施国家重点技术创新和重大技术开发项目17项，获得省部级以上科技进步奖32项，其中国家科技进步奖2项。中煤集团坚持安全发展，煤炭生产机械化程度不断提高，采煤机械化程度达到

96.5%，综掘机械化程度达到68.6%，在煤炭产量年均增长千万吨的同时，煤炭生产百万吨死亡率总体呈下降趋势，大大好于全国国有重点煤矿的平均水平。中煤集团自觉肩负央企职责，积极履行社会责任。近年来，每年投入3亿～5亿元用于生态建设和环境保护；在扶贫开发、母亲水窖等慈善事业中累计捐赠5231万元；在2008年雨雪冰冻灾害中，中煤集团为确保电煤生产供应做出了应有的贡献并受到国资委表彰；在抗震救灾中，中煤集团企业和职工累计捐款3704万元，并派出三支援建队伍出色地完成了援建任务。

中煤集团的财务管理坚持以资金管理为重点，以制度建设为基础，以组织管理为依托，以信息系统为手段，不断强化集团控制力，为集团公司的快速发展提供了有力保障。中煤集团已全面实现网络化集中管理资金，形成了统一管理银行账户、统一管理银行授信、统一监管资金收支、统一调剂资金余缺的"四统

总会计师 彭毅

中国中煤能源集团公司总会计师。

矿建施工

出口俄罗斯成套设备

一"资金集中管理模式。实现了资金流动由分散向集中的转变，资金监管由事后向事中和事前的转变，资金运营效益由低到高的转变。

在财务会计制度建设方面，面对国家会计政策、财务制度的推陈出新，以及企业重组改革发展的新要求，近年来先后修订和完善了财务管理、会计核算、预算管理、资金管理、资产管理等方面规章制度，形成了比较完善的内部财务管理制度体系。

在财务组织系统建设方面，为强化集团控制力，中煤集团积极推行总会师委派管理工作。制定了总会计师管理方法，明确职责、工作要求、履职情况考评方法和独立的薪酬管理体系。通过总会计师委派管理工作，促进了企业规避财务风险，提高了经济效益。

在财务管理和信息化方面，中煤集团始终重视信息系统建设，建成了资金管理网络系统、财务快报调度系统，会计核算实现了局部网络化核算。同时，建立并完善了财务信息调度分析制度，及时掌握分析企业的经济运行情况，通过动态情况调度、对标分析，为集团公司决策的提供了重要信息基础和依据；大力推进了财务预算管理，建立事前引导、事中控制、事后监督的财务监管体系，并不断强化预算的刚性约束，促进了企业管理水平的提高。目前，中煤集团的企业资源管理系统已经启动，企业信息的整合有望在不久的将来得以实现。

河南开滦煤矿

开滦煤矿始建于1878年，素有"中国煤炭工业源头"之称，是国有特大型煤炭企业。开滦矿区总面积达950平方公里，已探明储量约71亿吨，煤种精良。截至2007年底，开滦资产总额240亿元，净资产105亿元，员工8万人，销售收入157亿元。2007年中国500强企业中名列324名。

开滦主力矿井之一钱家营矿全景

改革开放30年来，开滦生产优质煤炭6.15亿吨，洗煤精1.71亿吨，主要供应宝钢、鞍钢、首钢、大唐国际发电等公司，上缴国家利税88.9亿元，为国民经济发展做出重要贡献。与1978年相比，2008年的原煤产量由2150万吨增加到3150万吨，资产总额由14.35亿元增加到306.7亿元，利税总额由6311万元增加到16亿元，职工年平均工资由825元提高到3.2万元。

1999年，开滦矿务局改制成为开滦（集团）有限责任公司后，集团发展步入新阶段，研究制定了"十五"、"十一五"10年公司发展战略，提出"调整、转型、做精、做强"总体战略思想，制定了"把开滦集团公司建设成为结构合理、技术先进、管理科学、面向两个市场、具有较强竞争能力、国内一流的

'四跨'（跨地区、跨行业、跨所有制、跨国）型国有控股现代企业集团"的总体战略目标，引导开滦进入快速发展轨道。

开滦集团在管理体制、经营区域、经营范围上发生巨变：由国有独资公司转变为现代化的多元股权的集团母子公司体制，2001年组建了上市公司，2007年组建开滦集团"债转股"新公司；由原来的"百里矿区"，逐步形成河北唐山、河北蔚州、内蒙古鄂尔多斯、新疆伊犁淮东四大煤炭生产开发基地；由传统的煤炭生产领域，延伸到煤电、煤路港、煤化工等煤基产业。在京唐港建设了开滦专用运煤码头并完成扩能改造。开滦建成河北省最大的焦化企业，2008年上半年实现焦化收入35

总会计师　张志芳
开滦集团公司总会计师。

开滦范各庄矿厚煤层一次采全高的综采工作面

亿元，正在建设中的还有焦化二、三期工程，20万吨甲醇、30万吨煤焦油、10万吨苯加氢等工程。开滦的非煤产业收入已超过煤炭产品收入。

为支持集团公司的发展，开滦财务系统坚持改革创新，实现了由核算型向管理型、进而向风险防范型的转变。2000年率先在全国煤炭行业实施了全面预算管理，并进一步发展为具有开滦特点的全面预算管理、绩效评价管理、薪酬管理"三位一体"的管理控制模式。在此基础上，构建了包含资金集中管理体系、全面预算管理体系、财务风险防范体系、总会计师组织体系、财会政策制度体系、会计信息报告体系、财务监督检查体系、工作考核评价体系八项内容的财务集中管控体系。

2006年11月，开滦启动了财务战略的研究制定工作，从战略高度全面评价和谋划财务管理，历时13个月完成了包括现金管理、财务治理、控制管理、会计管理四大板块、12大具体战略的财务战略。

2008年，开滦提出到"十一五"末实现原煤产量5000万吨、营业收入500亿元，"十二五"末原煤产量达到1亿吨、营业收入1000亿元的战略目标。开滦财务系统将继续推动管理工作转型，充分发挥管理功能，全力支撑企业发展战略的实现。

鞍山钢铁集团公司

鞍山钢铁集团公司（简称鞍钢）是中国特大型国有企业，是新中国最早建设发展起来的大型钢铁生产基地。

"九五"以来，鞍钢坚持科学发展自主创新，走出了一条"高起点、少投入、快产出、高效益"的老企业技术改造的新路子，实现了跨越式发展。目前，鞍钢基本完成对老厂区的现代化改造，并通过自主集成创新，建成了我国首条拥有自主知识产权的、"从烧结到高炉、转炉、连铸、热连轧、冷连轧"的高效、紧凑、节能和生态环保的全流程现代化钢铁生产线，年产可达

500万吨。2006年，鞍钢鲅鱼圈钢铁项目经国家发改委正式批准后开工建设，2008年正式投产，标志着鞍钢在适应经济全球化，实施沿海发展战略方面又迈出重要一步。与凌钢合资建设朝阳200万吨钢铁项目，实现了投资主体多元化和产业布局的调整。

目前，鞍钢已具有2500万吨钢的综合生产能力，成为以汽车板、家电板、集装箱板、船板、重轨、石油管、管线钢、容器板、冷轧硅钢等为主导产品的精品钢材生产基地。鞍钢已全面通过ISO9002质量体系

鞍钢热轧2150生产线

鞍山钢铁集团公司党委书记、总经理张晓刚博士

认证，船用钢通过九国船级社认证，石油管通过API认证，钢铁主体通过ISO14000环境管理体系认证。目前生产16大类钢材品种，120个产品细类，600个钢牌号，42000个规格的钢材产品，广泛应用于国民经济各领域。

鞍钢认真落实科学发展观，坚持走新型工业化道路，立足自主创新，大力推进"四个转变"：在成长方式上，从投资新建为主向投资新建与兼并重组并重转变；在产业布局上，从内陆发展向沿海发展和国际化经营转变；在自主创新上，从核心技术的"追随者"向"领跑者"转变；在对外输出上，从单一的产品输出向技术输出和管理输出转变。鞍钢通过不断推进产业升级，正在努力成为最具国际竞争力的跨国钢铁集团，早日跻身世界500强企业的行列。

增强集团财务控制力的探索与实践

近几年，鞍钢构建了"以完善全面预算管理为核心，以健全内控制度和财务核算为基础，以资金管理为主线，以强化资本运作为重点，以推进财务信息现代化为手段，以抓队伍建设、提高人员素质为保证"的财务管控体系。

一、强化资金管控，从源头上防范财务风险

鞍钢资金管理在经历了从分权管理到集中管理、多级核算到一级核算、分散融资到统一融资的发展历程，建立和完善了以集团公司政策制定、预算管理、监督检查为基础，以集团公司计划财务部结算中心动态平衡、宏观调控为手段，以二级公司资金一级管理为前提，以财务公司全面服务为平台的集团公司资金管控体系。鞍钢还配套建立起现代化的资金集中管理手段，充分利用网银系统及财务公司现代化结算平台，实现集团公司全方位的资金收支控制与各子公司资金集中管理模式。同时，鞍钢还通过推行收支

鞍钢西部260吨转炉炼钢

两条线、资金预算管理、投融资集中管理、强化流动资
金管理、外汇资金集中管理和票据集中管理等手段，实
现了筹、融资统一管理、分级核算的管理制度。

二、推行全面预算管理，实现全方位、全过程管控

鞍钢通过实施全面预算管理，充分运用有限资源，
实现企业战略目标，达到控制和导航作用。第一，建立
全面预算组织体系；第二，建立预算制度体系；第三，
在预算编制过程中，始终坚持集团公司价值最大化的目
标；第四，在广泛调查研究的基础上编制预算方案；第
五，严格预算执行与考核；第六，制定《鞍山钢铁集团
公司关联交易管理办法（暂行）》。

三、加强资本运作，提高国有资本的控制能力

钢铁主业整体上市前，由于受到控股和证券市场对
控制关联交易等一系列政策的制约，鞍钢与子公司鞍钢
新轧之间难以统一生产组织、技术开发和市场开拓。在
国家启动股权分置的改革背景下，鞍钢通过创新运作，
成功解决了资产管理公司股权退出、股权分置改革中对
H股股东的处理和对A股股东的对价、国家暂停IPO下
主业整体上市的方案设计、全流通背景下融资定价五大
难题，实现了钢铁主业整体上市。在国内创造了四个第
一：成为第一家A＋H股股权分置改革的公司；成为第
一家提出了对H股不予对价的公司；成为了第一家在全
流通背景下实现主业整体上市的公司；成为了第一家探
索出了在全流通背景下市场定价模式的公司。

**四、加强财务治理，理顺管控关系，提供组织保证
和人才支持**

在组织机构方面，实行管理、资金、核算相分离的
组织体系，形成了管理、核算、资金既相互制约、相对
独立运行，又相互配合的财务管控体系。同时，对鞍钢
直属单位财务机构实行了派驻制，对所在单位的经济活
动、战略投资决策起到监督和管理作用。在激励与约束
机制方面鞍钢建立交流机制，制定了财务人员交流制
度、培训机制、赛马机制、竞争上岗制度和考核机制。

五、加强内控制度建设，保证资金安全

根据国家法律法规，建立、健全了涵盖所有经济业

总会计师 于万源

鞍山钢铁集团公司副总经理、总会计
师，中国总会计师协会副会长。

务的各项内部控制制度。内控制度主要遵循：约束企业
内部涉及会计工作的所有人员，任何个人都不得拥有超
越内部会计控制的权力；保证公司内部涉及会计工作的
机构、岗位设置及其职责权限的合理划分，坚持不相容
职务分离；制度设计遵循成本效益原则。同时，建立完
善的国家监督、内部审计监督、中介机构监督的三级监
督体系，可做到及时识别、评估企业生产经营活动中存
在的风险，提出应对和控制风险的对策；针对不合规的
财务与管理行为，提出经济责任制考核意见和建议。

六、推进财务信息管理现代化，强化财务管控手段

为加强集团财务控制力，实现财务信息网络化，
2006年引进全球先进的企业管理软件——SAP，实现了
主体及贸易单位财务信息管理网络化，提升了集团公司
财务管控水平；在集团内建立了统一规范的核算平台；
在集团主体单位实现了核算精细化，管理明细化；在集
团主体单位建立了集成化的核算模式，构筑一体化信息
平台；在集团内实现了统一的财务报表信息管理平台。

中国通用技术集团

中国通用技术(集团)控股有限责任公司(简称中国通用技术集团)是国家投资组建的国有独资公司,为中央直接管理的55家重要骨干企业之一。

中国通用技术集团是在中国技术进出口总公司、中国机械进出口(集团)有限公司、中国仪器进出口总公司、中国海外经济合作总公司、中国医药保健品进出口总公司和中国国际广告公司等6家专业外经贸

企业基础上组建而成的。这些大型外经贸企业大多具有50多年的经营历史,为中国国民经济建设引进了一批举足轻重的重大装备和先进技术,极大地带动了国民经济技术水平和产业结构的提升。近两年来,中国汽车工程研究院有限公司、煤炭工业济南设计研究院有限公司、齐齐哈尔二机床(集团)有限责任公司、河南省天方药业集团公司、中国轻工

董事长　贺同新

总经理　李谠

业品进出口总公司相继加盟中国通用技术集团，进一步拓展和夯实了集团的产业基础，壮大和提升了集团的竞争实力。

中国通用技术集团的战略思路是：优先重点发展先进制造业，调整创新发展国际贸易与工程承包业，融资滚动发展医药产业，大力积极发展研发设计咨询业，统筹稳健发展金融、房地产、物流和租赁业。同时加快培育先进制造业、贸易与工程承包、医药和研发设计咨询四大支柱产业，全力推进向先进设备制造商、贸易集成服务商和研发设计咨询商的战略转型，为建设具有国际竞争力的科工贸一体化大型企业集团而奋斗。

目前，集团拥有包括上市公司在内的境内二级经营机构24家，境外机构42家，形成了比较完备的全球经营网络，与世界上100多个国家和地区建立了稳定的贸易与合作关系。

总会计师　姜鑫

高级经济师，经济学学士、清华大学MBA。2005年至今任中国通用技术集团总会计师。

中国建设银行

中国建设银行股份有限公司（以下简称建行）在中国拥有长期的经营历史。其前身中国人民建设银行，于1954年成立， 1996年更名为中国建设银行。中国建设银行股份有限公司由原中国建设银行于2004年9月分立后成立，继承了原中国建设银行的商业银行业务及相关的资产和负债。建行总部设在北京。截至2008年6月30日，在境内设有超过1.3万个分支机构，并在中国香港、新加坡、法兰克福、约翰内斯堡、东京、首尔设有分行，在伦敦、纽约、悉尼设有代表处，全资拥有中国建设银行（亚洲）股份有限公司、建银国际（控股）有限公司，持有中德住房储蓄银行75.1%的股权、建信基金管理公司65%的股权、建信金融租赁公司75.1%的股权，现有员工约30万人。

建行H股于2005年10月27日在香港联合交易所上市交易，股票代号为0939；A股于2007年9月25日在上海证券交易所上市交易，股票代号为601939。

主要业务范围

公司银行业务。向公司客户、政府机构客户和金融机构客户提供包括公司类贷款、贸易融资、存款、代理服务，以及顾问与咨询、现金管理、汇款及结算、托管及担保服务等多种金融产品和服务；

建行大楼

2007年成功回归A股

个人银行业务。向个人客户提供包括个人贷款、存款、银行卡、个人理财，以及汇款和证券代理服务等金融产品和服务；

金融市场业务。货币市场业务，包括银行间同业拆借交易及回购交易；投资组合，包括持有证券作为买卖及投资用途；进行自营式的代客交易，包括外汇及衍生工具交易。

建行在战略决策制定、重组改制实施、境内外发行上市、财务会计管理变革、财务报告编制与披露、海外兼并收购等方面，开展了一系列卓有成效的工作，财会管理能力和价值创造力大幅提升。

一、促进可持续发展

在股份制改造过程中，建行严格按照国务院和监管机构有关要求，以维护国家利益和保障金融安全为根本出发点，克服外部市场环境不利、时间紧迫等各种困难，审慎遴选境外战略投资者，经过艰苦卓绝的价格谈判，最终成功引入美国银行作为主要战略投资者。2005

年10月27日，建行H股在香港联交所完成首次公开发行，募集资金约92亿美元，成为当时全球银行业和中国企业最大的首次公开发行。此后，为支持境内资本市场发展，让更多的境内投资者分享建行改革成果，经过半年多的努力，2007年9月25日，建行A股成功在上海证交所挂牌上市，筹资580.5亿元人民币，成为当时A股市场公开发行规模最大的股票。

2006年，为具体落实建行海外发展战略，经过认真深入的研究，建行将美银亚洲确定为海外并购的重点候选对象。经过审慎可行性研究、尽职调查、细致讨论、估值测算和多轮艰辛的价格谈判，最终以97.1亿港元成功收购美银亚洲全部股权，资本市场反映良好。此项收购也为建行在香港地区的业务整合和海外业务拓展打下坚实基础。

二、推动管理变革

（一）积极推动战略转型。建立了综合经营计划管理体系，根据对战略的积极思考和响应，系统确定了各项政策工具、计划编制流程、工作组织方式和方法，向全行传达了统一的价值理念和政策信号，对推动全行战略业务快速发展发挥了重要作用。包括改进分行KPI和等级行考评办法，增加了战略执行、同业竞争等指标；引入条线KPI，增强战略的执行力和对系统的指导作用；推行内部资金全额计价，按资产波动法计量经济资本，使绩效评价更为准确和统一；建立"三下两上"的计划编制流程，充分发挥计划编制作为统筹规划目标、工作任务和资源配置的统一载体作用等。

（二）引导结构调整。逐步推进内部资金全额计价，通过价格信号引导资产负债结构调整。为解决绩效评价体系中的核心参数资金成本与收益的核算问题，建行全面推行以FTP系统为依托的交易层面逐笔转移计价，同时实现全行四级机构计价结果自动入账，为公正、透明地考核分行、产品、条线的利润奠定了基础，大幅提高了全行上下对市场价格的敏感性，提升了内部管理能力和前台市场定价能力。该工程在国内同业中还没有先例。

（三）开展前后台分离改革。为推进业务转型和流程再造，针对前台压力较大，后台集中不够，前后台分工与流程不清晰等问题，建行采取了两大动作：一是重新梳理流程，简化操作；二是把原来由网点前台做的60项操作撤到后台，实现同城、全省甚至全国集中处理。现在集约化管理、流程优化等改革措施已初见成效：建行柜面服务工作量减少了约30%，在控制风险的同时提高了效率。

（四）实施全面成本管理。为全面加强成本管理，建行依托ERPF平台，全面设置成本责任中心，推进成本责任落实，细化深化成本分解，制定新的网点建设财务标准，加强成本标准建设。

（五）改进财务报告质量。为提高财务报告质量，优化流程，防范会计部位操作风险，2007年，建行推进了财务报告内控体系建设。该项工作对建行主要业务流程各关键控制环节的内部控制进行了整理归纳，研究确定了内控测试方法和缺陷评估方法，编制了财务报告内控建设工作方案、记录手册、测试手册、内控缺陷评估方法等文件，通过在全行试运行的实践，形成了财务报告内控建设持续改进的循环机制。

首席财务官　庞秀生

中国建设银行首席财务官，中国总会计师协会副会长。

建行与境外战略投资者紧密合作

经济科学出版社

经济科学出版社隶属于中华人民共和国财政部，创建于1983年。作为中国最大的经济类出版社之一，经济科学出版社一贯坚持"繁荣经济科学，宣传服务财政"的办社宗旨。在经济理论、管理、财政、金融等领域的图书出版方面处于全国领先地位。出书品种涉及理论著作、政策法规、辞典及工具书、教材教辅、经济类年鉴和经济通俗读物等方面。此外还出版了5种经济类期刊及电子出版物。自从1995年起，经济科学出版社连续被国家新闻出版总署评为"良好出版社"。2009年8月被国家新闻出版总署评为国家一级出版社暨"全国百佳图书出版单位"。

经济科学出版社视质量为生命，倾心打造时代精品。从图书的选题策划、编校加工到设计印刷各生产环节都努力追求卓尔不群。自建社以来，所出版图书获全国及省、部级优秀图书奖100余次。经济科学出版社不但出版了众多由中国一流经济科学家原创的精品图书，还一贯致力于将影响世界经济科学发展的著作介绍给广大中国读者，引进并组织翻译出版了《短缺经济学》、《新帕尔格雷夫经济学大辞典》、《经济学手册》、《剑桥欧洲经济史》等一大批经典名作。

经济科学出版社视读者为上帝，竭诚服务广大客户，其营销网络覆盖全国各主要城市。除依靠新华书店系统发行图书外，还在上海、重庆、广州、成都、武汉、南昌、西安、郑州、哈尔滨等城市设立了发行分部，并在全国范围内委托了400多家专业书店发行其出版物。目前在全国拥有一万多位固定客户。

经过25年的发展，经济科学出版社正在从数量规模型增长方式向质量效益型增长方式转化。今后，经济科学出版社全体同仁必将继续不懈努力，走适应市场的内涵式可持续发展道路，为中国经济建设和发展贡献微薄之力。

社长　孔和平

总编辑　罗志荣，中国总会计师协会副会长

计划财务部主任　文远怀

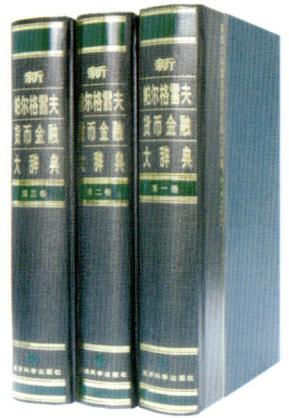

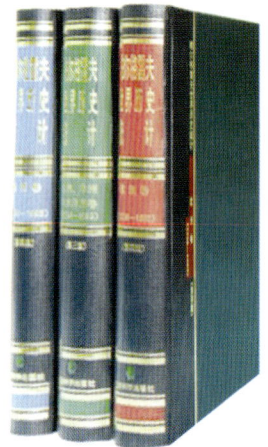

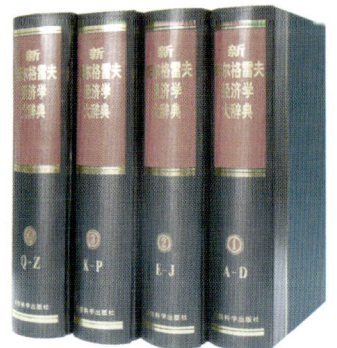

全国百佳图书出版单位

新 闻 出 版 总 署
二〇〇九年

总会计师风采

地 方 篇

浙江省

横店集团

杭州前进齿轮箱集团有限公司

北京市

北京城建集团

山西省

大同煤矿集团有限责任公司

汾酒集团公司

山西煤炭进出口集团有限公司

山西省电力公司

辽宁省

沈阳矿山机械（集团）有限责任公司

江苏省

江阴兴澄特种钢铁有限公司

徐工集团

河南省

鹤煤（集团）公司

河南心连心化肥有限公司

洛阳栾川钼业集团股份有限公司

湖北省

金蝶国际软件集团有限公司

武汉市汉商集团股份有限公司

中铁大桥局集团有限公司

海南省

椰树集团

西安市

陕西建工集团总公司

西安电力机械制造公司

沈阳市

沈阳商业城(集团)

沈阳鼓风机集团有限公司

广东省

广东中人企业（集团）有限公司

横店集团

横店集团是经国家工商管理总局核准于1999年11月22日设立的民营企业集团，注册资本20亿元人民币，股东为横店社团经济企业联合会和东阳市影视旅游促进会。

从1975年创办缫丝厂发展起来的横店集团，1995年其核心层企业总资产已居全国乡镇企业第一。横店集团以"打造国际化横店"为发展战略，通过整合优势，做强做大电气电子、医药化工、影视娱乐三大主导产业，企业的核心竞争力得到了进一步提升，目前拥有3家上市公司。名列"中国企业集团竞争力500强"第100位，入选全球华人企业500强、福布斯"中国顶尖企业榜"，在中国民营自主创新竞争力50强排名中名列第16位。

电气电子板块主要包括磁性材料、微特电机、电子陶瓷基板、照明电子以及电声产品等。公司以永磁铁氧体等三大产品产量世界第一，软磁铁氧体等两大产品产量全国第一的优势享誉"世界磁都"；公司的微特电机、电声器材、电子照明、陶瓷基板等业务在各个细分领域具有较强的竞争优势。凭借自身在电子电气行业多年的产品制造经验和技术积累，在未来电子电气制造业向国内转移的过程中将继续保持比较有利的地位。

医药化工板块主要包括原料药、中间体、制剂、生物制药、兽药以及工程塑料等。公司主要产品的工艺技术水平、产值等均居国内前茅，成为国内原料药和中间体的主要生产企业，在国内具有较高的市场地

横店影视城——清明上河图景区

位；工程塑料产业由下游需求拉动，面临良好发展机遇，发展前景良好。

影视娱乐板块主要包括影视拍摄、制作及院线发行等相对完整的产业链，并形成了与影视旅游良性互动的态势。随着公司影视基地建设和旅游产品开发力度的扩大，近年来影视旅游业务收入增长快、发展势头猛。横店集团以建起中外剧组拍片最多的影视基地和全国首个影视产业实验区，获誉"中国好莱坞"；从无到有培育的旅游产业充满活力，是首批ＡＡＡＡ级国家旅游区，2007年横店游客已达500万人次。

品牌价值的有效提升是实现企业永续经营、基业长青的保证。横店集团恪守诚信合法经营，通过推进品牌战略管理，致力于使企业品牌成为最有价值的资产，并以此在与国际接轨中，争取更多的合作伙伴，拓展更大的发展空间。经中国电子企业品牌价值评议组委会测评，横店集团获得"中国电子企业最有价值品牌"，荣登"品牌中国百企榜"，仅在电子行业的品牌价值就逾百亿元；集团拥有"东磁"、"LINIX"两个中国名牌和中国驰名商标；经大公国际资信评估有限公司评定，横店集团2007年信用级别为最高级别的A+。

在成功与国际接轨的同时，横店集团坚持科学发展观，为创造人与自然相协调的和谐发展环境，长期主动承担了横店新农村建设和城市化发展的社会责任。由于各方面工作都走在全国前列，横店由此成为了"国家社会综合发展实验区"等20个国家级的示范或实验区（点），受到各级政府与领导的充分肯定。

体系建设

经过30多年的实践和探索，横店集团在建立现代企业制度，改善公司治理方面，创造了行之有效的办法，形成一整套较为完善的内部治理机制。

（一）科学决策体系。横店集团控股有限公司属

财务总监 徐文财

中共党员，博士，高级会计师，高级经济师，中国注册会计师、注册资产评估师、中国注册税务师。1987年毕业于原浙江农业大学，1999年任浙江大学管理学院工商管理系副主任，2001年担任中国浙江横店集团控股有限公司党委书记、董事、常务副总裁兼财务总监、审计总监。

经营管理与投资型企业集团，其重点控制的是产业投向，重点关注的是产业前景和投资回报。所以横店集团总部是投资决策中心，子公司和孙公司是成本中心和利润中心。为了提高决策效率，集团董事会由五位董事组成，负责把握公司发展战略以及重大投资的决策与审批。下属企业单位要投资新项目必须先做好项目建议书及其可行性研究报告，上报总部经济发展委员会进行论证和预审，集团董事长、总裁根据经济发展委员会和董事会的论证意见进行决策。这一决策程序既符合决策科学化、程序化、规范化的原则，又快速便捷。其他事务性决策由总裁直接决定。子公司、孙公司具体运作和经营管理，按照管理权限由经理层相对独立地完成，以维护公司的独立性，保证经理层的积极性。

（二）执行控制体系。就企业组织而言，随着其规模扩大，管理层次增多，管理幅度拓宽，为提高企

业的管理效率和经营绩效，必须建立完善的组织架构和行之有效的管理制度，对企业经济活动的全过程予以分权控制、分级管理。

1．制度建设。机构和人员的执行依据是横店集团的《总纲》和《管理手册》。集团总部以《总纲》为蓝本制定具体实施的《管理手册》，对企业管理的方方面面，都有明确而又详细的规定，基本上做到了事事有章可循，有效地避免了事权的随意性和盲目性。每到年底，集团总部对《总纲》和《管理手册》的科学与否进行论证检验，以规范化和人性化考量其合理与否，在理性认识上进行每年一次的修订。

2．监督约束。财务监督方面，成立了内部审计委员会这一常设机构，根据《内部审计制度》，对各子公司的财务状况、经营效益及有关的经济活动进行审计监督，对存在的问题提出必要的审计建议，帮助企业、部门改进工作；下属企业主要负责人离任前要进行离任审计，以确保企业资产和财务的正常运行。法纪监督方面，成立了法纪管理委员会和法律事务管理委员会两个常设机构，根据《法纪管理规定》、《干部员工收受礼物的管理规定》、《法律事务管理办法》，对重大违纪案件进行查处，触犯法律的依法移送国家司法机关处理，从法律层面上负责集团内各企业对外合同的监督管理，以防范法律风险。舆论监督方面，利用内参报告、集团报和网站等媒体对下属企业和员工违纪违规行为进行跟踪调查和报道。下属企业也根据规模对应设置科室，自上而下地建立起了完整的管理网络。

3．执行评估。从总部领导到下属企业负责人，根据《员工考核管理办法》，均要按照职责分工对企业日常管理和员工的行为进行检查督促。对下属企业单位的执行力情况，就执行效果、执行态度等要素，进行定量与定性的考核和评估，并以此作为企业信用、总裁授权、年终奖惩的重要依据。

财务管理

横店集团财务管理是根据内外环境的发展变化而随之改变的，集团财务管理工作紧紧围绕企业"第三次创业、先做强后做大、打造国际化横店"整体发展战略与实现"多元化发展、专业化经营"的经营思路而进行的。为了及时识别、防范与化解企业风险，完善企业财务约束机制，提高会计信息真实性、准确性与完整性，保障会计人员依法行使职权，促进企业法人治理等，横店集团创造性地制定了《管理手册》，以制度的形式加以规范并每年进行更新。为此，集团专门制订《会计委派制实施办法》，对所属企业财务会计"实行会计委派制"，由集团总部对符合任职资格条件的会计定期实施管理、考核评价、奖惩，充分调动会计人员工作的主动性与积极性，使集团的各项规章制度得以较好落实；同时，对企业的各项财务目标实行"年前预算、分季考核、年终决算、奖惩结合"等相关内控机制，对每项财务指标完成情况，均应由内部审计机构通过审计加以确认，以求客观、公平和公正。为加强企业的应收账款、存货、成本费用、供应链和现金流的管理，集团专门制定了《财务管理细则》及《费用开支若干规定》；对企业的各种投资，按企业规模与投资项目分别以不同的方式、权限、跟踪、验收和考核等审批程序，为此专门制定了《投资管理规定》；对企业因结构调整等事项，专门制定了《公司设立、变更、合并、撤销管理规定》；同时，集团还十分重视知识产权建设，专门制定了《企业品牌、企业命名、知识产权及信息化管理规定》，等等。以上针对性强的制度实施，极大地促进了企业的管理效能和集团整体核心竞争力与美誉度的提升。

杭州前进齿轮箱集团有限公司

杭州前进齿轮箱集团有限公司是我国专业设计、制造齿轮传动装置和粉末冶金制品的大型企业，国家火炬计划重点高新技术企业。

公司前身为杭州齿轮箱厂，创建于1960年，2001年经国家经贸委批准实施"债转股"改制，成为国有多元投资的有限责任公司。公司位于杭州钱塘江南岸萧然山下，占地面积52万平方米，现有职工3000余名。公司拥有1个国家级企业技术中心，9个分厂，7个合资企业，6家境内外经营公司，资产规模17亿元。其综合实力被列入"中国工业行业排头兵"企业和"中国机械工业500强"、"中国大企业大集团竞争力500强"企业。

公司立足传动装置主业，依靠科技进步，增强核心竞争力，确立了在行业中的领先地位。自20世纪80年代以来，公司在自主开发的基础上，引进国外先进技术，实现二次创新，产品领域扩展到船用齿轮箱、工程机械变速箱、汽车变速器、风电齿轮箱、工业传动装置、可调螺旋桨、特种车辆变速器、农业机械变速箱及大型高精齿轮、粉末冶金件等十大类千余个品种。"前进牌"产品行销国内30多个省、自治区和市，并远销世界40多个国家和地区。

近几年公司保持较快的发展速度，2008年前三季度，公司生产经营形势在美国金融危机和我国经济下滑的影响下，仍然保持着良好的发展态势。工业总产值同比增长59.34%，销售收入同比增长46.53%，利税总额同比增长58.5%，出口创汇同比增长76.33%。2007年公司的"前进"牌船用齿轮箱荣获行业内首批"中国名牌产品"，2008年"前进"牌商标被认定为"中国驰名商标"、公司技术中心被认定为国家级企业技术中心。

总会计师　冯　光

杭州前进齿轮箱集团有限公司总经理兼总会计师。1981年开始从事财会工作，1997年任杭齿集团总会计师；2006年10月，任杭齿集团总经理兼总会计师。

财务管理

杭州前进齿轮箱集团有限公司从20世纪90年代中期开始，积极探索集团化管理的新模式，特别是财务管理新的应用模式，在探索过程中以市场为导向，不断整合各种资源，并利用经济规律和市场手段解决企业管理、特别是财务管理中存在的问题，逐步形成了适合企业自身发展要求的财务管理模式——财务集中管理，公司实施的具体财务管理管理制度有：

1. 统一核算制度，实行会计分级核算。
2. 资金集中管理。
3. 全面预算控制。
4. 统一财务管理制度。
5. 财务人员统一配置、集中管理。
6. 统一材料采购，实行比价采购、大宗物资统一招标管理。
7. 发挥审计控制作用。

财务集中管理，在职能控制上构建了集团公司的财务管理体系，实现集团公司资金收付、会计核算、预算管理和财务人员的集中统一，提高集团公司资金运营效率和财务管理水平，防范财务风险。

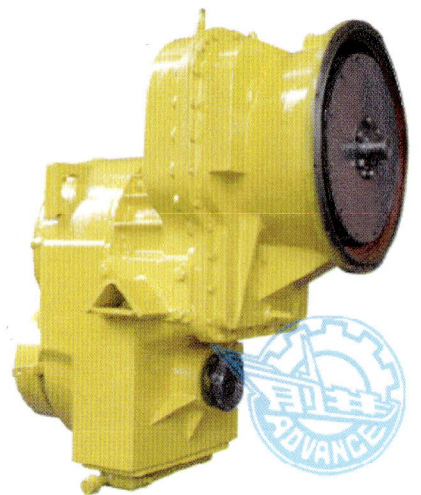

北京城建集团

城建集团总部大楼——城建大厦

北京城建集团是以工程总承包、房地产开发、设计咨询、经营生产和资本运作相结合的大型综合性建筑企业集团，具有房屋建筑工程、公路工程施工总承包特级资质和市政公用、机电安装、地基与基础、钢结构、公路路面、城市轨道交通工程等一批专业总承包一级资质。集团以工业与民用建筑、市政工程、地铁、高速公路、深基础工程、机场港口、长输管线等工程设计、施工、房地产开发和资本经营为主业，并从事工业生产、物业经营、饭店管理、外经外贸等多种业务。北京城建集团是"中国企业500强"之一，"中国最具影响力企业"、"中国十大影响力品牌企业"和"全国优秀施工企业"。

北京城建集团现有总资产360亿元，员工3万余人，年经营额近300亿元。现有120余家法人企业、24家分公司（事业单位）。集团公司及所属40家企业通过ISO9000、ISO14001、OHS18000认证。

集团组建以来，已优质快速地完成了大批国家、省市重点工程、外资工程和国际工程，55次获得中国建筑业最高奖"鲁班奖"和国家优质工程奖，673次获得北京市"长城杯"奖和省市优质工程奖。集团在国内近30个省市承担业务和项目，在亚洲、欧洲、非洲等20多个国家承建了工程项目，创造了良好的信誉。

集团承建了国家体育场、国家体育馆、五棵松文化体育中心、奥运村、首都机场3号航站楼、中央电视台新址等41项奥运项目及其配套工程，以及国家大剧院、银泰中心和国内外多个城市的地铁线路和高速公路等重大工程建设项目。

总会计师　卢桂菊

1987年获中央财政金融学院经济学学士；2006年获香港中文大学工商管理硕士学位；1998年取得高级会计师职称；2001年参加北京市委组织部公开选拔副局级领导干部和市属企业高管人员活动，被北京城建集团有限责任公司聘为总会计师。

北京城建集团施工总承包的国家大剧院

北京城建集团承建的国家体育场

大同煤矿集团有限责任公司

　　大同煤矿集团有限责任公司的前身是大同矿务局，成立于1949年8月30日。2000年7月29日改制为大同煤矿集团有限责任公司；2003年12月21日，将原同煤集团，大同、朔州、忻州的市属煤矿，省煤运公司朔州矿业公司等单位的资产进行重组成立同煤集团公司。新的大同煤矿集团公司有20万职工，所属子分公司和二级单位136个，共有52对矿井，分布在山西5地市和内蒙古，东西跨度300多公里，南北跨度600多公里。2007年年末总资产490亿元，全年煤炭产销量1.17亿吨，位居全国煤炭行业第2位，中国500强大

总会计师 张忠义

大同煤矿集团总会计师。中共党员,高级会计师,注册会计师,在职研究生。同煤集团总会计师,兼任山西省总会计师协会副会长。2008年获得"山西省十佳总会计师","山西省五一劳动奖章"。

企业第114位。

同煤集团成立59年来,累计生产原煤16亿吨,上缴利税270多亿元,是国家投资的4倍多,为国民经济建设做出了巨大贡献,曾获得"金马奖"、全国"五一"劳动奖,连续14年荣获全国思想政治工作优秀企业称号,历史上有30多位党和国家领导人来同煤视察。

近几年,同煤集团认真贯彻落实科学发展观,通过调整重组和改革改制,企业规模迅速扩大,整体经济实力明显增强,非煤产业发展势头强劲,经营管理体制和运行机制取得了长足发展,各项经济指标均创历史新高,经营状况持续好转,已经形成煤炭为主,电力、化工、钢铁生产、机械制造等多业并举的特大型综合能源集团,正在建设的晋北煤炭基地是国家规划的13个大型煤炭基地之一。

汾酒集团公司

山西杏花村汾酒集团有限责任公司为国有独资公司，以生产经营中国名酒——汾酒、竹叶青酒为主营业务，年产名优白酒5万吨，是全国最大的名优白酒生产基地之一。集团公司下设22个子、分公司，员工8000人，占地面积330万平方米，建筑面积76万平方米。核心企业汾酒厂股份有限公司为最大全资子公司，1993年在上海证券交易所挂牌上市，为中国白酒第一股，山西第一股。

公司拥有"杏花村""竹叶青"两个中国驰名商标，据2006年《中国500最具价值品牌排行榜》公布，"杏花村"品牌价值已达47.76亿元。公司主导产品有汾酒、竹叶青酒、玫瑰汾酒、白玉汾酒，以及葡萄酒、啤酒等六大系列。主要品种有国藏汾酒、青花瓷汾酒、中华汾酒、老白汾酒等。竹叶青酒是国家卫生部认定的唯一中国保健名酒。汾酒文化源远流长，是晋商文化的重要一支，与黄河文化一脉相承。汾酒历史上有过四次成名。早在1500年前的南北朝时期，汾酒就作为宫廷御酒受到北齐武成帝的推崇而一举成名，并被载入24史；晚唐大诗人杜牧的千古绝唱"借问酒家何处有？牧童遥指杏花村"使汾酒再度成名；1915年汾酒在巴拿马国博览会上一举荣获甲等金质大奖章。2007年，汾酒继续蝉联国家名酒，竹叶青酒成为中国名牌产品。

近年来，汾酒工业园林被授予"全国工业旅游示范点"，杏花村汾酒酿造作坊遗址被评为"全国重点文物保护单位"，汾酒博物馆被评定为首家"国家级酒文化学术活动示范基地"，"汾酒酿造工艺成为国家级非物质文化遗产，集团被授予"中国企业文化示范活动基地"。企业还被评为全国厂务公开先进单位，全国绿色环保先进企业，相继荣获"中国最具影响力企业"、"中国最具成长性企业"、"全国百佳儒商企业"等多项荣誉称号。2006年1月获首届省政府质量奖。

2007年全年完成销售收入29.29亿元，同比增长19.95%；实现利税14.06亿元，同比增长37.68%，实现利润7.18亿元，同比增长74.92%；上缴利税8.90亿元，同比增长25.35%。根据公司"十一五"规划，我们的总体经济目标是：到2010年，完成实现销售收入60亿元、实现利税20亿元、实现利润7.5亿元、人均年收入达4万元的奋斗目标，进入省政府规划的第三方阵。

总会计师 席金龙

山西杏花村汾酒集团有限责任公司总会计师，中共党员，高级会计师。会计学专业本科毕业，山西财经大学在职研究生班结业，2008年获得山西省第二届十佳总会计师荣誉称号，荣获"山西省五一劳动奖章"。

山西煤炭进出口集团有限公司

山西煤炭进出口集团有限公司成立于1980年，1992年经国务院批准开始自营煤炭出口，2003年6月经省政府批准经营国内煤炭销售业务，是全国四家具有煤炭出口成交权的出口企业之一和山西省唯一一家拥有出口内销两个通道的大型国有企业。集团公司目前拥有资产总额117.67亿元，主要经营煤炭出口、内销及代理出口等业务，同时适度开展了焦炭、煤矿机械、煤化工、机械制造、环保水处理剂、房地产等优势产业。

20多年来，公司的各项业务取得迅猛发展，形成了一个集煤炭生产、加工、发运于一体的围绕煤炭，科学发展，横向成群，纵向成链的产销一体化企业和主业突出、优势互补、多元发展的产业新格局。山煤集团设立了28个直属子公司，拥有10座煤矿、15座洗煤厂、80个出口煤发运站，年煤炭贸易量突破4000万吨，达4112.75万吨，销售收入突破百亿元，达169.47亿元。截至2007年，已连续5年实现了贸易量年增长500万吨、销售收入年增长25亿元的高速增长。山煤集团2004年列全国企业500强第405名，2005年列第348名，2006年列第296名，2007年列第299名。2004年度获全国12家最具成长性企业之一，2005年度获全国16家最具影响力企业之一；2005年获得全国五一劳动奖状并被评为全国和谐劳动关系优秀企业并荣获全国五一劳动奖状。2008年5月15日，以山煤集团为主要发起人，发起成立了山煤国际能源股份有限公司，正在通过股份制改造和重组，实现产业与资本的融合，提升企业的核心竞争力及参与市场竞争的能力，争取到"十一五"末迈进国内先进的特大型煤炭产销企业行列。

董事长　杜建华

山西煤炭进出口集团有限公司党委书记、董事长。在职研究生毕业，高级会计师。曾荣获山西省第二届十佳总会计师、山西省五一劳动奖状和山西省科学奉献奖个人一等奖。

总会计师　杨培雄

山西煤炭进出口集团有限公司董事、总会计师。

山西省电力公司

山西省电力公司是国家电网公司的全资子公司。承担着全省的电力生产、建设、调度、经营及电力规划研究等任务。公司总资产359亿元，职工4.8万人。山西电网共有500千伏变电站（开闭站）10座、线路3274公里，220千伏变电站89座、线路7362公里。同时，山西电网还是国家电网"西电东送"重要的北通道，目前已有500千伏大同—房山双回、河曲—神头—保定、侯村—石家庄北、王曲—邯郸—聊城、阳城—江苏三回等五大外送通道。

近年来，在国家电网公司、华北电网有限公司和省委、省政府的正确领导下和大力支持下，公司坚持科学发展观，坚定不移地把山西电网和公司的发展置于全国电网和全省经济社会发展的大局中，按照立足"三个定位"（定位在建设节约型社会的平台上；定位在建设以特高压为核心的国家电网的平台上；定位在建设山西省以大煤电为中心的新型能源基地的平台上），建设"三级电网"（积极融入全国电网；强化联系华北电网；建设坚强省内电网），服务"三个市场"（开拓全国市场；巩固华北市场；规范省内市场）的发展战略，聚精会神搞建设，一心一意谋发展。广泛建立共谋发展的政企合作机制，发展环境不断优化；电网建设突飞猛进，安全生产保持稳定态势，经营效益持续好转，优质服务水平不断提高，很好地践行了"服务新型能源基地建设、服务社会主义新农村建设、服务资源节约型社会建设"的三大承诺，为促进全国电网发展、和谐山西建设中做出了积极的贡献。公司先后获得"全国精神文明建设先进单位"、"省级文明单位"、全国电力行业"优秀企业"等荣誉称号。

总会计师 陈书堂

山西省电力公司总会计师。中共党员，武汉水利电力大学管理工程专业毕业，硕士研究生，武汉大学EMBA，获高级工商管理硕士学位，高级会计师。山西省总会计师学会副会长。曾荣获河南省平顶山市"新长征突击手"、"青年优秀管理专家"、"河南省模范共产党员"、"湖北省十大杰出青年提名奖"、山西省"十佳"总会计师等荣誉称号，荣获山西省"五一"劳动奖章。

沈阳矿山机械(集团)有限责任公司

沈阳矿山机械（集团）有限责任公司是我国重型矿山机械制造业的大型骨干企业。公司始建于1921年，1953年正式命名为沈阳矿山机器厂，1996年整体改制为国有独资公司。为中国国有企业500强之一，辽宁省10大著名企业。2001年在全国重型矿山机械行业企业前100名中列第12名，2006年被认定为国家级技术中心。现资产总额39亿元，在册职工5031人。2007年实现销售收入40亿元，实现利税11053万元。

作为一个有着80年历史的企业，沈矿集团经历了战乱、经济恢复、改革开放等不同时期，特别是改革开放以来，经历了国家扩大经营自主权、二步利改税、承包经营责任制、税制改革等阶段，企业从工厂制到建立现代企业制度试点公司制，从国家计划经济到市场经济，历经国家产业结构调整的宏观调控，价

格体制改革等。20世纪初，随着国家各项改革的不断深化，企业设备老化，组织机构庞大，冗员过多，技术落后，产品单一，经营体制不活，负债等历史包袱沉重，企业出现严重困难。

为适应国家改革和企业生存发展的需要，1993年，沈矿集团实行"大企业，多法人，统分结合"的经营管理体制，调动各方面的积极性并进行人事用工制度、分配制度、组织机构等一系列改革，逐步形成集团产品多元化，子公司产品专业化，同时加大"两个结构"调整和产品研发投入、人才引进培养，内抓管理，外抓两个市场，生产经营逐步好转，经济运行质量显著提高，企业综合实力提升。特别是近几年，企业经济连年以40%的速度高速增长。

在企业改革发展中，会计工作作为企业管理的核心和主导，发挥了至关重要的作用，集团财务处曾先后两次被评为全国先进财务集体，多次被评为沈阳市和行业系统先进财会单位。

一、创新管理，观念先行

观念决定发展，要实现以财务管理为核心的企业管理，必须从转变观念做起。为提高产品竞争力，降低各项成本费用，组织开展学习"邯钢"等单位先进管理经验，组织完善内部考核体系，对全体员工进行管理意识和降低成本的宣传，组织开展产前测算分析，组织开展比价招标采购等增收节支活动，近几年每年增收节支创效益1亿元以上。

二、规范行为，制度领先

为适应公司发展和改革的要求，规范财务行为，根据国家"两则""两制"建立企业内部财务管理制度的要求，率先组织制定实施《企业内部财务管理制度》，根据内部管控和考核的需要，多次组织制定成本费用管理、资金管理、增收节支、内部管控等一系列内部管控制度，为公司改革、发展提供制度上的保证。

三、提高水平，基础为本

规范会计基础工作是全面推进财务管理工作的根本保证。组织制定实施沈矿集团《会计基础工作规范》，规范全集团会计工作行为，组织开展会计电算化，提高工作效率和信息质量。注重对会计人员的培养和人才的引进，组织开展对会计人员的考核评比。公司2000年被评为沈阳市会计基础工作规范化

总会计师　王振余
1996年起任沈矿集团公司总会计师。

AAA级单位。

四、管控结合，保证资金

在资金管理中，以现金流管理为核心，组织实行预算管理，强力推行银行结算中心管理，实现资金的集中化管理，强化沈矿集团资金的筹集、调度、管理和分析的职能，加大资金监管力度；充分发挥全集团资金的综合效率，形成强大的资金流，优化了资金管理的同时，增强了集团整体的融资能力。

路漫漫其修远兮，经历淬炼与奋斗的沈矿集团从弱小走向强大。经济越发展，会计越重要。集团的财务人员正以"诚实守信的品格，客观公正的意识，开放广阔的胸襟，进取创新的追求"为企业谱写着更加辉煌绚丽的华彩篇章。

江阴兴澄特种钢铁有限公司

江阴兴澄特种钢铁有限公司是1993年由江阴钢厂与香港中信泰富有限公司合资成立的特钢企业，经过15年的快速发展，已成为中国特钢企业协会会长单位，中国工艺装备最先进经营规模最大的特钢企业。公司地处江阴经济开发区（省级），拥有5万吨级长江专用码头，2007年名列中国企业500强第281位，中国制造业企业500强第149位，中国企业信息化500强第30位，全国21家企业信息化标杆企业之一。

公司拥有350万吨优特钢生产能力，成为国内专业生产轴承钢、齿轮钢、合金弹簧钢、油井管钢和高压锅炉管钢、易切削非调质钢等优特钢生产基地和出口基地，产品广泛应用于机械、汽车、铁道、船舶、石油、化工、电力和军工等领域。公司拥有10只国家级新产品，32只江苏省高新技术产品。其中，轴承钢获瑞典SKF、德国FAG、日本NSK公司认证并使用，2007年9月被国家质量监督检验总局授予中国名牌称号。Φ600毫米高合金超大规格连铸圆管坯，填补国家生产空白，连铸圆管坯生产在世界上生产规格最大，品质档次最高。

公司拥有总资产100亿元，员工4000人，各类专业技术人员2800余人。企业先后被评为国家重点高新技术企业，江苏省高新技术企业，江苏省技术密集型和知识密集型企业，全国外商投资"双优"企业和江苏省外商投资先进技术企业。国家科技部批准国家级特钢工程技术中心在兴澄创立，国家人事部批准兴澄设立博士后科研工作站，拥有国家认可实验室，拥有和获授32项国家发明和专利技术，承担国家"十五"科技攻关项目，承担国家、省级16项火炬攻关计划。国家标准委员会授予兴澄4A级"标准化良好行为企业"。

创新财务管理，提高企业效益

兴澄特钢坚持"笃守诚信、尊崇创新、倚重团队"的企业文化，在"科技兴厂、品种立厂、制度治厂、机制活厂"的治厂方针指引下，通过财务管理创新，促进企业的快速发展，提高企业综合效益。

一、确立财务管理在公司企业管理中的中心地位

兴澄公司在市场竞争中将资本与市场很好结合，在企业运作中以财务管理为中心，坚

和谐厂区

持财务管理创新，明确现代财务管理的核心是市场管理，树立现代财务管理理念：企业管理以财务管理为中心，财务管理以资金管理为主线，资金管理以预算管理为前提。

二、全面实行预算管理，实现企业效益最大化

预算管理是财务控制目标管理的有效手段，预算依据企业的发展规划生产经营活动，将企业经营目标的主要指标分解落实到各个分厂、部门和经营生产活动全过程。公司合资以来，学习香港预算管理模式，建立公司预算体系，做到经济业务预算化。

三、狠抓成本管理，健全内控制度，创建节约型企业

公司在成本管理方面不断创新，坚持三大目标成本管理原则：（1）市场价格驱动成本决策，因为市场价格是企业不可控因素；（2）成本计划、管理和控制应提前在产品研究开发阶段，可减少后续阶段的降本压力；（3）成本控制是各功能部门合作的结果。

四、加强资金管理，用好用活资金，增加企业效益

在管好用活资金方面，兴澄始终坚持做到：

（一）建立资金投入保证机制，抓好资金源头管理。

（二）抓好优化资金结构的约束机制，抓好资金的结构管理。

（三）建立活而不乱的资金循环机制，强化现金流多环节的管理，不断完善和优化资本运作，充分发挥资金功能，盘活存量资金，使每一笔资金发挥最佳效能。

五、开展政策研究与应用，开启第三利润源泉

严肃执行财经纪律和财政政策，政策法规对企业发展发挥着重大的支持和扶持作用。兴澄悉心研究各项政策法规，提出工作建议，为企业提供重大决策依据。

总会计师 杨兴芬

女，中共党员，高级会计师，1968年12月至今，历任江阴兴澄特种钢铁有限公司财务科长、副厂长、总会计师、副总经理兼总会计师，江苏泰富兴澄特殊钢股份有限公司总经理，中信泰富特钢集团财务总监，兼任江苏省总会计师协会副会长。

六、建设高素质财务队伍，以高效能服务企业经营生产

公司遵循"像办学校一样办工厂"、培育学习型企业的指导方针，大力培养高素质财务人员。以职业道德标准规划财务人员行为，使其坚持诚信务实，遵纪守法；为财务人员的成才发展提供平台，输送业务骨干赴境外培训、交流；聘请会计师事务所专家、税务专家作专题讲座，提高财务人员的业务水平和政策研究水平；合理轮岗，使年轻的财务人员走上领导岗位。

兴澄特钢的财务工作，伴随企业从小到大，由弱到强，取得了一定成绩。我们将秉承兴澄的企业宗旨，为用户创造价值，为股东创造效益，树立以创新迎接挑战，走精品特色之路的经营理念，在诚信是金、创新为魂、学无止境、勇争一流的企业精神鼓舞下，为将兴澄特钢建成全球最具竞争力的特钢企业而努力拼搏，争取更大成绩。

徐工集团

徐工集团成立于1989年3月，成立19年来始终保持中国工程机械行业排头兵的地位，目前位居世界工程机械行业第16位，中国500强企业第168位，中国制造业500强第84位，江苏省装备制造业十强首位，是中国工程机械产品品种和系列最齐全、最具竞争力和最具影响力的大型企业集团。

徐工集团秉承"担大任、行大道、成大器"的核心价值观，力争实现"2010年实现营业收入500亿元，进入工程机械跨国公司前10名；2015年实现营业收入1000亿元，进入世界工程机械行业前5名"的战略目标，成为极具国际竞争力、让国人为之骄傲的世界级企业。

创新发展，打造品牌十大亮点

一、完善的技术开发体系

徐工的技术中心在437家国家级企业技术中心评价中列第15位，居同行业和江苏省首位；成立国内同行业首家博士后工作站，聘任首批40位技术专家，年均完成较大研发项目100余项。

二、雄厚的产品实力

徐工形成行业系列最全、最具规模和实力的产品优势，产品系列涵盖：工程起重机械、筑路机械、路面及养护机械、压实机械、铲土运输机械、高空消防设备、特种专用车辆、工程机械专用底盘等系列工程机械主机和驱动桥、回转支承、液压件等基础零部件产品，其中主机产品市场占有率名列行业第一；零部件产品市场占有率居行业首位。

三、先进的试验研究中心

徐工在行业内率先建立起试验研究中心，建有智能控制实验室、液压实验室等六个专业性试验室，功能覆盖工程机械基础零部件和主机。

四、填补国内空白的全路面起重机技术

徐工研发了中国第一台全路面起重机——QAY25全地面起重机，获2004年度中国机械工业部科技进步一等奖及"国家重点新产品"称号。2007年年底，全地面起重机核心技术研究与产业化获中国机械工业科学技术进步一等奖和江苏省科学技术进步二等奖。

五、最具优势的基础零部件配套体系

坚持专业化生产体系的发展之路：围绕主机的发展，建立液压

徐工集团总部办公大楼

赴四川救援

总会计师 吴江龙

男，现任徐工集团公司董事、党委常委、总会计师。江苏省总会计师协会、中国机械工业审计学会、徐州财政会计学会常务理事、徐州总会计师协会副会长、江苏省高级会计师评审委员会委员、中国矿业大学兼职教授、硕士生导师和江苏省"333"工程中青年科学技术带头人。2006年，被评为江苏省优秀会计工作者，被江苏省总会计师协会授予"杰出会计师代表"荣誉称号。

件、驱动桥、回转支承、齿轮箱、液压阀锁、专业底盘等基础零部件企业，逐步形成主机、基础零部件协调发展的专业化生产体系。

六、具有战略意义的国际化经营

提出加快国际化经营、打造"徐工"国际知名品牌的发展思路，2007年实现出口创汇5.6亿美元，增长125%，接连实现了翻番增长。"徐工"产品出口世界106个国家和地区，出口量连续19年保持行业首位。

七、机制创新不断探索国企改革新路

19年来，徐工累计实现利税70.71亿元，上缴税收31.39亿元；累计吸纳各类就业人员19913人。1999年，从内部开始进行大规模的调整与创新，由外延式的扩张转向内涵的提升，实现了脱胎换骨式的快速发展。

八、徐工重型机械公司——从濒临破产到世界起重机销量第一

徐工下属企业——徐工集团重型机械有限公司，在20世纪90年代中后期濒临破产。1999年，徐工对重型提出战略整合、"三高一大"(高端、高科技、高附加值和大吨位)等发展战略，重型依靠自主创新，成为中国大型臂架类机械装备的标志性企业，位列工程机械行业主机制造公司首位。

九、技改投资不断加大，工艺制造水平行业领先

为提升制造工艺水平，徐工大力投资技术改造项目。近年累计完成固定资产投资额近20亿元，是徐工成立以来投资强度最大的时期，体现出投资强度大、进展速度快、项目效益好的特点。

十、勇担社会责任，成为第一支抵达震灾现场的企业救援力量

为四川灾区捐款1400余万元，出动价值2664万元工程机械抗震救灾。四川汶川大地震发生当日，王民董事长当夜部署救援吊车向灾区集结，成为国内第一支抵达震灾现场的企业救援力量。

"爱的奉献"晚会现场捐款1372万元

鹤壁煤业（集团）有限责任公司是一家有着50余年开采和经营历史的国家大型企业集团，系国家520户重点企业、全国工业企业500强、河南工业综合实力百强企业之一。

目前，鹤壁矿区和荥巩矿区煤炭地质储量80亿吨，可采储量38亿吨，拥有10对生产矿井、设计总产能300万吨的3对在建矿井，规划总产能750万吨的5对待建矿井，2×135MW循环经济热电厂和2×600MW火电厂以及在建的年产120万吨甲醇工程，年产低灰、特低硫、高发热量优质环保动力煤和冶炼精煤700多万吨。主要煤种有冶炼精煤、高炉喷吹煤、筛混末煤等，年入洗能力465万吨，"鹤翔"牌筛混煤和瘦精煤分别被评为"全国用户满意产品"、"河南省名牌产品"。除煤电化主业外，辅业涉及中外合资的医疗、医药、医疗器械等高新技术企业、铜钼业、建筑、建材、铁运、火工、机械制造、文化旅游等领域。2007年年末资产总额97.58亿元，全年实现经营收入68.68亿元。

鹤煤集团多次荣获中国优秀企业、中国煤炭工业优秀企业、煤炭质量信得过企业、重合同守信用企业、安全质量标准化集团公司、中国能源绿色企业50佳、河南省"五一"劳动奖状、河南工业创新特等奖、河南工业节能减排成效显著单位等荣誉称号。

鹤煤集团用科学发展观统领改革、发展、稳定和安全工作，实施REM精细管理，形成了健康、向上的高绩效企业文化体系。2005年获得全国煤炭系统唯一的"中国企业文化建设成功企业"殊荣，2006年获得"全国企业文化优秀成果"奖。先后与法国、美国、泰国、中国香港等20余家国内外知名企业合资合作，大力推进具有鹤煤特色的循环经济节能减排"6+2"工程，被确定为河南省循环经济试点企业。

2007年7月，鹤煤集团与中原大化集团强强联合，战略重组为河南中原煤业化工集团有限责任公司，2007年末资产总额134.12亿元，全年实现经营收入80.10亿元，在河南省2007年度百强企业中

鹤煤（集团）公司

排名第28位。河南中原煤化集团将围绕"三年超两百、六年四百亿"的发展战略目标。大力推进循环经济节能减排工作，形成以煤炭、化工、电力、铜钼业、建材为主的五大业务板块，成为省内一流、国内知名的特大型企业集团。

财务管理

集团在财务管理上，不断完善机构和制度建设，探索新的财务管理模式和方法，逐步建立起完备的集团公司、矿（厂）及经营单位两级会计核算体系，区队（班组）统计核算作为矿厂核算的补充的会计核算和管理模式。

集团推行"四控一降、六个归一"资金管理新模式（"四控一降"即控制消费资金、控制自有资金、控制基建资金、控制贷款规模和控制降低成本；"六个归一"即银行存款账户归一、工程资金计划归一、资金使用审计归一、工程委托设计归一、多经项目评审归一和购销归一）。

集团财务人员以特有的工作方式和高效的理财方法实现了财务管理的良性循环和高效运行，取得显著的工作成效：强化财务会计信息支持决策层和经营层的核心职能；积极导入财务风险预警系统，保障经济运行零风险；全面实施内向型的预算管理；积极打造外向型的理财理念。

总会计师 宋 鹏
管理科学与工程专业硕士，在读博士生，高级会计师。1998年5月至今，任鹤壁煤业（集团）公司副总会计师、总会计师；2008年2月至今，任河南中原煤业化工集团有限责任公司副总裁、总会计师。中国总会计师协会常务理事、河南省总会计师协会常务理事。

河南心连心化肥有限公司

　　河南心连心化肥有限公司是国家百万吨化肥生产基地，拥有合成氨35万吨、尿素70万吨、复合肥30万吨、甲醇10万吨的年生产能力。在全国以煤为原料生产的150多家尿素企业中名列第6位，是河南省最大的尿素生产企业。公司具有明显的成本优势，成本在河南省同行业中排第一，在全国以煤为原料的尿素企业中名列前5位。公司总资产近20亿元，净资产12亿元，是河南省100家重点企业之一，也是河南省的明星民营企业。公司曾荣获"全

国石油化工肥料制造业百强企业"、"河南省明星民营企业"、"河南省管理创新最佳单位"和"河南省诚信纳税大户"等多项荣誉称号。

　　河南心连心化肥有限公司在同行业内率先通过ISO9001：2000体系认证与ISO14001：2004体系认证，是国家环保总局、中国氮肥工业协会确认的环保优秀企业。2007年6月20日，公司在新加坡交易所主板挂牌上市，成为中国第一家在新加坡上市的化肥企业。

公司产品畅销河南、山东、江苏、安徽、广东、东北等地，拥有5000多个基层乡镇网点，远销韩国、东南亚等国家和地区地区。"心连心"化肥荣获"国家免检产品"、"河南省名牌产品"和"河南省优质产品"等称号，"心连心"商标被河南省工商行政管理局认定为"河南省著名商标"。

财务管理经验

一、**公司以创新引领核算变革，用科技主导财务管理**。随着公司规模的扩大和新生产线的开工建设，财务目标不再仅仅局限于记账，而是要实现由被动核算型向主动管理型转变。企业通过实施ERP系统管理，不仅有利于人员素质的提高，业务流程的优化整合和业务运作效率的提升，而且实现了"三流一合"及信息共享性、真实性和实时性，增强了企业的经营决策和指挥能力。

二、**实施全面预算管理，提升企业战略和管理能力**。为使各部门尽快转变观念，公司财务部门经常开展预算管理理念的宣传，增强全体员工对全面预算的深刻认识；同时成立全面预算项目小组，从过去单纯的资金预算过渡到现在的全面预算。通过不断完善预算分析制度，为管理层的决策提供依据。

总会计师　闫蕴华

女，西安交通大学会计学专业毕业，现就读北京大学光华管理学院工商管理硕士。高级会计师，氮肥协会第一届财务研究会执行主席，河南省总会计师协会常务理事。2006年8月至今，任河南心连心化肥有限公司财务总监、副总经理；2007年6月起，任新加坡上市公司中国心连心化肥有限公司执行董事、财务总监。

三、**加强成本管理**。财务人员通过深入生产各个环节，把成本工作重心从被动的成本核算提升到以"总成本领先"的成本管理。总会计师闫蕴华每周参加生产碰头会，对耗煤成本全过程、全方位进行细化分析。企业成本管理要求改变以往的"前方干、后方算"的模式，要为生产经营提供有参考价值的数据。为达到成本控制的目的，财务部门实施成本目标预算管理，制定成本年度目标，进行成本限额控制，消除了成本控制中的死角。

四、**强化内部控制，保证经营安全、规避财务风险**。制定了企业内部控制流程和考核办法，保证了企业内部控制制度的不断完善。

公司在新加坡上市

洛阳栾川钼业集团股份有限公司

洛阳栾川钼业集团股份有限公司，是以钼钨的采、选、冶、深加工为主，集科研、生产、贸易为一体的矿业集团公司。拥有已探明并证实的钼金属储量49.8万吨，钨金属储量50.6万吨。根据储量报告，公司三道庄钼矿的钼资源储量居世界前列，钨资源储量在全球排名第二。目前，公司下属23个分、子公司。拥有采、选能力30000吨／日，钼冶炼能力15000吨／年，氧化钼焙烧能力20000吨／年，深加工能力1000吨／年，白钨回收能力21000吨／日，为中国第一大钼生产企业。主要产品钼（钨）精矿、氧化钼、钼铁、钼（钨）酸铵、钼（钨）粉及钼棒、板、条、丝及稀土材料与制品等30多个品种，产品远销欧美、韩国、日本、东南亚、中国香港等国家和地区。

企业全面通过ISO9001质量体系、ISO14001环境管理体系和GB／T28001职业健康安全管理体系认证。企业科研实力雄厚，拥有自主的国家级实验室和检测中心。2007年利润居河南省第一，出口创汇和税收列洛阳市规模以上工业企业第一名。在2005年全国最大

深加工车间

4月19日，同一首歌走进钼都栾川大型演唱会在洛阳西工体育场举行，集团合唱队激情演唱《洛钼之歌》

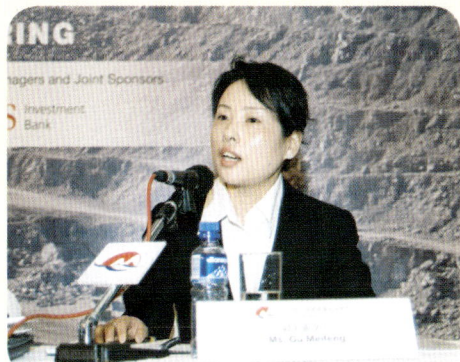

财务总监　顾美凤

大学本科学历，在读香港中文大学会计硕士。中国注册会计师、中国注册资产评估师、高级会计师，具有从事证券相关业务审计执业资格。

2007年1月起，任洛钼集团财务总监。中国总会计师协会理事、河南省总会计协会常务理事、中国资产评估协会理事、河南省注册会计师协会、注册评估师协会专家委员会委员，洛阳市注册会计师协会常务理事、培训委员会主任。

1000家企业集团排名中名列633位；全国纳税500强中列287位；全国制造业500强中列413位；全国大企业集团最具竞争力500强排名中列68位；全国企业效益200佳中列90位，是河南省唯一一家进入前100名的企业。2006年被国土资源部授予"全国矿产资源合理开发利用先进矿山企业"荣誉称号。

企业在快速发展的同时，积极履行社会义务，得到社会的广泛认同和赞誉，成为第一家企业图标出现在2007年版印花税票上的河南企业。

2007年4月26日，洛阳栾川钼业集团股份有限公司在香港联合交易所H股主板成功上市。整个上市工作从2006年6月13日正式启动到成功上市，只用了短短313天的时间便取得了圆满成功，创下香港联交所的历史新纪录。公司被国际会计师公会香港分会评为"2007年十大最喜爱的香港首次上市企业"。

财务管理经验

在企业高速发展过程中，提高财务管理水平是当务之急、重中之重。集团公司组织财务人员开展建章立制工作，制定了多项行之有效的管理制度。

集团公司对闲置的资金进行多种形式的理财，2007年实现资金理财收益22638.2万元。通过组织开展成本分析工作，瞄准国内外先进企业的成本管理水平，对各项费用进行逐项分析对比，查找差距、找出成本升降原因、制定对策，确保公司在同行业内保持成本价格优势。

完善集团的会计电算化系统，通过统一的财务软件，加强了对公司的财务管理，为企业全面实现ERP管理奠定了良好的基础。集团以财务管理信息化建设为载体，突出生产过程监控及其资本运营，以真正改善企业的盈利能力。

金蝶国际软件集团有限公司

2001年金蝶登陆香港交易所——交易大厅

金蝶国际软件集团有限公司（简称金蝶国际）是香港联交所主板上市公司、中国软件产业领导厂商、亚太地区企业管理软件及中间件软件龙头企业、全球领先的在线管理及电子商务服务商。金蝶以引领管理模式进步、推动电子商务发展、帮助顾客成功为使命，为全球范围内超过50万家企业和政府组织成功提供管理咨询和信息化服务。金蝶连续四年被IDC评为中国中小企业ERP市场占有率第一名，连续两年被《福布斯亚洲》评为亚洲最佳中小企业。2007年被Gartner评为在全世界范围内有能力提供下一代SOA服务的十九家主要厂商之一。2007年，IBM与雷曼兄弟入股金蝶国际，成为集团战略性股东，金蝶与IBM组成全球战略联盟，共同在SOA、市场销售、咨询与应用服务、SaaS多个方面进行合作。

金蝶国际总部位于中国深圳，始创于1993年8月8日。2001年2月15日在香港联合交易所创业板上市，2005年7月20日转香港联合交易所主板上市，股票代码为0268。金蝶国际附属公司包括专注于中国大陆企业管理软件市场的金蝶软件（中国）有限公司、致力于为企业提供在线管理与全程电子商务服务(友商网 www.youshang.com)的金蝶移动互联公司、面向中国大陆以外的亚太地区及海外市场的金蝶国际软件集团（香港）有限公司，以及主营中间件业务的深圳金蝶中间件有限公司等。

金蝶国际在中国大陆设有深圳、上海、北京三个软件园，拥有39家以营销与服务为主的分支机构和2000家咨询、技术、实施服务、分销等合作伙伴。金蝶营销、服务及伙伴网络在中国大陆分为南方、北方、华东、西部四大区域，遍及221个城市和地区；目前集团员工4000人，客户遍及亚太地区，包括中国大陆、中国香港、中国台湾、新加坡、马来西亚、印度尼西亚、泰国等国家和地区，客户总量超过50万家。

金蝶国际软件集团有限公司是中国软件产业众多"第一"的缔造者：

第一个WINDOWS版财务软件及小企业管理软件——金蝶KIS的缔造者；

第一个纯JAVA中间件软件——金蝶Apusic和金蝶BOS的缔造者；

第一个基于互联网平台的三层结构的ERP系统——金蝶K/3的缔造者；

第一个发布基于互联网提供在线管理和电子商务服务——友商网的缔造者。

金蝶目前的三种ERP产品，分别为面向中小型企业

董事局主席 徐少春

毕业于东南大学计算机专业，并取得财政部财政科学研究所会计学硕士学位及中欧国际商学院工商管理硕士（EMBA）学位，高级经济师。金蝶国际软件集团有限公司董事局主席、集团创办人。民建第九届中央委员会委员，享受国务院颁发的政府特殊专家津贴。

的K/3和KIS，以及面向中大型企业的EAS，涵盖企业财务管理、供应链管理、客户关系管理、人力资源管理、知识管理、商业智能，可实现企业间的商务协作和电子商务的应用集成。

金蝶以快速响应客户需求、为客户提供全生命周期的服务作为不断前进的动力，以打造中国软件航母舰队、创造卓越软件服务价值为战略主旨，与中国企业一起推动中国管理模式在全球崛起并成为全球企业管理软件及电子商务服务市场的领导者。

2008年7月，金蝶捐赠茂县教育奖助金

武汉市汉商集团股份有限公司

武汉市汉商集团股份有限公司是一个集零售业、会展业、外贸业、旅游业于一体的商业上市公司。目前拥有汉阳商场、21购物中心、新武展购物广场3大百货零售店，武汉家具城、汉商家电几个专业连锁店；在汉口中心城区开设汉口数码婚纱摄影器材城，零售经营面积近 15万平方米；控股中国华中地区最大展馆——武汉国际会展中心；在湖北咸宁市开办旅游度假村。为武汉市出口创汇十佳企业；上缴利税进入武汉市100强；公司总资产14亿元。

2008年，汉商集团迎来50年华诞。公司的成长轨迹贯穿整整半个世纪。在实现自身发展壮大的过程中，汉商为我国商业发展和武汉经济繁荣做出了积极贡献。汉商在武汉最早实施了企业兼并，最早引进了外资商业企业，推进了武汉两大市级商业中心的形成，作为全国首家进入会展业的商业企业，为振兴武汉会展业，打造"中部会展之都"，发挥了重要作用。

2008年，汉商集团又迎来新一轮发展：汉阳商场改扩建项目已经开工，

武汉市汉商集团股份有限公司总部

用8亿元打造楼高120米、32层的汉商银座；21购物中心扩建项目启动，加盖百米写字楼；武汉国际会展中心赢利（盈利）持续增长。

在中国商业改革开放波澜壮阔的画卷里，汉商人留下了光辉的一页！

财务管理

按照"壮中求大、扬长避短、抓住机遇、滚动发展"的发展思路，汉商集团实施低成本扩张和低成本营运，努力探索资产经营和资本经营相结合的发展道路，积极开展跨地区、跨行业、跨所有制的资产重组。通过收购、兼并、联合、连锁等形式，企业规模迅速壮大，由小型零售店逐步发展成为一个集零售业、会展业、地产业、旅游业于一体的商业上市公司。

一、适应新形势，开拓财务管理新思路，促进企业经营管理水平不断提高

1. 充分利用会计信息传递一体化，财务管理再上新台阶。针对新条件下经营发展的要求，在成功更换收款机和成功发行储值卡的基础上，推出汉商集团会员卡，利用会员卡采集顾客消费档案信息，为经营决策提供依据，并帮助经营部门实现以顾客为中心的一对一的客户服务平台，成为集团各商场促销的重要方式。同时，修改完善了财务管理制度，规范了业务流程，取得了良好效果。制定完善了《汉商集

团银行结算中心管理规定》、《汉商集团网上银行管理规定》、《汉商集团计算机使用管理规定》等一系列制度，实现了财务跟踪实时化管理。

2.建立科学的会计管理责任，增强内部稽核工作，提高经营创利水平。不断完善公司内部稽核管理制度，采取集团公司内部四大卖场定期互查与抽查相结合的方式，认真检查会计基础工作执行情况；建立了集团公司合同统一管理制度，严格合同审核程序，确保各项收入及时入账，强化了经营控制点的管理。

3.合理调配资金，确保集团公司的经营发展。为进一步提高资金投资效益，制定了资金使用计划和资金调配制度，建立起资金使用事先有计划、事中有监督、事后有反馈的监督约束机制，公司投资效益明显提高。

4.积极开展ISO9001质量体系论证工作。按照集团公司ISO9001质量体系论证工作的要求，规范了公司财务管理体系和会计核算流程；加强了账务、报表、合同、库存、结算五大系统的管理，根据现代化信息管理系统的设计理念，在开发背景、工程投资、硬件配置、软件选择及系统运行等方面取得显著成效。

二、根据上市公司管理要求，进一步促进公司法人治理规范运作

1.按照中国证监会《关于开展加强上市公司治理专项活动有关事项的通知》精神，开创性制定了公司治理专项活动的细则，不断规范公司运作，得到了证监会和交易所对公司在法人治理方面的充分肯定。

2.随着资本市场的蓬勃发展，根据证监会证券管理的规定，结合公司营业收入产生的现金流与结算账款存在时间差的特点，充分提高资金的使用效率，利用部分闲置流动资金参与A股IPO申购，为公司创造了更大的效益。

总会计师　张　晴

中共党员，工商管理硕士，高级会计师，享受市政府津贴。现任武汉市汉商集团股份有限公司董事、董事会秘书、常务副总经理、总会计师、党委委员。

汉商集团公司领导谋划汉商发展未来

汉商银座项目奠基盛大庆典

中铁大桥局集团有限公司

世界跨度最大的公铁两用大桥——武汉天兴洲长江大桥

中铁大桥局集团有限公司是中国中铁（A股601390和H股0390）股份有限公司旗下的全资子公司，前身为1953年4月批准成立的铁道部大桥工程局，是中国唯一一家集桥梁科学研究、勘测设计、工程施工、机械制造于一体的大型工程公司，具备在各种江、河、湖、海及恶劣地质、环境条件下修建各类型桥梁的能力。

公司现有员工1.6万余名，拥有中国工程院院士2名、全国工程勘察设计大师3名、国家有突出贡献专家2名、享受国务院特殊津贴的专家26名、省部级有突出贡献专家12名、教授级高级工程师135名、高级职称925名、中级职称2151名，各专业人才门类齐全，是中国唯一一家桥梁博士后产业基地。

中铁大桥局始终将"推动中国桥梁事业发展，赶超世界桥梁科技先进水平"作为企业最高理念和神圣使命，为中国桥梁事业发展作出重要贡献。公司开创了我国现代化桥梁斜拉桥、悬索桥的先河，建造了我国第一座现代斜拉桥天津永和斜拉桥和我国第一座现代悬索桥汕头海湾大桥；抒写了我国公铁两用桥建设的第三、第四座里程碑，建成了九江长江大桥和芜湖长江大桥；引领了我国跨海大桥建设的理念，建成了我国第一座真正意义上的跨海大桥——东海大桥和世界最长的跨海大桥——杭州湾跨海大桥。

改革开放以后，中铁大桥局大力实施"走出去战略"，积极参与国际竞争，先后在缅甸、孟加拉、南非、印度、马来西亚、巴基斯坦、澳大利亚、安哥拉、土耳其、中国香港、中国澳门等国家和地区承揽工程，享誉国际建筑市场。2004年，公司入选美国《工程新闻记录》（ENR）评选的世界最大225家国际承包商，同时被评选国际十大桥梁承包商。公司被建设部授予"全国先进建筑施工企业"、"创鲁班工程特别荣誉奖"单位，被中国建设银行授予"AAA级信用等级施工、房地产开发企业"。中铁大桥局已通过ISO9000质量体系审核认证和职业健康安全体系（GB/T28001）及环境管理体系（ISO14001）认证。公司强大的技术实力及取得的骄人业绩赢得了良好的社会信誉，深得各方用户信任。中铁大桥局先后荣获国家科技进步奖24项，国家优质工程金、银奖8项，中国建筑工程鲁班奖18项，詹天佑大奖6项，创中国

总会计师　古继洪

中共党员，工商管理硕士、武汉大学在读博士、高级会计师。2001年至今，任中铁大桥局集团董事、总会计师、总法律顾问。现任湖北省中央企业会计学会常务理事、湖北省审计协会副会长、武汉市地方税收研究会常务理事、中南财经政法大学客座教授。

九江长江大桥

世界最长的跨海大桥——杭州湾跨海大桥

企业新纪录26项，拥有有效专利22项。

截至2007年底，集团现拥有总资产121亿元，有8个全资子公司，2个控股子公司，2个参股子公司，11个分公司及多个驻外机构，拥有各类起重机械（5～3000吨）、建筑工程机械设备3445台（套），原值122760万元，净值73689万元，并拥有先进的计算机辅助设计、施工和管理系统，年施工能力达150亿元以上。2007年度，集团产值达到146亿元，利润3.58亿元，2007年度人均产值84.8万元，净资产收益率15.67%。

中铁大桥局集团有限公司将秉承"跨越天堑，超越自我"的企业精神，按照"一业为主、二元经营、三个转变"的企业经营发展战略目标，继续引领中国桥梁建设事业走向新的辉煌。

财务管理经验

集团财务工作围绕企业发展战略的实施，全面推进精细化管理，不断提升公司价值。现代企业制度逐步建立，集团公司制改革稳步推进；积极筹划和推进集团两层分开、主辅分离工作，社会移交工作全部完成；突出集团桥梁主业优势，成立了中铁大桥局股份公司；保持国有资产保值增值，积极开展资本运营，BT、BOT项目和投资房地产业务蓬勃发展；创立"资金结算中心"管理模式，彻底改变过去粗放的资金管理方式；实施"物资集中采购、资金、设备集中管理"和"保险业务集中管理"，企业经营管理日趋完善；制定集团"十一五"发展战略，财务管理制度体系不断完善。

近年来，公司财务工作连续获得中国铁路工程总公司表彰和国资委等外部监管机构好评。曾荣获财政部驻湖北省财政监察专员办事处和湖北省中央企业会计学会联合授予的"中央在鄂单位财会工作先进集体"荣誉称号；企业内部审计工作连续七年被评为中国铁路工程总公司内部审计先进单位，荣获湖北省内部审计先进单位，获得"2005年至2007年全国内部审计工作先进单位"荣誉称号。

海 南 省

椰树集团

椰树集团是海南省从事椰子等热带水果深加工的专业公司，跻身中国饮料工业10强企业之一，是中国最大的天然植物蛋白饮料生产企业。

椰树集团前身为海口罐头厂，始建于1956年，现有职工4000多人。产品以果汁饮料为主，具有世界一流生产工艺和大规模自动化生产能力。"椰树"主导产品椰树牌四大名饮——天然椰子汁、椰树牌天然矿泉水、火山岩珍贵天然矿泉水和天然芒果汁齐登中国国宴，接待100多个国家和地区的元首及政界要人，产品远销30多个国家和地区。椰树牌椰子汁和椰树牌矿泉水双双被国家授予中国名牌产品称号，成为中国饮料行业唯一一家同时有两种产品荣获"中国名牌"称号的企业。

当年的"海罐厂"也曾有过一段坎坷的历史，1981～1985年企业连续亏损718万元，成为当时广东省和轻工部的"超级亏损大户"，企业濒临破产。1986年，厂长王光兴上任后，坚持"诚信、求实、创新、争先"八字方针，率先在全国国有企业中推行"破三铁"、"科技重奖"、"能人先富"和"员工持股"的超前改革。1988年企业实现扭亏为盈，开始步入跨越式发展，如今已成为年产值近20亿元的中国最大天然植物蛋白饮料生产企业，得到中央领导和专家学者的肯定。

"椰树"在改革与发展的23年中，共创税利30亿元。2007年，企业实现两个"增长"，完成销量33.4万吨，同比增长11%；上缴税金1.62亿元，同比增长4.07%。"椰树"

集团大楼

财务总监 吴齐渊
椰树集团财务总监。

头人的王光兴两次被授予"全国劳动模范"称号，曾荣获全国优秀企业家、中国首届创业企业家、中国改革功勋企业家、海南省十大杰出人才、海南省功勋企业家、中国饮料工业突出贡献奖等荣誉。

2006年9月，椰树集团实现改制后成为民营企业。椰树集团站在一个新的起点上，制定更高更远的战略，构建新的公司治理结构，实施新的管理模式，新组建的领导班子也更趋于年轻化。

椰树集团全面实行预算管理，实施财务结算、会计核算、预算管理三算一体化的管理模式。强化集团预算管理职能，坚持先算后花，财务开支审批以预算为标准，预算一经确定即成为椰树集团的"厂规"，真正使集团费用预算做到全面、全员、全过程的监督和控制。3年来为集团减少费用开支2000多万元。

椰树集团正以全新的姿态再次创业，力求在新的征途上再展宏图，以其优秀的管理、优良的产品和优质的服务奉献给热爱"椰树"的广大客户。椰树集团正努力发展成为年产100万吨、产值超70亿元的特大型跨地区企业集团，在建立现代企业制度中再创辉煌，为国家做出更大贡献！

的发展带动了海南热带水果种植业的发展，帮助海南50万农民脱贫致富；拉动配套企业产值和税金的增长；职工生活达到小康水平。

企业在发展中逐渐形成独具"椰树"特色的"敢改革动真格、严管理善决策、行重奖处重罚、有贡献可先富、既放权又监督"的经营理念。企业被评为"全国企业管理现代创新先进单位"；作为"椰树"经营管理带

矿泉水生产线

西安市

陕西建工集团总公司

陕西建工集团是一个有57年创业奋斗史的国家特级施工资质的大型建筑企业。近年来，集团面对激烈的市场竞争和挑战，知其难而不畏其难，立足集团实际，创新发展思路，抢抓发展机遇、破解发展难题。经过努力，生产规模持续快速增长，产值突破百亿大关，并连续7年入选"中国企业500强"，连续4年被评为"中国工程承包商60强"，使集团整体形象和社会信誉显著提升。

集团现有1400多名财会人员，他们奋战在各自的工作岗位上，肩负着企业发展的使命。回顾会计与改革开放30年的发展历程，财务工作在集团领导的关心和支持下，不断总结经验，不断求得发展，尤其近两年集团财务工作紧密结合实际，突出抓好几项工作：

总会计师 卞显敏
陕西建工集团总公司总会计师。

（一）资金集中管理，为提升企业竞争力发挥了积极作用；

（二）开展债务重组，提升资产质量，营造新的融资环境，加大融资力度，优化资产负债结构；

（三）强化现金流管理，保障健康持续发展，加强资产监管，规范财务行为；

（四）加强内控建设，防范财务风险；

（五）加强会计队伍建设：建立机关本部财会人员考核制度，培养团队意识，开展室外拓展培训，开展建筑企业财务管理信息化，培训骨干力量等；

（六）开展《陕西会计与改革开放30年纪念活动》研讨座谈会，组织有奖征文，评选表彰先进，学习宣传《陕西省会计管理条例》等多种形式的纪念活动。

这些实践活动，集团建立起科学有效的财务预测和风险防范机制，通过实行全方位、多元的财务监控，全面提升了集团的财务管理工作质量，提高了集团企业的财务实力，发挥了财务管理的核心作用和应有的职能作用，这为不断完善集团财务管理的总目标，为集团的稳步发展做出贡献。

西安电力机械制造公司

西安电力机械制造公司（简称西电集团）是国资委监管的唯一一家以交直输配电为主业的中央企业集团。集团筹建于1953年，以我国"一五"计划期间156项重点建设工程中的5个项目投产后形成的科研院所和骨干企业群为基础发展而成，是我国高压、超高压输配电成套设备和其他电工产品的研究开发和生产制造的重要基地，也是目前我国研发与制造110kV—800kV交流输配电设备和±50kV—±500kV高压直流输电换流站设备企业中产品电压等级最高、产品品种最多、工程成套能力最强的集团企业。西电集团作为我国输配电装备制造业中最具代表性的企业，承担促进我国输配电装备技术进步和为重点工程项目提供关键设备的重任。半个世纪以来，西电集团为我国电力、交通、冶金、化工、煤炭、石油等工业部门提供了大量装备，为我国第一条330kV、第

一条550kV、第一条750kV超高压交流输配电线路和第一条±100kV直流输电线路、三峡±500kV直流输电线路、西北—华北联网背靠背直流输电工程以及"西电东送"等国家重点工程项目提供了成套输配电设备。公司产品和技术出口40多个国家和地区，并成功地进入德国、美国、新加坡、中国香港等发达国家和地区。"XD"已成为国内外知名品牌。

2007年以来，西电集团根据国务院国资委对中央企业的监管要求，带领西电集团财务系统各级财务组织和广大财务人员严格遵循会计准则和制度，紧紧围绕西电集团发展战略，重点开展了一系列卓有成效的工作，在筹措建设和发展资金，加强收入、成本、资金管理，强化财务管理，实现国有资产保值增值等方面，取得了突出的成绩，得到各方

2008年度财务工作会

面的首肯。

（一）2007年西电集团为贯彻党的十六大和历届中央全会关于深化国有企业改革的精神，实施集团公司主营业务整体重组改制上市工作。赫连明利总会计师作为此项工作的具体负责人，积极组织集团主业整体上市工作，使各项工作有条不紊地按计划实施，为加快主业进入资本市场发展的步伐做出突出贡献。

（二）积极探索西电集团财务管理体制，努力提高西电集团的管控能力和水平，实施资金集中管理，建立"收支两条线，多渠道收款，单渠道付款，兼顾监测与控制"的账户管理模式，确立西电集团实施"资金集中管理"和"信贷统借统还"的资金管理模式。通过2007年来1年多的运行和完善，实现了资金的"集中"，创建了"现金池"；同时，使集团子公司—西电财务公司迅速发展壮大，在"服务"中实现多方"共赢"。此外，为建立沟通机制，搭建西电集团与各成员企业财务会计信息交流的平台，建立月度、季度总会计师财务工作例会制度。

（三）构建西电集团融资平台，开拓多种融资产品，强化财务服务功能。为提高集团在银行间债券市场的信誉，继续发行第二期短期融资6.5亿元；与国家开发银行成功签署第一期24.28亿元的贷款合同，解决了制约产业发展的"瓶颈"，为企业深度参与市场竞争奠定基础。

（四）依法做好税务筹划工作，落实各项税收优惠政策。向财政部驻陕西省财政监察专员办申请的2006年度债转股企业所得税退

总会计师　赫连明利

中共党员，工商管理硕士。2007年1月起担任西电集团总会计师。

税，享受206.8万元的财政退税优惠政策；组织5家企业申请"国有设备投资抵免企业所得税"并取得发改委确认书。

2008年，西电集团财务工作以"加强两个基础管理，巩固和开展'1+4'平台建设，打造一支具有优秀文化的财务管理团队"为指导思想，继续深入开展工作。两个基础管理即围绕西电集团重组上市，做好新会计准则实施的基础工作和推行精益成本管理，做好降低成本管理的基础工作；"1+4"平台建设中，"1"是指预算管理平台，其他4个平台为预算管理平台的子平台，即集融资管理平台、财务内控管理平台、财务风险管理平台、财务信息化平台，这些子平台以预算平台为基础，即通过选择基础较好的子企业作为平台项目的重点实施对象，总结经验进行推广，实现管理资源和知识的分享，加快推进企业财务管理创新，推行可复制管理模式，强化优秀管理文化的植入和传导。

组织子公司总会计师参加2009年国资委预算工作视频会议

沈阳商业城(集团)

沈阳商业城(集团)成立于1991年,是国家大型一类零售商业企业。总部坐落于沈阳市古老而繁华的中街商业区。

1996年4月2日沈阳商业城遭受重大火灾重创,大火洗礼后的商业城经过6个月紧张重建,如一只"涅槃重生的凤凰"历经痛楚磨炼,以崭新的形象奇迹般重新屹立在古老而繁华的中街。

1997年,沈阳商业城张殿华总裁提出企业发展的五大战略,即"企业形象战略"、"优质服务战略"、"多元开发战略"、"品牌经营战略"和"规模膨胀战略"。这成为开启光荣与梦想的金钥匙,使沈阳商业城的竞争优势不断突现,逐步发展成为中国零售百强企业,连续3年位居全国零售百货单体店销售排名前15位。

1999年7月,经沈阳市人民政府批准,与沈阳市联营公司、沈阳储运集团公司、沈阳铁西商业大厦、沈阳化工原料总公司共同发起设立沈阳商业城股份有限公司,沈阳商业城(集团)成为该公司控股股东。

2000年12月26日,沈阳商业城股份有限公司A股在上海证券交易所成功上市,沈阳商业城从此步入资本市场。

2002年6~8月,沈阳商业城全面改版升级,以全新的形象、全新的定位、全新的品牌完成了传统百货向现代百货的转型。

2005年9月,沈阳商业城成功策划举办"凤凰涅槃九周年,九重大礼真情送"店庆活动,当年在全国零售行业中创造了48小时销售7500万元的销售神话。被同行业和媒体誉为"店庆飓风"的店庆活动此后一再掀起高潮,不断创造新的销售纪录,成为业界营销的经典品牌。

2006年2月23日,商业城股份有限公司股权分置改革成功。

沈阳商业城以商为龙头,集购物、娱乐、餐饮、商务、外贸、宾馆、旅游、房地产开发、生产加工、仓储运输、物流配送等多功能于一体。多年来,先后与国内外数千家知名企业建立了长期的业务往来关系,经营国际、国内知名品牌的日用百货、化妆用品、珠宝首饰、文化用品、钟表眼镜、通讯器材、食品、鞋帽、针织、服装、家用电器、保健器材等名优畅销商品10万余种,是广大消费者购物休闲的理想场所。

沈阳商业城积极与国际接轨的发展战略,坚持改革、创新经营,努力创建了一套适应市场经济要求的经营机制、管理模式和服务体系,使企业焕发出勃勃生机。2005年,商业城获得国家级最高奖项"全国文明单位"荣誉称号,商业城人用诚信打造了"商业城——诚中求诚"的金字招牌。几年间,企业先后获得 "全国用户满意单位"、"全国质量效益型先进企业""中国信息化企业500强"和"国际白金质量大奖"等荣誉,并连续九年被评为"全国诚信单位",并先后荣获"全国诚信单位"、"全国五一劳动奖状""全国模范职工之家"、"全国守合同重信用单位"、"全国企业文化创新实践奖"、"全国三八红旗集体"、"中华慈善事业突出贡献奖"等荣誉称号。

沈阳商业城重新开业以来,企业财会工作紧紧围绕提高企业经济效益这个中心,在企业财务管理规范化、现代化,提高企业经济运行质量、资金筹措与管理等方面取得很大成绩,并以构筑和谐企业为中心,始终坚持"以人为本"的治企理念,开创了各项工作新局面。2007年,实现销售21.3亿元,在全国单体店排名中名列前茅,荣获全国服务业500强称号。

沈阳鼓风机集团有限公司

　　沈阳鼓风机（集团）有限公司（简称沈鼓集团）是国有大型一类企业，其前身沈阳鼓风机厂始建于1934年，1952年国家投资170万元进行扩建改造，成为全国第一个风机专业制造厂，2003年整体转制为沈阳鼓风机（集团）有限公司。2004年5月，根据国家振兴东北老工业基地的战略，按照省市区政府的统一部署，沈鼓集团凭借品牌和管理优势对沈阳水泵股份有限公司、沈阳气体压缩机股份有限公司进行了战略重组和重大技术改造，组建新的沈鼓集团。新建成的沈鼓集团位于辽宁省沈阳市经济技术开发区，总投资20亿元，占地面积80万平方米，员工总数5700余人，资产总额96亿元。

　　沈鼓集团主要从事研发、设计、制造、经营离心压缩机、轴流压缩机等8个系列300个规格的风机类产品，高压给水泵、强制循环泵、核泵等51个系列579个品种的泵类产品，45个系列400个规格的往复式压缩机产品，广泛应用于石油、化工、冶金、空分、天然气输送、制药、制酸、国防、环保等领域。目前是国内生产规模最大、技术力量雄厚、工艺装备精良、产品质量最佳、竞争力较强、经营效能较高、设计和制造技术始终居于同行业领先地位，并接近国际同行业先进水平的装备制造业企业。

　　半个多世纪以来，沈鼓集团生产的各类产品覆盖全国各地，远销世界25个国家和地区。截止到2006年年底，沈鼓集团运用自己的专利技术累计为国家重大技术装备提供国产化大型离心压缩机1850台、大型水泵1059台、大型往复式压缩机885台，在多个技术领域打破外国公司长期垄断国内市场的局面，为国家重大技术装备国产化和国民经济的发展做出了重要的贡献。在2006年国务院发布的《国务院关于加快振兴装备制造业的若干意见》中确定的未来重点发展的16项重大技术装备中，有8项需要沈鼓集团的产品配套。

　　沈鼓集团始终坚持产品向"宽领域"扩展、单元技术向"高精尖"进军的科技发展战略，与国际先进技术比肩发展，每年以销售收入5%的资金投入用于技术开发。2000年，沈鼓集团组建了国家级企业技术中心，并先后在大连理工大学、西安交通大学、东北大学、浙江大学设立4个国家级技术分中心，从事沈鼓集团课题的研究开发；建立了辽宁省第一个企业博士后科研工作站，发布重点科研课题和风机前沿技术课题，使企业形成了一个多层次、跨地区的技术创新体系。2000年，沈鼓集团被国家科技部确定为首批国家级企业研究开发中心（全国118个）。仅2001～2006年间，企业自主创新的科技成果获市级以上奖励97项，其中获得国家级科技进步奖1项，国家级新产品奖9项，省、部级科技进步奖23项，市科技进步奖21项，省级优秀新产品奖12项，市级优秀新产品奖16项。沈鼓牌离心压缩机和离心式工业风机分别于2004年和2007年被国家质量检验检疫总局评为"中国名牌产品"，2006年集团被国家发改委评为"为国家重大技术装备国产化做出重大贡献先进集体"。

1995年起，沈鼓集团先后通过华信技术检验公司ISO9001质量保证体系认证，通过国家华夏环境认证中心ISO14000环境管理体系认证，通过GLB／Z9001国家军用标准质量体系认证；获得国家核安全局颁发的300-1000MW压力堆核电站核一级、核二级、核三级用泵设计、制造许可证，是国家唯一设计核电用泵的企业；通过挪威船级社ISO-9001质量保证体系及海军装备部质量管理体系海军第二方认证。

目前，沈鼓集团已经具备设计制造大型国产化设备能力。如年产

财务总监　吴凤琴

100万吨以上大型乙烯装置配套离心压缩机、年产500万～1000万吨以上大型煤油装置配套离心压缩机、60万～70万千瓦以上大型水电抽水蓄能机组配套水泵、1000MW超临界火电机组用高压锅炉给水泵、1000MW级核电主泵、航空风洞试验压缩机等。发展目标是在2010年成为产值超百亿元的中国最大的通用机械制造基地。

面向未来，沈鼓集团将继续秉承"创新、图强、诚信、卓越"的企业精神，以振兴民族装备制造业为己任，践行"为用户创造价值，为员工创造效益，为社会贡献财富"的经营宗旨，力争2010年成为产值超百亿元的中国最大的通用机械制造基地。

2008年9月12日，沈鼓集团与交通银行签订银企合作协议签约仪式，沈鼓与交通银行成为战略合作伙伴

广东中人企业(集团)有限公司

总会计师　滕华国

中人集团总经理兼总会计师。1958年出生，美国柏林顿大学博士学位，高级会计师，高级国际财务管理师（SIFM）。

广东中人企业（集团）有限公司（简称中人集团）是一家集资本运作、通信工程、房屋建筑、环保工程、进出口贸易、技术开发等为一体的大型企业，集团下属控股及参股企业有广东中人集团建设有限公司、广东十六冶建设有限公司、广东广南建设工程公司等47家企业。

中人集团在公司战略上运用"蓝海战略"，财务管理上积极进行资本

运作，成功实现了企业转型。集团采取BOT方式签署了两条高速公路的项目投资和运营合同，投资60多亿元，进行高速公路的建设和营运，为企业的可持续发展奠定坚实的基础。"蓝海战略"和财务管理创新不仅帮助中人集团实现战略突围，更促进了中人集团的持续发展与壮大，创造了企业辉煌的业绩。中人集团秉承"团结、敬业、奉献、求实、进取"的企业精神，坚持"依法经营、勤奋创业、量力而行、健康发展"的经营方针，注重质量兴业、管理创新、品牌战略。

中人集团在上级主管的正确领导下，在集团董事长陈飞林和总经理滕华国（兼总会计师）的带领下，经过几年的努力，从无到有，由弱变强，承担的通信工程覆盖全国20多个省市；累计实现产值98.3亿多元，净资产1.6亿元，创利6.56亿元，年人均创利27.4万元，国有资产迅速保值、增值。与此同时，上交军队和主管单位1.6亿元，捐助贫困地区、洪涝灾区和希望工程1700万元。解决了成千上万人的就业问题，培养了一大批经营管理人才，创立了优良的企业品牌。中人集团先后被评为"全军优秀企业"、"广东省100强骨干企业"，多次跻身"中国企业500强"。

在十多年的改革实践中，集团创新了管理模式，申报的《激活基本经营单位的集团管理》被评为"国家级企业管理现代化创新成果"一等奖。中人集团可持续发展的根本原因在于它拥有一套科学的、有生命力的经营管理制度和财务管理制度。

品牌铸造辉煌，和谐实现发展。中人集团在发展经济，锐意改革的同时，以实现企业和谐、社会和谐为己任，在新的历史时期，愿秉品牌之先，造一流企业，汇八方精英，创辉煌业绩。

中国总会计师协会
评优表彰活动获奖者风采录

改革开放30周年，中国发生了翻天覆地的变化，在这一辉煌历程中，总会计师事业也有了长足的发展，无论制度建设还是队伍建设都取得了显著成绩。在此形势下，中国总会计师协会举办了建会20年来的首次评优表彰活动，共评选出中国总会计师事业突出奉献奖1名、中国总会计师突出贡献奖21名、中国总会计师奉献奖31名、中国总会计师贡献奖79名、优秀协会工作者25名等奖项。

2008年12月27日，中国总会计师协会评优表彰总会计师突出贡献奖等奖项颁奖典礼在北京人民大会堂新闻发布厅隆重举行。全国政协副主席李金华，全国人大常委会原副委员长、全国妇联原主席顾秀莲，全国政协原副主席万国权等国家领导人出席表彰大会并为获奖者颁奖。来自财政部、国资委、证监会等部委的领导、中国总会计师协会领导及我国经济界和财会界著名专家学者、知名企业的财务负责人等国内外财务专家及各界人士汇聚一堂，深入交流财务管理经验，学习先进典型事迹。中央电视台著名主持人董倩和唐剑担任此次颁奖典礼的主持。

此次颁奖典礼由中国总会计师协会主办，《中国总会计师》杂志社承办。这次评选工作是中国总会计师协会向改革开放30周年的一份献礼，同时也是对协会成立20年发展历程的一次具有历史性意义的纪念与回顾。

中国总会计师事业突出奉献奖

张佑才 —— 全国人大财经委原副主任、财政部原副部长、中国总会计师协会第一、第二届理事会名誉会长、第三届理事会会长、第四届理事会总顾问

　　1994年5月～1998年3月，张佑才同志在担任财政部副部长兼国家国有资产管理局局长期间，十分关心中国总会计师协会工作，积极支持中国总会计师事业的建设与发展。1990年中国总会计师协会成立以来，他先后担任协会第一、第二届名誉会长，并于2002年当选第三届中国总会计师协会会长。张佑才同志在担任会长期间，明确提出协会"家"兴"桥"通的定位——沟通政府和社会的桥梁，兴中国总会计师之家，为协会今后的发展指明了方向。他在担任人大常委、财经委副主任期间，一直为加强中国总会计师体制和机制建设、提高中国总会计师的地位与作用而奔走呼吁。十届人大一次会议期间，他联合六省区市的92名人大代表向人大提交了"关于加强中国总会计师体制和机制建设"的议案。在担任协会顾问期间，他虽身患重疾，仍心系协会，多次为协会的改革与发展提出重要的指导性意见。张佑才同志为中国总会计师事业的建设与发展做出突出贡献，他的名字将永载中国总会计师事业发展的光辉史册。

中国总会计师突出贡献奖 ◀ ◀ ◀ ·················（排名以姓氏笔画为序）

于万源 —— 鞍山钢铁集团公司副总经理、总会计师

　　鞍山钢铁集团公司是中国大型国有企业，是中国钢铁工业的骄傲。鞍钢集团始建于1916年，1948年鞍山钢铁公司成立，是新中国最早建设发展起来的大型钢铁生产基地。"九五"以来，鞍钢坚持科学发展自主创新，走出了一条"高起点、少投入、快产出、高效益"老企业技术改造的新路子，实现了跨越式发展，发生了翻天覆地的变化。今天的鞍钢集团已经初步建立现代企业制度，成为东北老工业基地振兴的楷模。

　　于万源同志自1998年到鞍钢工作以来，始终坚持学习邓小平理论和"三个代表"重要思想，从政治上、思想上、作风上树立了党员领导干部的良好形象，从世界观、人生观、价值观上体现出领导干部的高尚品质。他坚持原则，维护党和国家利益，严守纪律、廉洁勤政，在鞍钢广大干部和职工中有较高声誉。

　　于万源同志从鞍钢实际出发，紧紧围绕鞍钢的改革、改造、生产经营等中心任务，狠抓会计基础工作，从企业内部控制与强化风险管理入手，加强资本运营，企业财务信息化管理，企业效益年年上新台阶，各项经济技术、财务指标年年有进步。近年来，于万源同志通过增强财务控制力，使集团公司管控能力不断提升，构建了"以完善全面预算管理为核心，以健全内控制度和财务核算为基础，以资金管理为主线，以强化资本运作为重点，以推进财务信息现代化为手段，以抓队伍建设、提高人员素质为保证"的财务管理体系，为鞍钢实现跨越式发展起到了保驾护航的作用。鞍钢连续实现利润超百亿，创历史最高水平。

方建一 —— 首钢总公司总会计师

　　首都钢铁集团总公司始建于1919年，改革开放以来获得巨大发展，成为以钢铁业为主，兼营采矿、机械、电子、建筑、房地产、服务业、海外贸易等多种行业，跨地区、跨所有制、跨国经营的大型企业集团。首钢总公司为母公司，下属股份公司、新钢公司、迁钢公司、首秦公司、高新技术公司、机电公司、特钢公司、首建公司、房地产公司、实业公司、国际贸易工程公司等子公司，在香港有上市公司，在南美洲有秘鲁铁矿等海外企业。　2007年集团销售收入1090亿元，实现利润43亿元，钢产量1540万吨，职工近8万人。在中国企业联合会按2006年数据评选的中国制造业500强中，首钢销售收入列第10位；在中国企业500强中首钢列第36位。

　　方建一同志是首钢集团总会计师，作为一名优秀的党的干部，他学习并掌握邓小平理论和"三个代表"思想，能够结合首钢发展的实际情况，将党和国家的各项方针政策和财经法规在各项经营活动中贯彻落实下去，并运用科学发展观，不断解放思想，创新创业，在指导和促进首钢更好更快发展上做出了突出贡献。主要表现在：（1）参与制定首钢发展战略，使首钢近5年取得重大发展成就；（2）企业运行控制和风险管理卓有成效；（3）推动企业改革改制，运用资本运营手段加快企业发展；（4）推进财务系统信息化建设，建立完整的信息网络；（5）构筑首钢核心竞争力，企业运行效率和效益不断提高；（6）促进首钢加快发展，社会影响力日益提高；（7）组织计财系统开展学习型组织建设，队伍素质明显增强。

方秋月 —— 中国建设银行股份有限公司北京市分行分管财务副行长

在商业银行财务会计管理工作中，建设银行在战略决策制定、重组改制实施、境内外发行上市、财务会计管理变革、财务报告编制与披露、海外兼并收购等方面，开展了一系列卓有成效的工作，财务管理能力和价值创造力大幅提升。

方秋月同志主管全行计划、财务、资金、价格、中间业务、会计制度、系统营运等工作，主要职责是围绕全行发展战略，分解落实全行综合经营计划目标；制定合理的激励政策，确保财务资源配置的科学性、合理性、有效性；保持全行资产负债和资金业务的流动性、盈利性；推动全行中间业务发展，实现战略转型；推进会计体制改革，强化会计基础管理和风险防范，优化业务流程；保证会计核算规范性等。

方秋月同志能积极主动学习邓小平理论和"三个代表"重要思想，认真贯彻党和国家各项方针政策和财经法规；工作中坚持原则，作风正派，严守纪律，廉洁勤政，不论是工作作风还是专业水平，在建设银行北京市分行系统内均有着极高的声誉。方秋月同志突出表现在以下几个方面：(1) 业务精通，经验丰富。来自于基层，在支行、分行、总行三个层级积累了几十年的工作经验，对专业理论、制度规定以及业务链上的各个操作环节都非常熟悉，在财务会计管理上能够做到见微知著，在管理中注重细节，有针对性地解决经营问题。(2) 坚持科学发展观，具有全局意识。充分发挥计财管理作为全行战略管理工具所具有的结构调整和战略导向作用，用统一的价值理念和机制引导全行业务开展。

王爱琴 —— 中国煤炭地质总局总会计师

中国煤炭地质总局是中央管理的煤炭资源勘查及煤炭地质行业管理单位。中国煤炭地质总局成立于1953年，50多年来，广大煤炭地质工作者跋山涉水、栉风沐雨，为我国国民经济建设和煤炭工业发展做出了重大贡献。"十一五"及今后一个时期，中国煤炭地质总局以科学发展观为指导，坚持"做强做大"发展战略，按照"一个中心、三个坚持、六个加快"的工作思路，以创建"六型"机关为保证，以勘查好、保护好、利用好、开发好矿产资源为宗旨，为提高我国煤炭资源保障程度，实现经济又好又快发展而努力奋斗。

王爱琴同志从事财务管理工作28年，从基层财务会计到煤炭地质三级单位财务机构负责人再到总局副总会计师，到2007年国资委面向全球招聘总会计师，被聘为中国煤炭地质总局总会计师，她始终致力于财会理论学习和地质单位财务管理的实践和研究，倡导用先进财务管理理念推进地勘单位财务管理创新，以支撑和促进煤炭地质单位的经济发展。她是将责任会计和现金流量表引入地勘单位日常经营管理的第一人。作为财务负责人，她牢记责任与使命，开拓创新，忘我工作，使中国煤炭地质总局财务管理制度建设、财会队伍建设、财会理论研究和创新、会计基础等工作始终走在地勘行业前列。实践证明，她是煤炭地勘行业当之无愧的会计领军人物。

孙 恺——沈阳机床（集团）有限责任公司副总经理（分管财务）

沈阳机床（集团）有限责任公司于1995年通过对沈阳第一机床厂、中捷友谊厂、沈阳第三机床厂三大机床厂资产重组而组建。重组后形成四个主机厂：沈阳第一机床厂、中捷机床有限公司、中捷摇臂钻床厂和沈阳数控机床有限责任公司。并于2004年成功并购德国希斯公司、重组云南机床厂；2006年控股昆明机床厂。目前，公司已形成跨地区、跨国经营的全新结构布局。

2003年，孙恺同志被任命为沈阳机床股份有限公司的副总裁，2005年被任命为沈阳机床(集团)有限责任公司副总经理，主抓财务工作。通过不懈的探索与努力，使沈阳机床的财务管理体系已日趋完善并运转灵活，取得了显著的效果。在财务管理工作方面，重点推进公司财务一体化建设，概而言之，即：实现一个目标——财务集中管理；围绕两个中心——财务体系建设、财务队伍建设；抓住三个关键——财务负责人、结算中心、预算管理。

孙恺同志积极参与公司境内外行业重组兼并工作，并取得积极成效。2004年下半年，沈阳机床成功并购了德国SCHIESS公司，这是沈阳机床实施全球化发展、跨地域经营的第一步。他亲自带领战略重组工作小组，开展详细的尽职调查、资产审计评估、债务重组和人员安置方案制定、收购协议谈判等诸多工作，最终完成了对云南机床厂和昆明机床厂（上市公司）的股权收购工作，使沈阳机床的经营领域拓展至西南地区，形成沈阳机床新的产业集群。

吴艳华——中国航天科技集团公司党组成员、总会计师

中国航天科技集团公司成立于1999年7月1日，是拥有"神舟"、"长征"等著名品牌和自主知识产权，创新能力突出、核心竞争力强的国有特大型企业集团。中国航天科技集团公司拥有中国运载火箭技术研究院、航天动力技术研究院、中国空间技术研究院、航天推进技术研究院、四川航天技术研究院、上海航天技术研究院、中国航天时代电子公司、中国航天空气动力技术研究院等8个大型科研生产联合体，以及中国长城工业总公司等数家专业公司、若干上市公司和直属单位。主要从事运载火箭、人造卫星、载人飞船和战略、战术导弹武器系统的研究、设计、生产和发射，专营国际商业卫星发射服务，具有大型系统工程管理的能力和经验。

作为国有特大型企业集团的总会计师，吴艳华同志带领财会战线3000名员工，有效保障了以载人航天工程、嫦娥月球探测工程为代表的国家重点科研生产任务的完成，集团公司经济效益大幅提高，实现主营业务收入4年翻1番，利润4年翻两番。他认真学习邓小平理论和"三个代表"重要思想，贯彻落实执行党和国家的各项方针政策和财经法规。他认真履行总会计师岗位职责，锐意财务管理改革创新，坚持依法理财，模范遵守职业道德、忠于职守、坚持原则、诚实守信、爱岗敬业、廉洁奉公。在他的带领下，集团公司财务管理意识普遍增强，财务管理模式实现转变，财务管理方式创新突破，财务职能作用有效发挥，财会基础工作得到夯实，财会队伍素质明显提升，得到集团公司领导和财务战线的广泛认同。

张树茂 —— 山西焦煤集团有限责任公司总会计师

山西焦煤集团有限责任公司是中国目前规模最大、品种最全的炼焦煤生产企业。公司下辖西山煤电集团公司、汾西矿业集团公司、霍州煤电集团公司、山西焦化集团公司、华晋焦煤公司、煤炭销售总公司、国际发展公司7个子、分公司，拥有西山煤电和山西焦化2个A股上市公司。公司以煤炭开采加工、发供电、焦炭化工为主业，兼营运销商贸服务、建筑建材等产业，是主业突出、综合发展的多元化大型企业。

张树茂作为总会计师，是集团财会工作改革和发展的总设计师，承担领导和组织企业财务管理、财务监督和会计核算的重要职责；作为集团负责人之一，肩负着企业理财和参与经营决策的重要使命，在国有资产保值增值、项目投融资决策、资本运作等方面发挥着重要作用。他能够适应国际国内环境变化，不断转变财务管理观念。首先是推行财务决算，促进集团发展；其次是提升成本管理，增强竞争；第三是强化资金集中管理，保证大集团顺利发展。他能够围绕大集团战略目标，积极作好资本运作。他认为企业财务运作目标就是与企业的整体目标保持一致，并站在财务决策的高度，积极参与企业技术改造的经济论证和资金落实。他非常重视财会队伍的建设，面对财会国际化接轨，会计工作日益多元、立体化的趋势，他提出培养具有国际资质、国际水准和国际视野会计人员的工作目标。

由于工作突出，他先后荣获山西省优秀青年管理者、太原市劳动模范、山西省首届十佳总会计师、山西省五一劳动奖等荣誉。

李铁城 —— 沈阳铁路局总会计师

沈阳铁路局位于东北路网的中南部，南与北京局、北与哈尔滨局相邻。现有职工28.9万人，资产总额743.2亿元。业务管辖地区跨辽宁、吉林两省全境和黑龙江、内蒙古、河北省一部分，营业里程9320.9公里，占全国铁路的14.7%。按营业收入等指标计算，在中国企业联合会、中国企业家协会联合发布的2007年度中国企业500强排名中名列第96位。

李铁城同志自1976年从事财会、经营管理工作以来，尤其是担任路局领导职务以后，认真落实铁道部、路局和局党委工作部署，站在全局的高度主动思考问题，着力化解资产、资金安全风险，积极组织增运增收、节约节支工作，全力维护广大职工的切身利益，努力提高自身修养，为沈阳铁路局又好又快发展做出了突出贡献。他任职期间，着力抓好以下几项工作：(1) 狠抓资金源头控制，确保资金使用安全。采取多项措施，有效缓解了资金紧张给各项工作带来的不利影响。(2) 强化全面预算管理，确保生产经营有机统一。实施全面预算管理，各项预算必须科学合理、协调平衡。(3) 深入开展自查自纠，确保高效完成国家审计工作，包括审前认真组织经营管理行为自查自纠工作和审后督促落实问题整改工作。(4) 全力抓好工作落实，确保实现经营目标。面对运输指标高、提速任务重的严峻现实，李铁城同志组织有关部门，积极面对为第六次大提速和路局三年发展规划提供财力保障的艰难考验，围绕运输抓经营，深入生产抓管理，较好地落实了路局重点工作安排和年度预算安排，为全局规范、真实完成经营目标打下了坚实基础。

杨 亚 —— 中国长江三峡工程开发总公司总会计师

中国长江三峡工程开发总公司（以下简称中国三峡总公司）成立于1993年9月27日，为国有独资企业，注册资金39.36亿元。截至2008年上半年，总资产达到2005亿元。公司的战略定位是以大型水电开发与运营为主的清洁能源集团，主要经营范围是水利工程建设与管理、电力生产、相关专业技术服务。在水电开发与运营中，中国三峡总公司积极倡导和推行"建好一座电站，带动一方经济，改善一片环境，造福一批移民"的理念，努力实现经济效益、社会效益和生态效益的协调统一。

杨亚同志为三峡总公司的持续快速发展做了大量卓有成效的工作：(1) 参与三峡工程总体筹资方案的制定与实施，根据三峡工程建设进展制定并实施多渠道、分阶段的三峡工程财务融资计划，利用市场机制发行三峡债券，引进出口信贷和国际商业银团贷款，改善了三峡总公司负债结构，降低了三峡工程融资成本。(2) 全面推行服务于公司战略的财务集中管理体系，提高集团公司管控能力。构建《会计制度》、组织机构、财务信息系统三位一体的集团公司财务集中管理体系，大大提升了风险管理和集团公司管控能力。(3) 全面配合国家审计署对三峡工程自开工以来的工程建设、财务收支、运行效益的全面审计。审计报告肯定了三峡工程建设取得的成就和发挥的效益。(4) 组织编报三峡工程阶段性竣工决算与总决算。制定了《长江三峡水利枢纽工程阶段竣工财务决算办法》和《长江三峡水利枢纽工程竣工财务决算办法》，创造性地提出了大型水电工程竣工决算的编制原则与具体方法。

贡华章 —— 中国石油天然气集团公司原总会计师、中油财务公司董事长

中国石油天然气集团公司是根据国务院机构改革方案，于1998年7月在原中国石油天然气总公司的基础上组建的特大型石油石化企业集团，系国家授权投资的机构和国家控股公司，是实行上下游、内外贸、产销一体化、按照现代企业制度运作，跨地区、跨行业、跨国经营的综合性石油公司。是中国境内最大的原油、天然气生产供应商，其业务涉及石油天然气勘探开发、炼油化工、管道运输、油气炼化产品销售、石油工程技术服务、石油机械加工制造、石油贸易等各个领域。

贡华章同志1999年经国务院任命，出任中国石油天然气集团公司总会计师、党组成员。多年来贡华章同志坚持科学发展观，从国家利益和集团公司大局出发，不断创新管理，取得了辉煌成就。特别是在解决企业集团资金问题和财务管理问题方面，做出了突出贡献，促进了中国石油集团公司的持续快速有效发展，得到了国家发改委、财政部、国资委、税务总局、审计署和国家外汇管理局等多个部委的表扬与肯定。他的工作业绩主要体现在：(1) 坚持管理创新，构建了"一个全面，三个集中"的财务管理体制。较好地解决了特大型企业集团内部集权与分权、决策与执行、管理与控制的关系，初步实现了财务工作的规范化、制度化和程序化。(2) 重视政策研究，推动政策落实，为公司发展营造了良好环境。在贡华章总会计师的推动和主持下，逐步形成了石油石化行业特色的国家财税政策和集团公司经营发展政策。(3) 重视资本运营和战略研究，推进集团公司整体协调可持续发展。(4) 重视理论研究和队伍建设，培养了一支素质较高的财务队伍。

陈国钢 —— 中国中化集团公司总会计师

中国中化集团公司是国务院国资委监管的53家大型骨干企业之一，迄今已有58年的历史。1998年以来，中化集团积极探索社会主义市场经济条件下传统国有外贸企业转型发展道路，大力推行理念创新和管理变革，集中资源发展农业、能源、化工、金融和地产五大主业，已经逐步发展为理念先进、管理科学、核心能力突出的创新型企业，整体实力和产业地位迅速提升，在相关行业的影响力、控制力和带动力不断增强。已18次进入《财富》全球500强，2008年名列第257位。

陈国钢同志2000年12月出任中国中化集团总会计师。8年来，他全面参与了中化公司的战略制定和重大经济决策；推动和领导了"点、线、面"相结合的公司内部控制体系的构建；确立了中化公司"三统一、一体系"的财务集中管理体系；推动和领导中化公司的流程优化，促进集团公司经营管理信息化建设；领导打造中化公司旨在控制财务风险、兼顾成本与效率的国际融资与资本运作平台，实现了资金集中管理，为公司获取和合理配置财务资源，控制经营风险，实现公司健康、快速、可持续发展做出了积极贡献。2005年，主要参与策划中化公司化肥业务在香港的成功上市和中化国际公司智力结构的规范和股权分置改革的实施。2007年，主要参与策划方兴地产在香港的成功上市，实现了中化公司在国际资本市场上的重大突破。他在推动中化公司实施战略转型，逐步迈向受人尊敬的全球性企业的过程中，发挥着十分重要的作用。

宫蒲玲 —— 西安高科（集团）公司总会计师

1991年，国家级西安高新技术产业开发区（以下简称西安高新区）诞生。经过十几年披荆斩棘、艰苦创业，西安高新区从无到有超常规发展，特别是近年来，经济发展速度连年增长30%，成长为带动陕西经济发展的引擎、西部经济发展的高地，被确定为国家重点建设的6个世界一流高科技园区之一。

宫蒲玲从事财会工作24年来，以她高度的责任心、不懈的进取精神，为改革开放时期国有企业的发展投入了大量精力、倾注了无数心血，做出了突出贡献：(1) 构建了高科集团财务管理体制。先后制定完善了30余项会计核算和财务管理制度；实施高科集团35家公司的会计电算化，建立了国内领先的资金集中管理系统；推行全面预算管理、成本动态控制和绩效考核体系。(2) 打造了高科集团资金中枢。创造性地探索出利用土地收费权作为质押、动态还款的贷款新模式，打开了与各银行战略合作的通道，从根本上破解了高新区发展的资金"瓶颈"；分析研究宏观经济形势，有效规避高科集团金融风险，保障了高科集团稳健发展；创建高科集团资金管理中心，发挥了集团整体资金优势，年节约资金成本1600万元。(3) 提升了高科集团资本运作的成效。组织了14家国有企业资产重组工作，盘活资产，整合资源，化解投资风险，收回资金约4亿元，保证了高科集团产业结构调整战略的顺利实施。

项习文 —— 中国石化集团公司河南油田总会计师

中国石化集团河南石油勘探局(以下简称河南石油勘探局)和中国石油化工股份有限公司河南油田分公司(以下简称河南油田分公司)统称河南油田。 河南油田分公司集中了河南油田的优质资源和优良资产,是一个集油气勘探开发、炼油化工于一体的大型国有企业,曾被国家授予"全国地质勘察功勋单位"荣誉称号。

项习文同志自1989年大学毕业分配到河南油田后,全身心投入到企业的财务管理工作中。他工作踏实,顾全大局,勇于创新,科学领导财务工作,为各项生产经营任务的完成提供有效支撑和保障。2007年企业总产值、产品销售突破"双百亿"(分别是121亿元和114亿元),实现利润14亿元,上缴税收21亿元,各项成本指标控制在计划内。油田分公司连续2年被中国石油化工股份有限公司评为财务管理标兵单位,连续6年被评为财务决算先进单位。河南石油勘探局被集团公司评为财务管理先进单位。项习文同志善于用新理念、新思路推进财务工作实践,研究提出油田"315"财务计划,通过大力倡导事实全面预算管理、"成本看板动态管理法"、"零作业成本管理法"、"生产经济技术一体化"、"杠杆化"等精细管理新理念、新思路、新举措。他开拓创新能力强,创造性地完成财务管理和会计核算技术难题攻关,在推进财务管理创新方面发挥了组织管理、学术带头人的作用。他及时总结工作经验指导工作,先后撰写并发表各类专业技术论文50余篇。他还非常重视加强财务人员队伍建设,坚持以基层调研、座谈等方式同职工进行交流,教育引导财务人员学习新知识、新技术。

徐文财 —— 横店集团控股有限公司副总裁、财务总监、董事

横店集团是中国著名的特大型民营企业集团,经过30多年的艰苦创业,已形成电器电子、医药化工和影视娱乐三大主导产业,享有"世界磁都"、"浙江药谷"和"中国好莱坞"等美誉。目前,横店集团旗下拥有横店集团东磁有限公司、横店得邦电子有限公司、横店集团康裕药业有限公司、浙江横店影视城有限公司等数十家一流企业,以及"横店集团"、"横店东磁"、"LINIX"、"普洛康裕"、"横店娱乐"、"横店影视城"等多个知名品牌和商标。2007年,横店集团实现销售总额170.8亿元,完成利税15.86亿元,总资产达到185.59亿元。名列"中国企业集团竞争力500强"第100位。

徐文财同志是集团2001年引进的高级经营管理专家。该同志坚持科学发展观,将专业理论与企业实际相结合,以"多元化发展、专业化经营"的产业发展模式,致力于实现企业打造国际化横店的战略目标,使横店集团一直保持着经济的可持续发展:(1)配合公司的战略目标,制定公司的财务战略并保障其有效实施。(2)建立健全适应现代企业法人治理财务战略管理制度,加强企业财务人员管理体系。(3)成功决策、筹划、操作公司的资本运营,提升了集团公司的整体实力和核心竞争力。(4)拓展融资渠道、健全融资体系建设,优化了负债结构,开拓了运用融资工具为企业直接融资的渠道。(5)做好内部控制和风险的防范与化解,做到依法治企,严格监督企业执行力,为企业顺利发展作好后盾。

顾惠忠 —— 中国航空工业集团公司党组成员、副总经理、总会计师

2008年11月7日，原中国航空工业第一集团公司（简称中国一航）和中国航空工业第二集团公司合并组建的中国航空工业集团公司正式挂牌。

顾惠忠同志担任集团公司党组成员、副总经理、总会计师。作为集团公司财务管理的领导人和组织者，在中国一航工作的9年中，他紧紧围绕集团发展战略，团结带领全集团公司各级领导和全体财务工作者，放飞思想，求真务实，狠抓财务会计管理"五大体系"建设，加强经济运行质量和效益管理，为集团公司结构调整、管理创新、资本化运作和产业化发展做出积极贡献，取得显著成绩：（1）聚焦集团发展战略，构建了适应航空工业发展的以"五大"体系为核心的集团公司现代财务管理体制；（2）创新管理，在保证集团经济快速发展的同时，注重提高经济运行质量，使集团公司近几年在经济保持年均增长20%以上，应收账款、存货、期间费用及贷款占销售收入的比率持续下降；（3）积极推进全面预算管理，极大地提升了集团财务的管控能力和战略适应性；（4）建立和完善了集团公司以财务管理制度为核心的内部控制体系，探索建立了集团公司财务预警监控体系；（5）积极推进集团公司财务信息化建设，集团公司以快捷高效为核心的财务信息网络体系已初具规模；（6）以人为本，狠抓集团公司财会队伍建设，加强了集团财务管控力度，提升了财会队伍素质；（7）搭建集团公司非银行金融平台，借资本市场实现战略转型，促进集团跨越式发展。

高符生 —— 广州汽车工业集团有限公司总会计师

广州汽车工业集团有限公司（简称广汽工业集团）成立于2000年6月8日，是广州市政府国有资产授权经营企业集团。得益于中国汽车产业的持续、快速发展，广汽工业集团的生产规模、综合实力、核心竞争力得到迅速提升和长足发展。2007年，广汽工业集团实现产销汽车51万辆、摩托车89万辆，销售收入1088亿元、利税219亿元，成为中国汽车行业中继"一汽"、"东风"、"上汽"三大集团之后第4家工业总产值和销售收入双超千亿的大型企业集团。2008年，广汽工业集团在中国企业500强中排名第40位。

高符生同志1995年到广州市人民政府汽车工业办公室工作，一直在广汽集团从事财务管理方面的工作，在广州市人民政府汽车办、广汽集团总部和广汽工业集团总部工作期间，参与了广州轿车项目的重组工作，为广州汽车事业的重新发展筹集了必要的启动资金；参与广州汽车集团有限公司和广州汽车工业集团有限公司的组建，带领全体财务人员进行了大量的清产核资和资产清查工作，为财政和国资部门的授权管理提供了数据依据；注重加强对投资企业的财务管理，制定了财务报告报送制度和考核评比办法，确保集团对外报送的财务信息的准确性和及时性，多次得到市财政和国资委的通报表扬；为配合广汽集团股改和上市，带领全体财务人员进行了多期评估基础资料和合并报表基础资料的填报工作，为股改和上市工作的顺利完成作出重大贡献。

寇光武 —— 烟台万华聚氨酯股份有限公司常务副总裁（分管财务）

烟台万华聚氨酯股份有限公司（简称烟台万华）成立于1998年12月20日，是山东省第一家先改制后上市的股份制公司。公司主要从事MDI为主的异氰酸酯系列产品、芳香多胺系列产品、热塑性聚氨酯弹性体系列产品的研究开发、生产和销售，是亚太地区最大的MDI制造企业。

在公司高速发展的几年中，寇光武同志从财务文化建设入手，倡导财务理念，培育财务团队；建章立制，梳理流程，夯实管理基础；创新财务思维模式，财务创造价值；创建模式，全面推行信息化管理优势；锐意进取，对分管的财务工作不断改进完善和创新，树立了财会人员在企业和社会中的诚信与威信，以及作为公司决策支持者、风险防范者、价值创造者的财务人员的形象定位，其任劳任怨、脚踏实地、勇于创新的工作作风，展示出当代财务工作者的风采。寇光武同志的财务管理理念在业内受到广泛认同，在会计内部管理方面多次获得上级主管部门的好评，在宏观经济趋势把握上具有前瞻性的良好思维力，在具体实施过程中具有坚定的决策力，为企业创效成绩突出。特别是在外币汇率上前瞻性的判断与运作，自2006年来已为企业增收约4亿元人民币；2007年通过设立战略资金储备，不但缓解了企业的资金压力，同时通过此项资金的运作，为公司创收1.3亿元人民币；2008年接手投资业务后，正确判断证券市场趋势，及时对董事会通过的传统短期投资进行及时的清仓处理，最大可能地规避了投资损失。几年来，他为企业发展争取了几亿元的可观的财政扶持发展资金。

崔云江 —— 中国兵器装备集团长安汽车（集团）有限责任公司总会计师

长安集团是国有特大型军民结合型企业，国家重点支持的47家保军骨干企业之一。集团总部位于重庆市北部新区，产业地跨重庆、河北、湖南等地，已形成"一体（特种产品）两翼（房地产、物流）"的发展格局。长安集团的前身成立于1862年，是中国第一家工业企业。147年的悠久历史，承载着一个具有强烈社会责任感、充满浓厚人文气息的企业的远大抱负——长安固长城，长城卫长安。

崔云江同志从事财务工作近20年来，始终以邓小平理论和"三个代表"重要思想为指导，坚持科学发展观，紧紧围绕公司提速发展战略，强化财务会计管理，深化成本领先战略，恪守职业操守，加强内控建设，充分发挥财务指导、监督、支持、控制职能，为公司的可持续发展奠定了坚实的基础和可靠的保障，促进了企业又好又快发展。为谋求企业的长足发展，他坚持：（1）以信息化建设为推手，以全员能力提升为支撑，加强会计基础管理工作；（2）大力推进以"战略目标利润"为导向的全面预算管理，推行零基预算，实现企业预算管理与发展战略实施的连接；（3）坚持"以产品为核心，以流程为主线，全员降低成本"工作方针，将研发、采购、制造、物流、销售联结起来，统筹考虑成本降低；（4）拓展金融资源，助推产品销售；（5）坚持以制度为纲，建立和完善了公司财务管理规章制度体系；（6）强化资本运营，全面推动公司发展。组织完成长安汽车A股增发、长安民生物流香港上市、长安汽车股权分置改革等资本市场营运工作。

薛涛海 —— 中国移动通信集团公司党组成员、副总裁、总会计师

中国移动通信集团公司于2000年4月20日成立，注册资本为518亿元人民币，截至2007年年末，资产规模超过7000亿元。中国移动拥有全球第一的网络和客户规模。中国移动通信集团公司全资拥有中国移动（香港）集团有限公司，由其控股的中国移动有限公司在国内31个省（自治区、直辖市）设立全资子公司，并在香港和纽约上市。目前，中国移动有限公司是我国在境外上市公司中市值最大的公司之一。

薛涛海同志拥有超过28年丰富的电信行业及财务管理经验。在邮电通信事业高速发展的各个时期，他深谋远虑、审时度势，在建立企业激励约束机制，拓展企业在国际国内资本市场的融资能力，构建企业内控风险管理体系，推动企业信息化建设，强化大型企业集团集中管理和控制能力，实施财务集中管理，推进战略、预算和考核闭环管理，全面提升企业财务管理水平等各个方面，进行了开拓创新、卓有成效的探索，为促进电信行业的持续快速健康发展，为通信企业现代管理制度的设立与完善，为践行我国改革开放政策、提升电信企业管理水平和核心竞争力做出了突出贡献。薛涛海同志参与的公司财务管理工作有：(1) 核心参与邮电分营财务工作组织，促进分营工作顺利完成；(2) 积极推动公司资本运作和整体上市，促进企业转换经营机制；(3) 实施财务管理创新，探索大型企业集团资金管理模式；(4) 推动财务管理改革，强化大型企业集团控制力和风险管控力；(5) 发挥财务前瞻作用，为企业可持续发展储备竞争力。

谭久均 —— 湖南华菱钢铁股份有限公司副总经理兼财务总监

湖南华菱钢铁股份有限公司（以下简称华菱钢铁），1999年4月成立，9年来，公司立足资本运作，进行大规模技术改造，实现规模扩张、产品结构调整和产业升级的同时，狠抓财务管理，降低产品成本，实现了跨越式发展。2007年产钢1112万吨，总资产达484亿元，净资产183亿元，实现销售收入438亿元，利润23亿元，分别比成立之初增长456%、1110%、1044%、794%、532%，平均年增51%、123.33%、116%、88.22%、59.11%，成为湖南省的支柱产业。

谭久均同志自担任公司副总经理兼财务总监以来，在资本运作、引进外资、加强资金、成本管理等方面做出突出贡献：(1) 立足资本运作，为华菱钢铁发展奠定基石。积极策划华菱钢铁的IPO，使华菱钢铁成功上市，筹集资金10.6亿元。此后，又在证券市场上进行了3次融资，筹资60亿元，为华菱钢铁的大规模技术改造创造了条件。(2) 严格内部控制，推行成本否决，努力降低成本。狠抓财务预算，每年根据利润目标倒推出成本目标，并将其层层分解落实到分厂、车间，与工资奖金挂钩。(3) 引进战略投资者，积极推进国际化战略。于2005年成功引进国际钢铁巨头——安塞乐米塔尔，为公司增强发展后重力，加强内部管理，引进先进技术，为提高产品档次和竞争力作出贡献。(4) 推行ERP，实现企业的信息化管理。

裴宏志 —— 水利部综合事业局总会计师

裴宏志同志现任水利部综合事业局总会计师、中国会计学会水利水电分会副会长、中国水利经济研究会、中国总会计师协会常务理事，是一名在财务、审计战线上恪守职业道德、兢兢业业奋斗了近30年的优秀管理者和领导者。他所主持的项目先后获得昆仑管理一等奖、昆仑科技三等奖。他本人也曾多次被评为全国和水利系统内部审计的先进个人。

几十年来，他无私无畏、勤廉双优，按照管理与监督并重的宗旨，开拓进取，务实创新，促进和提高了水利部综合事业局的财务管理和内部审计工作水平，为全局的改革和发展做出了卓越贡献：(1) 围绕水利中心工作，贯彻落实科学发展观，在审计业务开展、审计专业理论、审计制度建设方面做出了突出贡献。(2) 加强单位的会计核算和财务管理工作，深入贯彻落实国家各项财政政策、财经纪律，做好水利行业的带头人和先进标兵。(3) 不断创新，围绕水利部综合事业，建设经济强局、业务强局的核心工作，为部署企业发展战略出谋划策，通过资本运作解决企业资金问题，为企业的发展壮大做出应有贡献。

中国总会计师奉献奖

◄ ◄ ◄ ·············（排名以姓氏笔画为序）

尹在圣 —— 中铁十二局集团有限公司原总会计师

尹在圣同志从事财会工作37年，在长期的财会工作实践和理论学习过程中，在协会工作、财会队伍建设等方面进行了长期不懈努力，为推动企业财务管理乃至全面管理各个方面的建设起到了积极的作用，为企业的改革与发展和财务管理水平的不断提高做出了积极贡献。他注重制度建设，促进企业财务管理水平不断提高；积极参与企业改革，为企业持续健康发展保驾护航；他狠抓财务管理，促进企业经济效益的稳步提高和各项管理的持续改进；他坚持稳健理财、科学理财、促进企业财务状况不断改善；他积极参加协会活动，为宣传普及会计知识、培育会计人才、推动会计学术理论研究做出了突出成绩。

王业宏 —— 重庆钢铁（集团）有限责任公司原总会计师

身为一名共产党员，王业宏同志积极拥护党的各项方针政策，具有较高的政策水平、理论水平和企业管理能力。在任重钢集团总会计师职务期间，为企业的发展，提高企业的经济效益，加强企业财务管理，培养年轻干部等方面做了大量有效的工作。主要表现为：(1) 千方百计为重钢筹措技改资金，确保重钢历史上最重要的一次大规模技术改造的成功；(2) 组织建立集团公司和子公司两级会计核算体系；(3) 较早在企业内部资金管理上，实行"预算制"，把一切费用开支，统统纳入预算，并严格控制；(4) 公正无私，严把"财"关；(5) 坚持党的任人唯贤的干部政策，培养了一批德才兼备的财会干部；(6) 在《冶金财会》等专刊物上，发表过多篇论文；(7) 为重庆总会计师协会的成立尽心出力。

王 革 —— 辽河石油勘探局原副局长、总会计师

王革同志坚持财务会计工作不仅是管理问题，更主要的是为企业的发展服务，为发展科学技术服务，为改善矿区生态环境和提高员工生活质量服务。在任总会计师期间，特别注重资金的筹集、管理和使用。

在全局建立了科学系统的资金管理、投资管理、会计核算、经济活动分析、事后跟踪检查等严格的内控制度。在制定完善全局钻井工程、物探作业、测井作业、固井作业、井下施工作业、油田工程施工、采油作业等各作业程序的工时定额和内部价格体系15000多种以后，制定了一套完整的，以投资、成本、利润、产量、质量、安全环保等为主要内容的纵向到底，横向到边的生产经营承包方案。把全局主要的生产经营目标层层分解落实到机关处室，厂（公司），车间，班组和个人。据统计，实施本办法期间，全局全年增产增收，节约支出都在10亿元以上。

王彩俊 —— 中国石化北京燕山石化有限公司原总会计师

王彩俊同志从事企业财务会计工作31年，熟悉企业经营管理，在财务管理工作中勇于改革创新、实践与理论创新，在国内核心刊物和部级以上刊物发表过多篇相关论文。进入21世纪以来，组织企业主业上市，参与资本市场运作，企业改制分流、处置企业遗漏问题和不良资产，都走在石化行业的前列；为燕化适应现代企业制度，拓展企业财务管理职能，实现专业化管理，培养财务高中级管理人才，建立和完善企业激励与约束机制；建立和完善全面预算管理、会计电算化、信息化升级等方面作了开拓性和创新性工作，为中石化的审计和企业内部审计做了大量工作。担任中石化两届稽查审计专员期间，带领石化系统审计队伍先后对胜利油田、齐鲁石化、华东石油局等八个企业审计调查。

王德宝 —— 上海外高桥造船有限公司原总会计师、副董事长

王德宝同志先后在江南造船厂、江南造船集团有限责任公司、中国船舶工业总公司、求新造船厂、上海外高桥造船有限公司担任包括总会计师职务在内的主要领导职务，长期奋战在中国造船业第一线，在工作中认真领会和贯彻党中央、国务院关于将我国建成世界第一造船大国的指导精神，四十年如一日，为中国造船业财会管理、企业管理水平不断提高而不懈努力，为我国造船业现代财会管理体系的建立和完善、为我国造船业逐步发展壮大并跻身世界造船大国做出了重要贡献。

王德宝同志自2001年起担任外高桥党委书记、2003年至今担任外高桥副董事长。在此期间，他和公司其他主要领导一起，在中船集团公司的领导下，带领公司科学管理、开拓经营，使公司作为一个新建厂，从2001年投产到目前较短时间内造船总量得到大幅度提高，2007年，公司造船总量达353万载重吨，居全国第一，并进入全球船厂前五位。

仁凯泉 —— 天津纺织集团（控股）有限公司原总会计师

仁凯泉同志原任天津纺织集团（控股）有限公司原总会计师，现任津英纺沙有限公司董事长。从事财务工作30多年，任天津纺织集团（控股）有限公司总会计师期间，拼搏进取，兢兢业业，在参加公司重大经济事项预测、决策、分析等方面卓有成效，为制定发展战略、加强经济管理、健全内部控制、提高经济效益做出了重大贡献。

他立足天津纺织实际情况，面对困难和问题，坚持业内发展的办法解决前进中的问题；在工作中统筹兼顾天津纺织各个层面的工作，兼顾各方面利益；在财务管理和审计监督方面，紧紧围绕"完善制度、强化基础、加强监管、服务企业"的总体工作思路开展工作，促进了企业财务管理水平的不断完善和提高；在公司生产经营核算方面，通过相关部门共同制定了一套棉纺织工厂的成本核算体系，使公司成本得到了合理控制，为公司增加了效益。

刘玛琳 —— 西安电力机械制造公司原总会计师

刘玛琳同志从事财会工作30余年来，以丰富的实际管理经验，深入的工作作风，使西电公司的财会工作取得长足的进步，对西电公司改革发展起到了重要的推动作用。主要工作业绩如下：(1) 资产运作能力，在西电公司企业历次重组和改革中，为企业结构调整和资源整合做出了重要贡献。(2) 在西电公司债转股和清产核资工作中，对债转股的成功实施和清产核资的顺利完成起着决定性的作用，对保持西电公司健康稳定发展产生深远影响。(3) 较强的资金运作能力，在西电公司投融资和争取税收政策方面，有力推动了企业的改革发展工作。(4) 运用丰富的市场运作经验和协调能力，在企业创造良好的外部发展环境方面做了大量的工作。(5) 严格执行国家的财经政策，推进财务变革，加强财会和内控制度的建设和风险控制。(6) 加强财会队伍建设，重视财会人员的培养，为西电公司的改革发展提供了较充分的财会人力资源。

刘阿南 —— 中国一拖集团有限公司原总会计师

刘阿南同志1965年起在中国一拖集团从事财会工作，1990年起任集团总会计师、监事会主席等职。任总会计师期间，主管集团公司财会、统计、价格、审计等工作，致力于财会管理的政策，积极推进公司财会体制改革、核算体制和组织机构改革，在夯实财会核算基础工作的同时，推行目标成本管理，模拟市场核算，会计电算化、财务信息化管理、新老会计制度转换等工作，促进公司财会管理水平不断跃上新台阶，为集团公司改革发展和经济效益的提高做出卓有成效的贡献；参与制定集团公司的发展战略、审议重大技改项目、新产品开发项目、合资兼并、招商引资项目。通过现有资金存量强化管理和调控，广开融资渠道，多方筹措资金，对公司经营规模的不断扩大，新产品的研发，技改项目的顺利实施提供了资金上的支持和保障。在任期间单位财务、审计等工作多次被国家审计署、国家统计局、机械工业部、财政部等部委评为先进单位。

孙洪佳 —— 武警黄金指挥部后勤部财务处处长、高级会计师

孙洪佳同志在武警财务战线上辛勤工作了30余年，从事过基层财务、地勘财务、企业财务、军队财务及内部审计等工作，为黄金部队的财务工作打下了坚实基础。从基层做起，按规定办事，工作上求创新，带动全部队提高，一直是他的工作理念。在黄金部队几次重大的历史变革中，孙洪佳同志勇挑重担，为黄金部队培养了一大批财务干部，从安排培训，到编写教材，从深入矿点现场指导基层核算员核算成本，到规范全部队财务工作，全面指导了黄金部队财务工作的各个领域，为武警黄金部队财务管理规范化做出了突出贡献。

孙洪佳同志本人多次获得各种荣誉，曾被评为"全国冶金审计先进工作者"、"中国冶金审计学会积极分子"。2001年武警黄金部队积极推广国家财政"零基预算管理"软件系统，获财政部国防司三处的表彰，并受邀请在2001年初财政部预算管理座谈会上作了专题经验介绍。

朱德惠 —— 鞍山钢铁集团原总会计师

朱德惠同志曾任鞍山钢铁集团财会处处长、总会计师、副总经理，中国总会计师协会第一任会长，中国会计学会、中国内审协会副会长。

20世纪五六十年代，朱德惠同志推行全面经济核算，强化管理，挖潜增收；70年代，领导恢复鞍钢财务会计和经济核算，重组组织机构制度。1978年，推行目标利润，联利计奖责任制。80年代，创新财务管理、会计核算、审计监督模式。1984年提出"宝塔式"联利计奖责任制，使鞍钢利税快速增长。1985年，提出模拟市场核算，使公司利税连年递增10%。1989年推行"一体两翼"承包责任制，效果显著。1992年，鞍钢利税突破30亿元大关。为提高公司财经工作整体水平，发展鞍钢和冶金工业做出了重大贡献。

朱德慈 —— 中国南方航空股份有限公司原总会计师、高级顾问

现年87岁的原南航总会计师、高级顾问朱德慈同志可谓是南航发展中的传奇人物。自1982年起，已步入花甲之年的朱德慈同志在短短11年间，设法从10多个国家20多家金融机构，陆续为南航运用多种形式引进了购买大小飞机80多架所需的20多亿美元的资金，确保了华南地区航空迅猛发展的需要，堪称"南航资本运作第一人"。主要业绩有：(1) 零的突破：引进10架B737-200型飞机，广州民航从此起家；(2) 积极创新：11年融资20亿美元引进飞机；(3) 重出江湖：参加南航海外上市全球路演；(4) 乐于奉献：协助兄弟航空公司引进飞机。

"在广州民航从市场起步并领先国内同行的这些年里，领导出发展思路，我只是负责筹钱，保证了发展的需要"。朱德慈对自己在南航甚至中国民航成长过程中倾注的心血，作了一个如此淡定的定位，这看似平淡的话语却蕴涵着广州民航从7000万元起家，到如今拥有近900亿元资产的不平凡历史，同时蕴涵着朱德慈对南航和中国民航所做出的非凡贡献。

池耀宗 —— 中国航空工业第二集团公司原党组副书记、副总经理、总会计师

池耀宗同志是航空工业财务战线的资深领导，从事财会工作近50年，高级会计师、有突出贡献的专家，享受国务院政府特殊津贴，入选《中国专家大辞典》。主要业绩如下：

(1) 提出财务管理是企业管理的中心环节，财务管理以成本管理、资金管理为重点管理思想，确立了财务管理在企业管理中的重要地位。(2) 运用"航空基金"，支持了11个企业航空产品和民品的发展。(3) 提出航空工业财务管理体制改革基本思路，组织资金运作、成本控制、内部审计与控制、企业经营目标承包责任制，实现航空工业连续数年盈利。(4) 组织制定"十五"发展规划的奋斗目标，具体实施"成本系统工程"，落实经营者经营目标责任制，实现集团公司三年扭亏为盈。(5) 组织整合集团公司优良资产，完成中国航空科技工业股份有限公司在香港成功上市，募集资金逾20亿港元。(6) 组织财务管理适应现代企业制度和经济发展要求的务实研究，增强经营风险防范意识，提高集团公司财务管理水平和适应经济发展的能力。

许舜梅 —— 广东珠江投资公司监事长，广东韶钢松山股份有限公司原总会计师

许舜梅同志从国营企业的基层记账员逐步走向了大集团财务总会计师的岗位。她在不断的学习、思考和长期的实践中，将现代企业财务管理理念与企业的发展战略融汇在一起，自己走出了一条创新发展、富有成效的财务管理之路。

(1) 财务管理是韶钢成功的法宝。韶钢的财务管理体制改革之所以能够顺利进行，其前提条件就是实施了财务统管。财务创新的重要手段是实施ERP工程，韶钢与金蝶软件公司合作共同打造了金蝶K/3ERP系统。近十年来，韶钢通过财务管理创新，成绩突出；按规模排序，在全国69家重点钢铁企业中韶钢排第18位，但按经济效益排序位居第11位，前移7位，按利润排位居第8位，前移10位；这些数据都从一定程度上反映出韶钢坚持财务创新、搞好财务管理、资本运营的工作业绩。(2) 财务主管要有一种强烈的社会责任感和使命感：如何做一个合格的财务管理者？许舜梅认为，第一，做事先做人，做人要讲品德，古云："立身一败，万事瓦解。"第二，做一个性格开朗、容易与人交往、一个乐观向上的人，即使遇到一些挫折，他也会信心百倍面对新事物。(3) 倡导建立一个理论研究和实践对接的平台：社会对CFO期望值越来越高，从业人员终生学习越来越重要。

吴凤琴 —— 沈阳鼓风机集团有限公司财务总监

吴凤琴同志身为财务负责人，能够认真执行国家财务法规、政策，建立现代化企业管理制度，不断深化公司财务管理改革，建设以效益为中心的团队理念，既提升了企业财务管理水平，又取得了快速增长的经营成果。近几年面临沈阳鼓风机集团有限公司改组改制的新形势，吴凤琴同志始终站在改革的最前沿，提出最佳改制方案，为公司领导正确决策提供了重要依据，对公司搬迁改造，实现可持续跨越式发展作出了突出贡献。主要业绩有：(1) 积极参与经营管理，创新思维，发挥财务管理的核心作用；(2) 勇于探索，在公司改组改制中发挥骨干先锋作用；(3) 精心筹措资金，创造新长区快速建设的奇迹；(4) 依法经营，充分利用国家及地方的各项优惠政策；(5) 强化资金管理，提高资金运行质量，确保企业生产经营活动正常进行；(6) 提高财务人员素质，建设学习型组织，增强团队竞争力。

因本人工作突出，被评为"全国三八红旗手"、"中国工业经济十大杰出女性"。

宋思忠 —— 中国兵器工业集团公司原党组成员、副总经理

20世纪70年代，宋思忠同志对物资管理工作提出了物资集中保管、采购及五五堆放法，降低了产品成本；80年代，提出狠抓基础管理，推出计划成本法，提升了财务管理水平；90年代，积极推行承包经济责任，提出了企业的承包经营管理办法，缓解了兵器工业的困难局面，引导企业逐步走出困境。

中国兵器工业集团公司成立后，宋思忠同志担任集团公司副总经理，主管财务审计和资产经营工作，团结带领全系统广大干部职工紧紧围绕"保军、转民、解困"三大中心任务，以"改革、发展、扭亏"为主线，抓住机遇，坚定不移地推进政策性破产工作，使集团公司调整重组工作取得了决定性胜利。

宋思忠同志是最早在军工系统提出该理念的集团公司领导之一。总会计师委派制的实施，在较大程度上弥补了权力下放情况下子公司产权主体缺位以及监督机制乏力的缺陷，这对于规范子公司经营行为，使之在追求自身利益的过程中切实维护与保障母公司产权利益最大化目标的实现，发挥了重大作用。

张广泰 —— 海南省农垦总局财务处副调研员

张广泰同志在大型农场财务部门工作17年、从事成人高等会计教育10年、执业资产评估注册会计师3年、在海南省农垦总局做财务会计管理工作10年。他在四十余年的财会生涯中建树颇丰，他编写的《会计学基础教学指导书》深受学员欢迎；与他人合著的专业论著《新编农场会计学》、《股份经济理论与实践》，曾作为黑龙江农垦会计培训教材；到海南农垦以后，积极参与了海南农垦的重大改革和体制机制创新工作。他结合工作实际撰写了农业经济、企业管理、财务管理、会计核算、税收策划等方面的学术论文20余篇；到财务处以后，海南农垦主要的财务会计制度都是由他执笔起草。由于张广泰同志待人诚恳、知识全面、经验丰富，海南垦区业内业外人士都尊称他"张老师"。 1993年被黑龙江省注册会计师协会评为先进注册会计师；1998年、1999年、2003年、2004年、2006年被海南省农垦总局机关党委授予优秀党员；2001年被中华人民共和国农业部授予优秀财会人员称号。

张昪君 —— 武汉钢铁集团公司原总会计师

张昪君在武钢主持财务工作期间，参与和组织了国家对企业的一步利改税、二步利改税、承包经营、利税分流、债转股等方案的制定。这些工作，不仅为武钢扩大经营自主权，还为武钢实现产品升级换代，企业步入长期稳定发展的轨道提供了必要的资金保障。

张昪君同志还是推动武钢股份制改革的主要策划者和组织者之一。1992年，她写的长达4万多字的"关于武钢股份改制总体设想"被主要领导采纳，1993年武钢被中国证监委批准为我国第二批上市企业之一。

张昪君同志在工作中勇于探索，大胆创新。20世纪80年代，她曾在全国冶金企业财务工作会上率先提出了"成本否决"的理论设想，在全国冶金行业中产生了很大影响。1995年，她又在武钢提出并领导开展了"成本效益纵深行活动"，在企业降低成本、提高经济效益方面起到了非常重要的作用。为了推动企业内部改革，受主要领导者的委托，她带领有关部门制定方案，使武钢企业内部重组 "精干主体、剥离辅助"的工作得以顺利实施。

由于工作成绩突出，在她主持公司财务工作期间，武钢集团曾两次荣获财政部授予的"财务会计工作先进单位"荣誉称号。

张秀林 —— 中国石油化工集团公司原副总会计师、顾问

张秀林同志思想政治素质好，大局意识、党性观念、组织纪律观念强，财务业务能力强，有较强的改革创新意识和组织协调能力，有丰富的管理和领导经验，工作认真细致、严谨务实，为人正派，有较强的事业心和责任感，为集团公司的重组改制上市以及财务、审计管理做出了重要贡献。

该同志在扬子石化工作期间，为扬子乙烯工程基本建设、生产经营、合资合作、重组改制上市的财务会计的组建、管理，组织制定了一系列的规章制度和核算管理办法，使扬子石化的财务管理达到了规范化、标准化、信息化的要求，推动了企业管理上水平、上台阶，提升了企业经济效益。调中石化总部工作后，为中石化重组、改制成功上市付出了艰辛努力。担任财务副总监兼财务部主任后，为中石化股份财务部的组建，建章建制，财务规范运行和管理，内控制度的建立和实施，做了大量具体工作。2000年兼任中石化财务公司董事长、党委书记，为财务公司的改革发展、规范运作做出了积极贡献，将财务公司构建成金融专业公司，经营业绩突出。

李玉娟 —— 中国轻工业联合会副会长（分管财务）

李玉娟同志1968年财会专业大学毕业后40余年来，一直从事财务会计和企事业单位经济管理工作，并长期担任领导职务，有丰富的会计专业和财务管理经验，历任北京市二轻总公司财务处长、总会计师、审计署驻轻工总会审计局局长等职。1999年至今任中华全国手工业合作总社副会长、中国轻工业联合会副主任，并兼任两个单位资财部主任，主管资产财务工作。同时还是中国会计学会轻工分会和中国总会计师协会轻工分会会长。

李玉娟同志四十年如一日，战斗在财会战线领导岗位，在多次国家财税制度改革和会计工作转型接轨实践中，带领单位财会人员克服重重困难，坚持科学创新精神，锐意改革进取，规范了轻工企业财务秩序，为提高经济效益做出突出贡献。在"中轻联"和"总社"担任领导职务期间，为提高轻工系统企事业单位的资产质量，为国有和集体资产保值增值，以及在事业单位财务改革、企业改制重组等方面都做了大量工作，取得突出业绩。

李华甫 —— 邯郸钢铁公司原副总经理、总会计师

李华甫同志1952年毕业于厦门大学财政金融系，1958年调到邯钢工作，历任邯郸钢铁总厂财务处处长、总会计师、邯郸钢铁集团有限责任公司董事、副总经理等职务。从事财务工作40余年，主要业绩有：

（1）20世纪90年代参与邯钢"模拟市场核算、实行成本否决"机制的构建，从制度创新上为国企深化改革树立了一面旗帜。（2）参与从20世纪80年开始的三轮对省财政利润承包方案的制定和实施，开辟了为企业技术改造筹措资金的新渠道。（3）组织并实施20世纪80年代初财会工作整顿和改革，建立专业经济责任制。（4）20世纪90年代中期参与企业改制，1996年12月成立了邯钢集团有限责任公司，对舞阳钢厂和衡水钢管厂实行了兼并。（5）参与1997年企业股份制改造，成立邯钢股份有限公司，在上海成功上市，向社会募集改造资金26亿元。（6）参与1998年以后企业债转股，免除了舞钢银行债务14亿元，转为银行股权。

李忠臣 —— 大庆石油管理局原总会计师

30多年来，李忠臣同志一直勤恳耕耘在石油财务战线上，经历了不同时期的会计政策、会计制度、财务管理模式、会计核算方式的变革，不断丰富和提高政策水平和业务素质，并在多年的领导工作和实践中，形成了良好的政治观、大局观，卓有成效地开展了财务管理工作，领导的财务部门先后荣获财政部颁发的全国先进财会工作集体、黑龙江省财会工作先进集体等表彰，并连年荣获中国石油天然气集团公司财务资产工作先进集体。

大庆石油管理局自1999年年末分开分立以来，面对企业资产状况较差、盈利能力不强等巨大压力，李忠臣总会计师带领全局3000多名财务资产工作人员沉着应对，负重前行，以服务于企业改革、发展、稳定的大局为指导思想，确定了"夯实基础，理顺关系，规范核算，科学理财"的阶段性财务工作指导方针，积极、稳妥理财，科学、高效服务，有力促进了管理局各项业务和事业的发展。经过八年多的积极努力，企业财务状况明显改善，资产质量不断提高，经济效益连年攀升，整体实力和竞争能力显著增强。

李爱梅 —— 湖南澧水流域水利水电开发有限责任公司原总会计师

李爱梅同志大学毕业后一直在水利水电财会岗位上工作。1985年任湖南省水利厅财务处处长，1987~1993年任湖南省水利厅副总会计师，1993年1月任水利部湖南省澧水流域水利水电综合开发公司（简称澧水公司）总会计师。其业绩主要有：

（1）勤于钻研，勇于探索，能积极投身于水利水电经济改革，为推动水利事业的发展做突出贡献。担任省水利厅财务处长和厅副总会计师后，积极推动水利综合经营的发展，促进水利资金的良性循环。在担任澧水公司总会计师后，积极组织资金，保证工程进度和促进澧水流域的综合开发。（2）积极引进世界银行贷款，严格合同管理，努力降低工程成本，维护公司和国家的利益。江垭水库工程建设时是世界上最高的RCC大坝，是湖南省当时最大的引进外资项目。该工程使用世行贷款9700万美元，占其总投资近1/4，李爱梅同志从参与其贷款项目的谈判、项目评估、贷款使用、直到贷款关账，自始至终与世界银行配合默契，受到世行专家的赞扬，也为江垭工程争取了最大利益。

邵捍华 —— 杭州制氧机集团有限公司原总会计师

邵捍华同志从事财会工作38年，担任总会计师12年。她积极参与企业的重大经营决策，搞好财务分析、预测、筹划，在企业的投资、资产重组、改制等战略部署中发挥了重要作用。在公司兼并杭州船厂时，她发现了被兼并厂的隐亏情况，调查核实后使公司争取到市政府的优惠政策；在与外方合资谈判中，她系统研究了合资政策和利用西方会计知识，在谈判中掌握了主动权，展现了我国国企财务的水准；在外汇体制改革引起企业之间经济纠纷时，她抓住税收优惠的机遇，出面洽谈，以较少的让步，获取了935万元的退税证明，解决了1081万元外汇额度的纷争。在企业生产经营处于低谷时，她带领财务部门建立内部银行，提高资金利用率；开展量、本、利分析，提高专业厂拼抢市场的预测能力；她以创新的精神站在改革前列：在争取和实施"债转股"，组织杭州市首家大型企业改制中的一系列可行性分析、资产评估、26家子公司工龄置换、股权结构设置等财务筹划、测算、决策工作中，发挥了不可替代的作用。

孟宪斌 —— 中国航天科工集团三院原总会计师

孟宪斌同志从事财务工作40多年来，始终坚持党的基本路线、方针政策，认真贯彻执行国家的各项财经法规，坚持原则，作风正派，恪守职业道德，遵守财经纪律，克己奉公，廉洁自律，为三院财务管理工作付出了辛勤的劳动，取得了突出成绩，在航天财务系统中享有很高的声誉。主要工作业绩总结如下：

(1) 自觉地运用经济规律指导经济管理工作，正确处理好经济管理工作与科研生产工作的关系。(2) 抓住科研院所转轨变型的契机，深化改革提高经济效益。随着政治、经济体制改革的深化，科研院所逐步由科研生产型向生产经营型转轨。结合三院实际实行了简政放权，扩大单位自主经营权，自上而下地实行技术经济责任承包制。(3) 积极推动现代化管理手段的应用，提高工作效率。三院利用在计算机专业技术领域的优势自主研发了科研生产经费、工资、固定资产等管理系统。1983年率先在科研课题财务核算工作中使用了计算机。

周新民 —— 湖南省总会计师协会原常务副会长

周新民同志从事财会工作42年，曾任湖南省物资厅总会计师，湖南省总会计师协会第一届会长、第二届、第三届常务副会长兼秘书长，第四届理事会顾问。主编的《企业财务管理与核算基础知识》一书，1991年由湖南科技出版社出版，全国发行，再版4次。所编写的《物资企业财务、物资物价管理》教材，多次在全省物资局长、经理、财务骨干培训班上讲授。

为推动总会计师事业的发展，克服缺资金、缺场地等重重困难，周新民同志牵头组建了省总会计师研究会、出任会长。建立了相关的规章制度，为协会工作的开展，打下了良好基础。他创办《理财与效益》会刊，担任主编，为会员提供了开展学术交流，申报职称等发表论文的平台。他组织开展全省高级会计人员的继续教育培训，组织应用课题研究，多项课题被省社科成果评定委员会评为省内领先或省内先进成果，组织会员参加国际学术交流，开展境外考察，对开拓会员的眼界，促进经营管理水平的提高，发挥了积极作用。

倪翼丰 —— 中国卫星通信集团公司原副总经理（分管财务）

中国卫星通信集团公司是根据国务院电信体制改革的总体部署，于2001年12月19日正式挂牌成立的国有大型骨干企业，是我国六大基础电信运营企业之一。

倪翼丰从事财会工作30年，担任单位领导班子的财务主管领导10余年。在担任集团副总经理期间，经过多元化发展战略的尝试后，中国卫通制定了归核化的发展战略，明确了卫星通信广播电视和数字集群应急指挥调度通信两大主业，并将资源向主业集中，旨在形成业务发展的核心竞争力和绝对竞争优势，成为我国具有竞争优势的卫星通信广播、数字集群通信主导运营企业。

倪翼丰同志对财务管理工作提出新的要求，必须打造一套满足集团发展的财务管理模式。根据集团公司总体发展政策，开展了一系列财务管理建设工作。如建立有效的财务管理体制，搞好制度建设与信息化管理，通过资本运作，实现集团规模化发展等。

唐玉兴 —— 乌鲁木齐铁路局原总会计师

唐玉兴同志系乌鲁木齐铁路局原总会计师，新中国成立初期，响应党的号召，支援开发大西北工作，至1995年退休，从事铁路财会工作44年。

唐玉兴同志任职期间，努力学习党的改革开放政策，积极支持铁路财务改革。组织所在局财务处工作人员研究铁路大包干方案。并向路局领导提出建议，要求铁道部对乌鲁木齐铁路局实行"以收抵支，利润包干"的政策。在积极主动争取下，乌鲁木齐铁路局被铁道部列为全路仅有的三个"收入承包，以收抵支"试点单位之一。

唐玉兴同志任领导职务期间，认真执行党的干部政策，坚持任人唯贤，大胆选拔培养年轻干部。退休后，担任乌鲁木齐铁路局财会学会常务副会长，继续为财会事业贡献自己的力量，至今已为财会工作服务57年。

徐会祥 —— 中国海洋石油总公司原总会计师

徐会祥同志作为原石油工业部财务司副司长和中国海洋石油总公司第一任总会计师，在石油财务战线工作了41年，在中国海洋石油总公司任总会计师12年，为石油事业和公司发展做出了杰出的贡献。任职期间，他能够认真贯彻海洋石油对外合作的方针，积极参与海洋石油合作的有关法律、合同、会计程序、税法等文件的起草和制定工作，有力地保证了海洋石油对外合作的进行；充分运用国家的优惠政策，不断完善财务体制，加强财务管理，促进了经济效益的提高；狠抓资金筹措和管理工作，保证海洋石油勘探开发资金的需要，促进海洋石油工业的发展；狠抓财务人员的培训工作，建立健全对外合作的财务机构，适应海洋石油发展的需要。

韩朝晖 —— 中核（天津）机械有限公司总会计师

韩朝晖同志1966年参加工作起就在中国核工业集团公司所属大型一类企业国营八一二厂从事财务工作历任财务处长、副总会计师、总会计师等职务。2008年5月退休后经中核集团公司推荐，现任中核（天津）机械有限公司总会计师。

韩朝晖同志在任期间，组织领导企业财务管理和会计核算工作，完善企业财务管理制度，规范会计行为，为企业管理水平不断提高做出了贡献。他十分重视对财会人员的政治思想教育和专业培训，培养了一支具有较高思想政治素质和较强专业技能的财会队伍。他参与我国首座核电站（秦山）和大亚湾核电站所需核燃料元件的经济论证，在核燃料元件定价测算和成本核算及日常成本管理方面做了大量基础性和开创性工作。他十分重视企业资金管理，加强企业资金筹措、使用和分配全过程管理，搞好综合平衡。他作为企业领导班子成员，除分管财务工作外，还协助厂长（总经理）分管审计、法律事务和进出口工作，均认真履职，较好地完成了工作任务。

鲍先志 —— 中国石油化工股份有限公司金陵分公司原副总经理兼总会计师

鲍先志同志，1964年毕业于山东财经学院工业会计系。他从一个普通的会计干部干起，脚踏实地，努力进取，开拓创新，四十余年如一日，坚持工作在企业会计管理第一线，毕生奉献于国有特大型企业集团的财务会计管理事业。1985年他出任国家特大型企业集团——金陵石化公司总会计师，1997年被任命为金陵石化公司副总经理兼总会计师。1997年国务院组建东联公司时，任命他为财务部主任。由于他浑厚的理论功底，丰富的企业管理经验和财务管理的独特见解和创新开拓能力，1994年被评为对国家有突出贡献人员，享受国务院特殊津贴。

鲍先志同志在总会计师岗位工作16年。期间分管财务、协助总经理管理审计、企管部门工作，被任命副总经理兼总会计师时协助经理处理日常行政工作。在此期间他参与建立金陵石化核算体系，具体组织实施金陵石化的改革改制。特别在资金集中管理和全面预算管理方面的贡献尤为突出。

薛任福 —— 北京燕山石油化工集团公司原总会计师

薛任福同志历任稷县财税局企业股科员，吉林化学工业公司财务处科员，化工部化工原料工业公司财务科科员，化工部星火化工厂财务科科长，燕化公司财务处科长、处长，燕山石化公司总会计师。为推进燕山石化公司管理体制改革、财务制度建设和完善、促进公司的持续健康发展，以及我国石油石化系统的财务管理工作进一步优化，奉献了自己全部的热血和智慧。

他最早参与了中国总会计师协会的创立工作，对中国总会计师协会的建设、改革、发展和中国总会计师事业做出了重要贡献。

中国总会计师贡献奖

◀ ◀ ◀ ••••••••••••••••••• （排名以姓氏笔画为序）

丁振华 —— 上海申达股份有限公司财务总监

丁振华同志是上海申达股份有限公司财务总监，在总会计师、财务总监岗位上辛勤工作了23年，他勇于开拓，敢于创新，是一名为公司出谋划策的好参谋；他精通业务，熟悉政策，是一名堪当重任的好总监；他思路敏捷、富于进取，是一名业绩优秀的好干部！

在担任公司总会计师、财务总监16年来为公司的发展做出了较大贡献。在当前全国纺织工业连年滑坡的情况下，上海申达股份有限公司作为一家由传统纺织转型的上市公司却连续16年盈利。由于工作出色，丁振华同志先后荣获全国、全国纺织、上海市"先进会计工作者"等荣誉称号。他本人结合工作实际，撰写论文达60余篇。

马国强 —— 宝钢集团有限公司副总经理、总会计师

1995年，马国强同志离开执教9年的北京科技大学，被宝钢作为紧缺人才引进，开始在中国钢铁航母上充分展现自己的才智，不断创造优秀的业绩。

马国强同志倾注了大量的精力努力构建宝钢以价值最大化为导向的财务管理体系；他十分注重企业的长远发展，努力拓宽融资渠道，为公司提供强有力的资金保障；他立足于宝钢适度相关多元化发展战略，积极推进金融产业的发展。多年来，马国强同志进一步强化了财务的决策支持功能和资金保障功能，持续推进了企业价值创造。宝钢先进的财务管理、优异的财务状况，成为国际权威机构标准普尔资信评级的重要依据。几年来，标准普尔给宝钢的资信等级不断提升，前景展望为正面。

卞显敏 —— 陕西建工集团总公司总会计师

卞显敏同志在陕西建工集团总公司财务及管理岗位工作28年，熟悉国家财会法规制度并以专业的敏锐性认识未来的变化，推进财务改革。他工作兢兢业业，恪守职业道德，不断提升和积累具有大型施工总承包特级资质集团企业的财务管理经验和创新管理方法；他作为集团总公司的重大事项的参与者和决策者，面对激烈竞争的建筑市场，不断寻求增加规模，提升运营质量，降低工程成本和规避财务风险的有效途径；他善于总结，不懈努力，获得银行综合授信突破10亿元，为集团拓展国内外市场，增加经营规模开创了宽松的财务环境；他以现金流量为主线，实行资金集中管理，增加掌控力度，在完善企业内控机制，推动财务信息化建设，提高财会队伍素质等方面做出了突出贡献。

尹大庆 —— 浙江吉利控股集团有限公司副总裁、财务总监

吉利汽车是中国汽车工业的奇葩，是中国民营企业的荣誉，尹大庆先生自2004年加盟吉利以来，为吉利汽车的发展做出了重大贡献。

(1) 成功策划收购香港上市公司吉利汽车的控股股东PG，实现了吉利汽车的全面在港上市；(2) 成功策划了花旗环球金融有限公司为吉利汽车控股有限公司发行1亿美金的五年期零息可转化债券；(3) 成功策划了吉利汽车控股有限公司实现配售现有股份及认购新股份6亿股，直接融资6.36亿港元；(4) 策划通过国际资本运作，使吉利成功成为了英国TX4出租车生产商——英国锰铜公司的第一大股东，并在上海成立了由吉利公司控股的合资公司，在中国生产TX4经典出租车；(5) 策划了吉利汽车控股有限公司股权置换方案，通过换股，使吉利汽车控股有限公司总股本达到64.89亿股，大股东持股比例从48%增至58%，再次确立控股地位。

王丽静 —— 中国航空器材集团公司总会计师

2005年王丽静同志被国资委正式任命为中国航空器材集团公司总会计师，几年来主要做了以下工作：

会计基础管理方面：继续完成清产核资后续工作，逐步夯实国有资产；财务治理初显成效，集团公司财务状况逐年发生好转；

财会管理与监督方面：强化预算管理，提升集团公司综合管理水平；创新财务管理模式，不断提高财务管理水平；

财会内控机制建设方面：加强内控制度建设，不断规范财务管理；组织建立多层次的监督体制，落实财会内部控制责任，对经济活动的全过程进行财务监督和控制；

重大财务事项监管方面：带领财务人员全面介入重大投资、资产划转、债务重组等事项的组织实施；对公司改制、投资项目从筹建到投产、经营、监管和评价进行全过程跟踪。

王 林 —— 中国航天科技集团公司第四研究院总会计师

王林同志自1986年大学毕业一直在四院工作，对四院整体管理水平的提高起到了有力的推动作用。任总会计师以来，从提高领导干部财经管理意识和建立健全财务管理行为规范体系出发，扎实推进全院财务工作。针对院具体情况及在整个财会领域中存在的问题作了细致而全面的考虑，将会计基础达标工作列入财务工作要点，制定下发了会计基础工作规范达标实施方案，并严格按照标准有计划有节点地实施，务求实效。进一步加强账户和资金集中管理，将"资金集中度"指标纳入对各单位的考核评价体系，作为考核所属单位的重要指标。多渠道筹集资金，解决流动资金不足，有力地保证了院经营发展的资金需要，促进了院经济发展的健康快速增长。

王剑锋 —— 中核金原铀业有限责任公司总会计师

王剑锋同志自2005年进入中核金原铀业公司总会计师以来，在核工业铀矿冶企业关闭破产、结构调整转型为快速发展的关键时期，建立健全内部控制与风险管理体系，三年多来企业经济效益显著提高，为中国铀矿冶的发展做出了应有的贡献。主要业绩包括：（1）在国内铀产品经营体制逐步市场化运作过程中，积极参与制定新的铀矿冶发展战略，并研究制定财务管理新模式，以适应铀矿冶发展需要；（2）狠抓财务会计基础工作，连续两年获集团公司财务会计决算先进单位；（3）加强资金集成管理，被集团公司评为优秀组织单位；（4）创新融资模式，进一步降低财务费用与项目融资成本；（5）加强天然铀中间产品价格管理，以市场价格为基础，统一价格，促进企业降低成本。

王振余 —— 沈阳矿山机械（集团）有限责任公司副总经理、总会计师

出任沈矿集团公司总会计师以来，王振余同志在强化会计基础建设的同时，以资金管理为出发点，将财务管理的概念渗透到成本、资产及生产经营的各个方面。在资金管理上，建立了资金使用四级审批制；并组建了资金结算中心，将公司分散的资金集中起来，实现筹集、调度、管理和分析的职能。在资产管理上，利用定期资产核查、年度财产清查等手段，保证了各项资产账物的相符；并通过严格的核查与审批，对存量资产采取转让、租赁、重组等形式予以盘活，有效地规范了资产使用者的行为。在成本管理上，大力推行价值工程、目标成本控制、"比质比价，招标采购"以及"科学套裁，合理拼接、限额领料"等一系列管理办法，使成本费用得到了有效的控制。

王朝钦 —— 内蒙古第一机械制造集团（有限）公司总会计师

王朝钦同志历任238厂财务处长、中南机械厂总会计师、西安北方光电有限公司总会计师、湖北新华信息材料股份有限公司财务总监。

他紧紧围绕集团公司的发展战略，以集团总体发展能力最大化为基本追求，强化集团化财务运作。财务工作继续以预算管理、资金管理、信息化建设、财会队伍建设为基础，围绕公司经营发展战略，强化集团财务运作，整合金融资源，拓宽融资领域，增强资源保障能力；强化成本预算管理，落实财务积累机制，支持可持续发展；强化风险防范，改善基础管理，提高经济运行质量；提高服务意识，改善服务质量，加强专业化能力建设，为公司持续快速发展提供强有力的财务保障。为构建发展型财务体制做了大量工作。

卢桂菊 —— 北京城建集团有限责任公司总会计师

卢桂菊同志2001年12月被城建集团聘为总会计师。任职以来，认真履行总会计师职责，始终把企业会计基础管理、财务管理与监督、财会内控机制建设和重大财务事项监管作为中心工作，把降低企业经营风险、提高企业盈利能力、国有资产保值增值作为工作目标，开展了卓有成效的工作，取得了较好业绩。主要表现在：（1）把基础工作作为第一前提，规范财务管理；（2）把保证资金作为第一要务，服务经营生产；（3）把清产核资作为改革的第一手段，保证企业改制顺利进行；（4）把风险控制作为第一课题，提高风险防范措施；（5）把能力建设作为第一动力，提高财会队伍整体素质；（6）把学习作为工作能力的第一源泉，提高自身综合素养。

古继洪 —— 中铁大桥局集团有限公司总会计师

古继洪同志为中铁大桥局集团服务长达25年，对国有企业的历史文化、体制机制和经营管理都有着深刻了解和独到的认识。他既具有深厚的经济管理理论功底，又具有丰富的企业经营管理实际经验；既有在集团公司担任领导工作的经历，又具有在子公司主持全面经营管理工作的经验。在古继洪同志任集团公司总会计师期间，公司财务管理水平持续提高，特别是在中铁大桥局集团有限公司重组、引资、深化股份制改革过程中，他作为董事会成员和高管层成员均发挥了重要作用，表现出良好的职业操守和很强的领导能力。

田暐 —— 沈阳市供暖集团有限公司财务总监

在36年的财务工作实践中，田暐同志严格遵守国家各项财经法律、法规，认真履行总会计师职责，自觉维护财经纪律，抵制违法行为，取得了一系列成就，获得了一系列荣誉。

他努力学习，不断提高自己的专业素质和领导能力，掌握国内外先进的各种理论知识；开阔视野，积极投身科研和教学工作，积极参与学术交流等社会活动；主持全局财务管理工作，开创了房产系统财务管理新局面，取得了辉煌业绩。

白祚祥 —— 格盟国际能源有限公司副总经理（分管财务）

白祚祥同志历任山西省物价局副处级助理，山西国际电力集团有限公司副总经理，现任格盟国际能源有限公司副总经理兼山西国际能源集团有限公司副总经理。

在地方电力公司成立初期，针对电力企业经营体制方面存在的问题，提出了全新的发展思路，实施了一系列资产重组和兼并措施，实现了公司跨越式发展；时刻将企业利润最大化作为考核自己的硬指标，提出"自主经营、自求平衡、文化统驭、价值引领"的财务管理思路；根据省委省政府引进大集团、大企业组建大型中外合资企业，组成大型企业航母的发展战略，在招商引资过程中做了大量卓有成效的工作。

乔光样 —— 通化矿业（集团）有限责任公司总会计师

乔光样同志对事业执著追求，对专业精益求精，对企业高度负责，对员工满腔热情，在通化矿区发展振兴的关键时期，勇挑大梁，为通化矿区冲出低谷、走出困境做出了重大贡献。主要业绩有：(1) 参与领导企业破产改制，为矿区脱贫解困殚精竭虑。在关闭破产工作中，把握政策，协调内外，带领全局财务工作人员，完成了三个项目的破产财务工作，为通化矿区今天的再度振兴立下了汗马功劳。在改制工作中，带领全体财务人员，顺利完成了财产清查、资产评估等复杂细致的工作，为原通化矿务局的顺利改制打下了牢固的工作基础。(2) 积极推进现代企业制度建设，制定完善财务管理和会计核算制度。先后主持制定了《通化矿业集团公司财务管理制度》、《通化矿业集团公司会计核算制度》、《财务会计资料》等内部管理资料。

任勇强 —— 中国兵器工业集团辽宁华锦华工（集团）有限责任公司总会计师

成功企业的背后，一定都有一个优秀的总会计师。任勇强，在华锦公司跨越发展中，带领财务团队，锐意进取，持重操守，在财务工作得到提升的同时，真正发挥了财务管理在企业管理中的核心地位，财务工作真正变成了"发展的助推剂和催化剂"。

任勇强同志担任过三个国有大型企业的总会计师。他具有较强的战略规划能力、驾驭全局能力。无论到哪个企业，他都深入基层，紧扣企业发展战略，制定适合该企业的财务管理规范。建立起"以企业价值最大化为导向，以全面预算管理为龙头，以会计基础为基石，以资金集中管理为核心，以标准成本管理为杠杆，以制度建设为保证，以信息化技术为支撑，以资本运行为纽带，以财会人员队伍建设为根本"的财务管理新体系，促进了企业又好又快的发展。

关君刚 —— 中国核工业第二三建设公司总会计师

关君刚同志从业30多年来，经历了计划经济向市场经济转变的过程，见证了财务会计工作由简单的记账、算账、报账到成为企业经营管理关键部分的发展历程。在20年的财务工作中，任职于二三公司各级财务管理岗位，熟悉大型企业国内核电站建设等大型重点工程的财务管理和核算流程，利用自身的业务技能和不断更新的专业知识推动了二三公司财会工作的开展和进步。特别是在就任高层领导岗位后，以科学的管理理念、严谨的工作态度、强烈的创新意识，在财务核算、管理制度、控制体系建设、资金集约化管理和产业结构多元化建设方面；在公司改制、主辅分离和职能转化等方面进行了辛勤而有成效的工作，为公司经营规模和范围的持续扩大、经济效益的稳步提升做出了突出贡献。

刘跃珍 —— 中国航天科工集团公司总会计师

刘跃珍同志从事财务工作20多年，在多个企业担任主要领导职务，在我国航空工业系统中，他是担任大型军工研究所所长的第一位财务专业人员。在担任江汉公司总经理兼610研究所所长期间，在我国航空工业科研院所系统里，他率先推动了民用产业的股份制改造并成功实现了上市；在我国航空工业系统的上市公司中，他率先架构了高管和核心技术人员持股的公司股权结构模式，为公司发展注入了无限活力。

刘跃珍同志拥有财会专业和MBA专业的双重教育背景，拥有中国注册会计师和研究员级高级会计师的双重职业资格，拥有企业总会计师和企业总经理的双重管理经验，拥有航空和航天两个行业的双重工作经历。这些丰富的学习阅历和职业经历不仅极大地开阔了刘跃珍同志的知识视野，更为刘跃珍同志驾驭复杂的经济管理工作局面打下了坚实基础。

孙云芳 —— 中路股份有限公司副总经理、总会计师

孙云芳同志能按照董事会"主动性、智慧性和创造性"管理工作要求，以规范管理企业价值最大化为己任，融入力合开拓，进入管理角色，执行国家法律法规，规范职业行为，运用专业知识为公司效益服务；利用监管要求，完善制度建设；在管理、核算、效益上取得了显著成绩。作为公司财务负责人，孙云芳同志有良好的职业判断能力和风险掌控能力。在其任职期间，上市公司在接受各方面的监督和检查中，未发生一起因财务核算管理予以处罚的现象，年度审计报告均为标准审计报告。2007年中路股份财务部门集体获得所在"三八红旗"集体和"巾帼风采"奖。

庄 丹 —— 长飞光纤光缆有限公司财务总监

庄丹同志拥有非常强的专业背景，中南财经大学管理学（会计）博士，上海财经大学管理学（会计）博士后，10年的高级财务管理经验，良好的理论与实践结合的能力，创造性的财务管理专家，流利的英语口语和阅读写作能力，良好的与中外股东沟通的能力，高强的团队合作精神。1998年进入中欧合资长飞光纤光缆有限公司（同行业世界第三），2001年起任财务总监。

他担任长飞光纤光缆有限公司核心管理团队——管理委员会的成员，主要负责：(1) 战略规划、兼并收购，直接负责长期规划的制定及落实的监督。(2) 基于中国和国际会计准则，参照外方的报告手册，建议建立并实施合理高效的财务会计政策，直接向公司总经理及外方股东的首席财务官汇报工作。(3) 和国内国际银行之间建立良好的互动关系，保证公司有充足的银行信贷支持；和财政、税务、审计等政府部门之间建立良好的互动关系；和国际著名的会计师事务所（如毕马威）建立起良好的工作关系。(4) 全面推行并采用美国Oracle公司的管理信息系统，极大地提高了管理效率。

庄安尘 —— 水利部小浪底水利枢纽建设管理局副局长兼总会计师

"莫道秋果不映红，只为收获写真情。回首向来征战处，几多风雨几多晴"。庄安尘就是这样一位既能打基础，又能创新路、出实招的财务管理工作者的优秀代表。

他主持研究制定使用世行贷款、出口信贷、国际商业贷款等多种外资的提款报账和会计核算办法，做到了无支付差错、无支付延误索赔；他参加拟订局改制方案，撰写了《小浪底水利水电有限责任公司财务会计改革方案》、《小浪底水利水电有限责任公司会计核算办法》；主持研究编制《小浪底水利枢纽工程投资核算项目一览表》，解决了因设计单位未编制小浪底工程国内格式的工程概算给工程投资核算造成的关键性复杂技术难题；主持进行了工程还贷能力测算和还贷政策研究工作，提出的解决方案得到水利部和国家发改委的认可。

朱明希 —— 太极集团有限公司执行董事兼副总经理（分管财务）

太极集团通过近20年的发展，由资产不足百万元、产值不到百万元，发展成为2007年资产达70亿元、年销售98亿元、年利税4亿元、有13000名员工的国有大型企业集团。

朱明希同志自1991年进入太极集团以来，坚持原则、廉洁勤政，为企业的改革和发展做出了突出的贡献。在他的领导下，企业建立了严谨的财会内控机制和完善的会计核算、财务管理体系，特别是在企业的投融资管理、兼并收购、债务重组、资本运作等重大财务事项中发挥了重要作用，取得了显著成绩。他根据医药行业的特点，并结合公司实际情况和发展战略，建立、健全财务管理体系，促进企业健康、快速发展；积极开展资本运作，成功实现"低成本扩张"战略；面对危机，沉着应对，带领企业走出困境。

邢崇荣 —— 山西焦煤汾西矿业集团有限责任公司副总经理、总会计师、董事

邢崇荣同志以国家经济政策和法律法规为准则，以企业发展壮大为己任，以提高企业经济运行规模和效益为重点，创造性地开展经营管理工作，为汾西矿业集团的健康快速发展做出了突出贡献。

他通过兼并地方小煤窑，实现低成本发展；依法关闭破产老矿，促进企业快速发展，按照产权多元化原则，加强对外合作，从而增强了企业可持续发展能力；通过加强全面预算管理、强化资金管理、实施全方位成本控制等方法，强化内部管理，推进管理创新，提升企业经济运行质量和效益；他大力改革企业管理体制，用先进适用技术改造提升煤炭产业，全面培养企业所需经营管理人才，为企业发展提供制度和人才保障。

郐似刚 —— 中国航天建筑设计研究院（集团）总会计师

郐似刚同志长期主持企业财务管理工作，熟悉国家财经政策法规，具有较高专业造诣，能够稳妥把握企业财务局面，表现出很高的专业素养和管理能力。

任职期间，他组织完成了2001～2007年度的清产决算工作；不断加强财会基础工作和财会制度建设；加强与航天科工财务公司、有关银行等金融机构的联系，保持良好的企业信用，拓展融资渠道，控制财务风险，确保科研生产的正常运行；认真做好京区单位纳税申报和税款缴纳工作，努力做好税收筹划工作；贯彻国资委有关国有大中型企业主辅分离、辅业改制的有关文件精神，为改制工作积极做好准备工作；组织开展所在院清理整顿公司工作，摸清了院及所属企业的现状，制定了相应的清理整顿工作计划并予以组织实施。

闫蕴华 —— 河南心连心化肥有限公司副总经理、财务总监

闫蕴华同志2003～2006年任河南心连心化工有限公司副总经理、总会计师；2006年8月至今任河南心连心化肥有限公司财务总监、副总经理，2007年6月被聘任为新加坡上市公司中国心连心化肥有限公司执行董事、财务总监。曾在《理财》杂志上发表有关国有企业改制、成本管理等文章。

闫蕴华同志从事财务工作15年，具有较丰富的实践经验和较强的理论基础，倡导财务管理的新理念，建立了公司的成本管理、财务分析、全面预算管理等体系；潜心政策研究，提出多个筹划方案并得以实施；参与组织企业的国有企业改制和海外上市工作，积累了丰富的经验；引进并倡导信息化管理和企业资源管理新思想，成功组织实施OA系统、ERP系统。

何立军 —— 上海张江（集团）有限公司财务管理部副经理

上海张江（集团）有限公司成立于1992年，作为国家级高科技园区的开发建设者，公司肩负建设国际一流高科技园区的重任。

何立军同志担任集团财务管理部副经理期间，为集团的财务管理工作做出了积极贡献，主要业绩有：(1) 克服银根紧缩困难，完成融资任务，确保集团开发建设任务的完成。(2) 组织集团财务系统专业培训。为提升集团控股的30家二层面、三层面投资企业财务人员的专业知识及财务管理能力，加强集团财务部门的凝聚力、发挥集团财务管理人员在园区开发建设中的积极作用。(3) 积极推进财务信息集中化管理工作。2006年7月，张江集团正式启用财务集中管理系统，建立了集团母公司、股份公司、生物医药基地公司、集成电路产业基地公司等30家公司在内的财务集中管理信息平台。

何国武 —— 核工业二〇八大队副总会计师

何国武同志自1982年开始在核工业二〇八大队工作。任大队副总会计师以来，全面负责、组织和领导本单位的财务管理、成本管理、预算管理、会计核算和会计监督等方面的工作，参与大队的重大经济决策，重大项目的可行性研究，为大队的发展建言献策，提供可靠资料和可行性建议。在他的主持下大队建立健全了财务管理的各种规章制度，组织推广现代管理方法提高了大队的现代化管理水平，使大队的财务管理程序更加安全科学。强化了大队财务内部控制，提高了工作效率，维护国有资产的保值增值。积极督促二级单位合理使用资金、降低消耗、厉行节约、提高经济效益。同时加强财会人员作风建设、廉政建设、大队财会人员的政治和业务素质显著提高。

佟吉禄 —— 中国联合通信有限公司副总经理兼总会计师

佟吉禄同志2000年7月加入中国联合通信有限公司，在公司董事长、总裁的领导下，在创新资本运作、完善公司治理以及追求企业价值最大化等财务工作方面取得显著成效。

(1) 以促进企业发展作为融资目的，不断探索新的股权和债务融资工具，灵活选择境内和境外资本市场降低融资成本，创新开展一系列的股权和债权融资。(2) 积极倡导"企业价值和股东价值最大化"的经营理念，将全面预算管理作为公司战略管理的重要手段，并建立起全面预算管理模式，促进公司实现跨越式发展。(3) 坚持诚信为本，恪守承诺，积极推动公司按照国际规范完善公司治理结构，建立公开、透明的信息披露机制，建立和完善股东权益保护机制。(4) 参与组织筹划CDMA网络出售和与网通合并两项重大资本运作项目，并积极推进实施，为迄今我国最大的两项资产交易项目的顺利完成做出了贡献。

吴永良 —— 中国东方航空集团公司副总会计师

吴永良同志在工作中积极努力，思路开阔，创新意识强，具有长期担任东航集团及股份公司财务部门主要领导的工作经验，在公司发展的重要关口，他都能贯彻公司各项战略部署，做出了突出贡献。主要表现在：(1) 提出要做强航空公司，就要加强内部的管理和整治工作，主张尽快上马并实施ORACLE资源管理应用平台，提高公司整体业务管理水平；(2) 参与制定公司股份制改革方案，顺利实现纽约、香港和上海成功挂牌上市；组织实地考察、评估、参与主导了兼并重组通用航空公司的方案制定和实施；组织了对西北、云南航空公司的资产评估、清产核资等工作，参与主导制定了兼并重组战略计划，实施方案等工作；建立财务预算体系，健全各项财务制度，积极提升公司管理水平。

吴 江 —— 中国航天科技集团公司第一研究院总会计师

吴江同志在一院先后从事过计划管理、总体部领导、院财务部部长和一院总会计师等工作，为提高财务管理水平，规范财务管理行为，构建适应院公司化改革的财务管理模式做出了巨大贡献。

吴江同志认真履行总会计师职责，具有良好的职业道德和全心全意为人民服务的观念。在参与制定企业发展战略、企业内部控制与风险管理、资本运营、企业财务信息化管理和提高经济效益等工作中做出突出贡献，不断加强管理创新，强化财务管控，进一步提升了管理效率与效果，使一院财务管理水平有了质的飞跃。一院经济规模和效益在航天科技集团公司中排名位于前列，业绩突出，在组织和加强包括财会人员在内的制度建设、作风建设、廉政建设和提高其政治和业务素质方面，取得了显著成效。

吴江龙 —— 徐州工程机械集团有限公司董事、总会计师

吴江龙同志作为江苏省"333"工程中青年科学技术带头人和徐工集团第一任总会计师，长期以来，坚持以维护公司经济秩序和促进集团公司发展为己任，带领全体财务人员奋力拼搏，开拓创新，取得较大的财务运营业绩，有力地支撑了徐工集团的超常规、跨越式发展。主要业绩有：

（1）审时度势，科学决策，把握企业发展命运；（2）积极创建财务工程经济循环体系，理顺集团财务管理关系，助推企业快速发展；（3）积极开展管理创新，努力提高企业经济效益；（4）坚持依法经营，重视企业内控建设，把握企业经营风险；（5）致力于财务管理实践，取得多项重要财务成果；（6）将实践经验提升为理论并在中国矿业大学、徐州经贸学院等多所高等学校讲授，为高校理论更新做出了一定贡献。

吴晓亭 —— 哈尔滨工业资产经营有限责任公司副总经理（分管财务）

吴晓亭同志从事财务会计、资本运营国有企业改革等工作中认真执行党和国家的有关方针、政策。有高度的事业心和责任感，精明理财，严以律己，大胆探索，勇于开创。具有较高的专业理论，业务素质和政策水平。有丰富的工作经验和协调能力。善于调动积极性和培养人才。为国有企业的财务会计、资本运营、国企改革等工作做出了贡献。

在工业公司工作实践中，吴晓亭同志提出并实现了三大管理创新：管理理念的创新、管理手段的创新、管理方法的创新。他积极参与公司的经营决策，作为决策层成员积极献计献策；担任改制工作的主要领导工作，带领团队克服债务、人员、资金、产权等方面的种种困难，解决了大量历史遗留问题；积极参与重大项目的论证、分析、研究和决策。

宋丹丕 —— 正泰电器股份有限公司财务负责人、总裁助理、财务中心总经理

宋丹丕同志在正泰任职期间，致力于实现企业"打造输配电行业领军企业"的战略目标，使正泰电气一直保持着经济的可持续发展。

(1) 组织正泰电气电线电缆产业重组工作，为保障并购的有效进行，在充分考虑股东利益的基础上，制定了产业发展规划、工艺技改方案、投融资计划和市场拓展方案，最终成功并购南湖电缆公司。(2) 拓宽融资渠道、健全融资体系，利用新的金融结算工具，多渠道开展融资工作，降低资金成本。(3) 完善内部控制制度，充分发挥各级公司董事会的决策职能和监事会的监督职能，为企业顺利发展提供制度和环境保证。(4) 定期组织财务预算、财务分析工作，积极开展全面预算，发挥预算在资源配置方面的作用。

宋 鹏 —— 鹤壁煤业（集团）有限责任公司总会计师

宋鹏同志在财务管理上，与时俱进，不断完善机构和制度建设，探索新的财务管理模式和方法，逐步建立起了完备的集团公司、矿（厂）及经营单位两级会计核算体系，区队（班组）统计核算作为矿厂核算的补充的会计核算和管理模式。

以先进的理财理念，推行集团公司"四控一降、六个归一"资金管理新模式(所谓"四控一降"即控制消费资金、控制自有资金、控制基建资金、控制贷款规模和控制降低成本；所谓"六个归一"即银行存款账户归一、工程资金计划归一、资金使用审计归一、工程委托设计归一、多经项目评审归一和购销归一)；以特有的工作方式和高效的理财方法实现了财务管理的良性循环和高效运行：强化财务会计信息支持决策层和经营层的核心职能；积极导入财务风险预警系统，保障经济运行零风险；全面实施内向型的预算管理；积极打造外向型的理财理念。

张兆善 —— 中国海洋石油总公司销售分公司财务总监

从1979年参加工作起，张兆善一直奋战在财务战线上，从一名小会计成长为国有企业的财务总监。作为销售和贸易企业的财务负责人，他围绕企业经营的业务特点，努力抓好财务定位，积极发挥财务功能，在企业发展战略、内部控制和风险管理、预算管理和费用管理等方面做出了突出贡献。

在企业发展的各个阶段，他都十分重视企业的发展战略研究，面对流通领域日趋激烈的严峻挑战，紧紧抓住影响和制约公司发展的体制性、机制性和战略性问题。作为财务负责人，张兆善注重加强内控机制建设，形成完善有效的风险防范体系。以强化主业和提升竞争能力为核心，以防范风险为手段，逐步建立以主营业务收入、利润总额、净资产收益率、经营现金净流入、资本性支出等14项核心目标为主体的预算编制、执行、控制、核算、分析、考核、兑现等全面预算管理体系。

张启波 —— 中广核工程有限公司总会计师

　　张启波同志作为中广核集团从建设大亚湾核电站开始培养的杰出专业管理人才之一，为建立健全核电建设和生产的全面财会管理体系做出了较大贡献，在投资控制与预算管理、资产管理、公司战略管理、经营运作、绩效评价、财会管理和信息管理等方面做出了突出贡献，特别是在创建核电群堆管理模式方面，为建立健全核电群堆管理模式下公司治理和经营管理体系做出了重大贡献。

　　张启波同志积极学习国家各项财经法规和方针政策，财务会计理论知识扎实、系统，且各方面专业知识全面，长期从事核电财会领域的研究和实践工作，善于总结发现问题，并探索性解决问题，对核电企业财务管理的重要领域创造性地提出了许多具有建设意义的观点和解决方案，是我国核电行业财务管理方面的专家。

张建中 —— 陕西省住房资金管理中心总会计师

　　张建中同志胸怀一颗忠心，捧出一腔赤诚，播撒一路艰辛，奉献聪明才智。为了加强住房公积金管理，科学组织财务活动，有效运作资本、合理使用资金，减少循环周期，加速资金周转，提高经济效益，从而获得更加丰厚的资本积累，他巧运筹、细帷幄，使陕西省住房资金管理中心住房公积金增值收益不断攀升；他用心血、用智慧，为陕西省住房资金管理中心插上腾飞的翅膀。任职以来，省住房资金管理中心公积金归集每年以15%的速度递增，个贷发放量每年以17%的速度上涨，增值收益每年以20%的速度攀升。

张 波 —— 淄博矿业集团有限责任公司总会计师、总法律顾问

　　张波同志担任集团公司总会计师以来，紧紧围绕企业发展目标，与时俱进、开拓创新，坚持以新思维、新理念推进经营管理工作，使企业保持了健康持续的发展。2007年实现销售收入90亿元，利税13.7亿元，资产总额达到141亿元，分别是"十五"初期的3.7倍、3.9倍和2.6倍。企业先后获得全国"AAA"级信用企业，连续6年位列全国企业500强。

　　任总会计师期间，他适应现代企业制度要求，建立新的财务管理体制；实施财务规范化管理，不断推进管理创新；利用政策平台，推进企业结构重组；实施资本运营，提高企业综合竞争力；加强信息化建设，提高财务管控水平；坚持以身示范，不断加强自身建设。

　　他本人也因为表现突出先后被评为煤炭部清产核资先进个人，山东煤炭系统先进会计工作者。

张　晴 —— 武汉市汉商集团股份有限公司常务副总经理、总会计师

张晴同志按照公司"壮中求大、扬长避短、抓住机遇、滚动发展"的发展思路，实施低成本扩张和低成本营运战略，努力探索资产经营和资本经营相结合的发展道路，积极开展跨地区、跨行业、跨所有制的资产重组。通过收购、兼并、联合、连锁等形式，使企业规模迅速壮大，由小型零售店逐步发展成为一个集零售业、会展业、地产业、旅游业于一体的商业上市公司。从2005年开始，公司发展进入了新的上升通道，实现了成功转型，进入了会展业和地产业的全新领域；企业总资产翻了一番；凝聚力和竞争力明显增强，2007年度在权威机构公布的排名榜中，集团公司位次较上年前移，名列中国服务业企业500强第269位，武汉100强企业第28位；整体上呈现出主业鲜明，特色突出，资产优良，规模壮大的新局面。

李民英 —— 中核兰州铀浓缩公司总会计师

李民英同志从1976年起一直在中核兰州铀浓缩公司（五〇四厂）从事财务工作，2005年起担任企业总会计师。

先后参与制定了企业的"十一五"规划、五〇四示范工程等重大项目建议书和科研报告的编制工作。积极通过各种融资渠道筹措工程建设资金；合理安排资金，提高资金使用效率；吃透国家税收政策，积极争取税收优惠；大力推行全面预算管理，使公司资产管理效率和管理效益极大提高，公司连年被评为甘肃工业60强企业。重视企业制度建设和风险控制工作，组织开展了会计内部控制制度的有效性评估工作，有效防范了经营和财务风险，会计信息质量进一步提高，连续两年被中核集团评为财务决算优秀单位。

李宏伟 —— 济南铁路局总会计师

李宏伟同志长期从事财务和经营管理工作，熟悉国家有关法律条规和政策规定。其工作站位高，宏观驾驭能力强，善于把握工作全局，有较强的创新意识，对理顺新体制下的财务及经营管理关系、完善管理体制、强化运作机制、提高经营效益发挥了重要作用，为铁路运输业的发展和社会综合效益的提高做出了突出贡献。李宏伟同志善于思考，管理思路清晰，坚持以资金管理为主线，不断加强基础管理，完善内控机制，先后完善了全局资金集中归集、统筹制度，实现了全局资金集中管理、集中调度和运用，保障了运输生产和铁路建设资金供应，提高了资金使用效益；建立了资金大额联签、银行直接兑付等资金内控制度，组织与银行签订《账户及资金监控协议》，实现了"银企互联互控、交易数据集中、资金归集统筹、财务统一管理、稽核实时监督"。

李建生 —— 中国中铁股份有限公司副总裁、财务总监、总法律顾问

20多年来，李建生同志呕心沥血，积极献身企业财务会计事业。担任中国铁路工程总公司总会计师和中国中铁股份有限公司财务总监以来，她带领全公司财务会计系统的同志，以全面实施《会计法》为基础，紧紧围绕企业发展战略目标和生产经营中心，健全制度，规范管理，不断优化资产质量，逐年提高经济效益，为企业改革发展做出了突出贡献。主要工作有：付出百般艰辛，完成境内外上市工作；积极探索，科学的会计制度体系初步建立；强化管理，集团资源得到有效整合；加强过程控制，资产质量持续改善；强化资金管理，财务资源使用效率不断提高。

李忠信 —— 中铁十七局集团有限公司总会计师

李忠信同志主持十七局财务工作20多年，始终坚持积极稳健的理财思路，奉行 "诚信为本、操守为重、坚持准则、不作假账"的职业信条，创造性地提出了"大经营、大资金、大成本"的财务理念和"三好，四实，三确保"的理财方针；确立了"企业管利润，项目控成本"的管理机制；在全集团范围内强力推行"双目标"（目标成本和目标利润）、"两挂钩"管理举措和"四化、五统一"建设，促使企业步入了低成本竞争、高品质管理的健康快速发展轨道。企业主要经济指标连年实现新跨越，位居本系统前列。

他本人先后荣立一等功三次、三等功两次，分别被铁道部授予"火车头奖章"、"全路先进会计工作者"、"山西省劳动模范"、"山西省会计标兵"、"山西省杰出会计工作者"等荣誉称号。

李春光 —— 中国石油化工集团公司党组成员、副总经理（分管财务）

李春光同志作为协助一把手分管财务的副总经理，在财务管理上，紧紧围绕石油石化发展形势和企业发展战略，结合建设具有较强国际竞争力跨国能源化工公司的目标，构建以 "集团化财务集中管理体系"为主线，资金集中管理为平台，会计一级核算为阶段性目标的举措。在日常工作中，能够坚持以创造性思维谋划推进财务管理工作，先后在实施全面预算管理、强化资金集中管理、夯实会计核算基础、强化资产运营管理、建立健全内控体系等方面提出了一系列新思路新举措，为提升财务管理水平、提高企业经济效益发挥了重要作用。同时，针对非上市财务现状，从2006年起以清理整顿为抓手，解决企业多年来存在的投资过滥、分布过散、投而不管、投无效益等问题，切实贯彻落实党中央关于国有经济布局和结构调整的要求，从根本上解决困扰非上市多年历史包袱沉重的问题。在队伍建设方面，能够根据形势发展需要和财会职业特点，不断推动人力资源开发，逐步打造了一支素质过硬、堪当大任的财会干部队伍。

李 耀 —— 中国航空科技工业股份有限公司副总裁兼财务总监

　　李耀同志作为香港上市公司的财务负责人和国内上市公司的法定代表人，为中航第二集团公司的现代企业制度建设与发展做出了贡献。

　　认真贯彻落实中航第二集团公司"专业化整合，资本化运作，产业化发展"的发展思路，实现了中航科工在香港主板市场的发行成功，成为十大军工企业中主业在海外上市的唯一一家企业；认真应对挑战，从体系、制度建设入手，努力做好中航科工的财务管理工作；立足中航科工特点，组织建立了有效的证券法律的信息披露系统和内部控制沟通系统；建立健全内部审计制度，强化内部控制机制。在公司董事会下设立审计委员会，并选派有责任心的骨干力量组成内部审计部，专职负责内部审计工作；知难受命，勇挑重担；热情进入角色，积极梳理经营环境，推动昌河股份逐步走出低谷，为企业的持续发展创造了条件。

杨会圣 —— 江南机器（集团）有限公司总会计师、董事

　　从连续9年亏损、累计亏损达2.7亿元到2007年实现利润5429万元，职工人均年收入从2000年的7911元增加到2007年的28000元，从湖南省特困企业到"湖南省百强企业"，江南机器（集团）有限公司的跨越发展，杨会圣同志在其中发挥了重要作用，做出了突出贡献。如今，杨会圣同志又在谋划江南机器整体上市工作，为拓宽公司更加广阔的发展空间而不懈努力。

　　杨会圣同志具有扎实的工业企业会计专业知识，具有组织领导大型企业财务决算、财务管理、实现资本有效运营、成本有效控制的能力。按照兵器集团公司的要求，结合企业特点认真建立健全公司财务会计管理体系和管理制度，积极参与公司经营决策及科研、产品开发、物资供应、产品销售等工作。注重与班子整体的协调，很好地履行了财务管理、运作及监督的职责。

杨兴芬 —— 中信泰富特钢有限公司财务总监

　　杨兴芬同志现为江阴兴澄特种钢铁有限公司董事，中信泰富特钢集团财务总监。在推进兴澄特钢和中特钢铁事业发展中，作出了重要贡献，取得了骄人业绩。

　　她凭借着扎实的业务功底和高度的责任心，积极参与制定企业发展战略，为澄钢跨越式发展保驾护航；与时俱进，规范会计核算，不断创新财务管理，有力地促进了企业改革和转轨变型；资金是企业的血液，企业要发展，没有资金是不行的。在产品升级、转轨变型的过程中，作为总会计师的杨兴芬一直担负着全公司资金筹措的重要任务；多年来，杨兴芬带领大家在认真贯彻执行国家的各项方针政策和财经政策法规的同时，悉心研究各项政策法规，为企业提供重大决策的政策依据，从财务运作的角度，用足用好国家优惠政策，增强了企业发展后劲。

杨国光 —— 中国电信股份有限公司四川分公司党组成员、副总经理、总会计师

　　杨国光同志善于根据企业发展的不同阶段，从促进企业持续健康发展的战略高度，研究确定财务管理的重点环节，紧盯目标、竭尽心智，积极推进财务战略规划、体制机制改革、企业价值管理和风险防范等工作，带领公司全体财务管理者创造了一流业绩，在企业内部建立起了集中、统一、规范、高效的财务管理体制和适应企业发展与战略转型要求的财务运行机制，使中国电信四川公司的财务管理水平走在中国电信集团前列。

　　自2000年中国电信集团成立以来，四川电信承接了集团财务几乎所有的改革和试点，率先启动或试点实施了资金收支两条线、全面预算管理优化、资金运营管理系统、固定资产流程优化、ABC作业核算、内控建设和评估、财务共享服务中心等项目，为全集团做出了重要贡献。

杨国玲 —— 中石油玉门油田分公司（局）副总经理（副局长）兼总会计师

　　杨国玲同志身居中国石油工业摇篮，在近30年的财务管理生涯中，铸就出一套企业经营管理的真本领和硬功夫。她率先在中石油上市业务和托管企业推行全面预算管理；率先在未上市业务推行以货币资金"封闭运行"和"收支两条线"为标志的资金集中管理；率先推行以人员集中办公为标志的会计集中核算；率先在未上市业务推行内控体系建设，促进了企业经营管理制度化、规范化和效益化。担任总会计师以来，严格遵守会计制度，维护财经纪律，大力开展增收节支、节能减排活动，连年完成上级下达的生产经营指标，上交国家税费直线上升。大力改革财务激励机制，推行按"投资确定现金流回报"制度，实现了资产的有效增值，为玉门油田再创辉煌做出了重大贡献！

杨毅辉 —— 西安飞机工业（集团）有限责任公司副总裁、总会计师

　　近年来，杨毅辉同志认真贯彻国家各项财经政策，带领西飞公司财会人员发扬"激情进取、志在超越"的航空人精神，努力创新财务管理，夯实会计基础工作，促进了综合财务管理水平的提高，企业科研生产经营稳步发展，各项经济指标连创新高，其主要业绩有：(1) 以制度建立、修订为重点，努力推进了内控制度建设；(2) 认真开展全面预算的研究工作，建立了全面预算框架体系，打通了编制流程，为全面预算的开展提供了坚实的基础；(3) 创新资金运作方式，提高了资金管理水平和资金使用效率；(4) 配合公司各项改革进程，努力做好渭原公司破产等项工作，积极做好西飞国际股权分置改革工作和增发工作；(5) 积极开展纳税筹划工作、组织做好清产核资后续管理工作、不断推进信息化建设，成效明显。

邱嘉臣 —— 广东省机场管理集团公司财务部部长

邱嘉臣同志在15年的财务工作历程中，始终恪守会计人员职业道德，刻苦学习专业知识，勤奋工作，工作经验丰富，财务专业理论水平较高。1998年荣获民航总局"民航先进财务工作者"称号。担任集团公司财务部部长以来，工作业绩突出：坚持引入先进财务管理理念，积极推行全面预算管理，大力倡导全面风险管理；不断完善财会制度，精心组织财务工作；积极开展资本运作，加强企业融资管理，积极参与经营管理，全力协助上级领导做好财务决策；注重财务人员队伍建设，不断提高财务人员素质，为集团公司在确保财务运行规范和高效、提升企业财务管理水平、拓宽投融资渠道、提高资金利用率和开辟新的收入增长点等方面做出突出贡献。

陈云富 —— 方远建设集团股份有限公司总会计师

陈云富同志担任总会计师以来，负责建筑总承包特级资质大型企业的财会管理工作，根据企业发展的需要，开创了会计基础工作规范化、会计电算化、内部控制制度化的新局面。出色地组织和指导所属单位的财务会计开展工作。

为控制子公司财务风险，他提出对子公司财务负责人委派制及定期轮岗，进行定期和不定期内部审计；执笔制定《方远建设集团财务管理办法》等一大批企业财务制度，使企业内部控制得到进一步规范；他组织建立了财务结算中心，由公司统一对外办理结算、贷款，保证企业正常生产经营资金的需要，从而减少资金存量，降低财务费用。合理安排资金预算，安排部分资金参与BT项目招标，为公司提高经济效益和社会效益、在公司申报建筑总承包特级资质过程中做出了重要贡献。

陈育培 —— 成都发动机（集团）有限公司副总经理、总会计师、董事

陈育培同志作为成发集团财务系统的领军人物，从1996年起，先后与成发集团的三任总经理共事，成为成发集团最高决策机构的重要成员。在20世纪90年代后期，也就是他就任总会计师初期，成发集团这个国家"一五"期间156个重点建设项目，职工人数2万多人的大型国有军工企业，年收入不到3亿元，实际资产负债率近130%，企业包袱沉重，债台高筑，企业的生存到了步履维艰的境地。在无数次的困难和挫折面前，他沉着应对，扎实工作，激情进取，亲自组织和参与了成发集团的重大改革，发展工作，为成发集团扭亏脱困、改革创新、搬迁调整、生产经营指标完成和实现集团愿景目标做出了重要贡献，为成发集团下一步又好又快发展夯实基础。

屈玲妹 —— 桐昆集团股份有限公司财务总监、董事

屈玲妹同志20多年一直立足会计岗位第一线，兢兢业业，伴随企业从一家乡镇企业发展成为今天的中国企业500强。主要业绩有：

(1) 在兼并收购破产企业中，为公司领导决策提供了精辟的分析意见，最终促成兼并三家倒闭企业，使公司实现低成本扩张。(2) 2000年公司投资建设当时在国内具有领先水平的涤纶长丝熔体直纺项目（中国桐昆化纤工业城），总投资达13.8亿元。(3) 2003年撰写了集团《管理制度汇编》的财务管理篇及其他相关实施细则，为实现企业良好的内部控制起到了至关重要的作用。(4) 规范业务流程，加强业务监控，主持设计了《业务流程卡》，从产品出库、价格审批、款项支付、财务开票结算到产品门卫放行，都在一卡体现。

罗明亮 —— 重庆水务集团股份有限公司总会计师

罗明亮同志在不同领域持续创新、成果丰富，为集团在近几年实现跨越式发展作出了突出贡献。他以管理制度优化、发展丰富、引领专业团队取得成果丰富。(1) 在重庆市率先构建了"集团型财务智能控制（FIC）系统"，重庆市国资委已决定在市属国有重点企业推广。(2) 率先开创了重庆市国有企业会计制度的先河，组织5种不同行业会计制度转换，使集团良好的财务状况得以及时集中真实反映，使集团及时有效融资。(3) 主持制定了近30万字的集团性财会管理制度，而且将制度、国际通行的COSO关键内控点等由人为内控转化设置到现代FIC系统中进行自动控制。(4) 有效深化会计诚信工作、提升专业团队素质。专门建立"RTX"系统平台，实现专业团队适时自发在线切磋与交流。

姚远国 —— 中国核工业华兴建设有限公司董事、总会计师

在长达30余年的财务工作中，尤其是在走上华兴公司高层领导岗位后，姚远国同志为推进企业改革，加强经营管理和财务管理，建立和完善现代企业制度，促进企业发展和国家经济建设，付出了艰辛的努力，在管理工作中取得了优良业绩。(1) 组织、参与企业改革改制和主辅分离工作，为公司成功实施军工企业特例债转股做出了重要贡献；(2) 构建具有华兴特色的财务管理体系，保障公司实现跨越式发展；(3) 构建全面预算管理系统，保障公司经营目标实现；(4) 构建资金统一结算系统，有效实行资金集中管理；(5) 构建统一核算系统，提高财务信息质量；(6) 建立财务控制系统，提高内控能力；(7) 构建财务预警系统，防范财务风险；(8) 构建成本管理系统，实施低成本战略。

宫令义 —— 上海汽车集团（北京）有限公司副总经理（分管财务）

宫令义同志长期工作在财务战线上，近30年的财务管理工作经历，形成了他遇事冷静、思维缜密的职业素质。2003年中国汽车工业总公司被国资委宣布资产重组，总部资产无偿划归上海汽车集团有限公司，工业企业全部划归地方。在这种情况下，职工情绪极不稳定，作为中国汽车工业总公司的副总会计师，宫令义同志以大局为重，积极做职工思想工作，安抚情绪，使财务工作有序进行，保证了重组工作的顺利进行。

上海汽车集团（北京）有限公司成立之初，宫令义同志就将工作重点放在抓好财务基础规范工作，建立了一整套内控制度。各项业务实现流程管理，明确各控制点的职责，使公司的财务管理工作严格制度化、规范化。

柳林芳 —— 中国网通集团山东省分公司总会计师

作为山东网通的总会计师，柳林芳同志以其突出的宏观协调能力、专业技术水平得到各级公司领导的肯定；以沉稳务实的工作作风和全身心的工作付出赢得了企业持续健康发展的良好局面；以廉洁奉公、坚持原则的人格品质和突出的工作业绩受到公司员工的高度评价。主要业绩如下：

致力于构建以价值管理为核心的新型财务管理体系，在全省建立并逐步完善从企业战略到绩效考评的全过程、数字化预算管理流程；完善了省内高度集中的资金管理流程；搭建了全省集中的固定资产网络化管理系统和工程建设管理系统，以提升EVA为导向，在企业内部广泛开展资产经营工作。2004年以来山东网通效绩考核成绩一直在集团公司名列前茅，同时多项管理创新工作在全集团得到了推广。

段大为 —— 三一重工股份有限公司副总裁兼财务总监

2007年，三一集团实现销售收入135亿元，超过上年65%，实现利润40.2亿元，为历年利润总和，成为中国工程机械行业的龙头企业。

段大为同志是一名伴随企业从逆境中一起成长的高级管理人员，他专业知识扎实、实践经验丰富、管理创新能力强，为公司的蓬勃发展做出了不可估量的重大贡献。他坚持科学发展观和创新精神，强化国际化经营背景下的财务风险管理、实施全球物价上涨背景下的战略成本管理、持续推进新型工业化背景下的财务管理信息化，在财务风险管理、战略成本管理、财务信息化管理方面，取得了显著成就，为促进企业的快速健康发展做出突出贡献。他积极建立子公司财务负责人5+3绩效考核机制，重视财务队伍建设，提倡强化人员培训机制。

胡显勇 —— 新余钢铁有限责任公司副总经理、总会计师

胡显勇同志主管新钢公司财务工作以来，创新管理，夯实基础，深挖内部潜力，拓宽融资渠道，极大地提高了企业财务管理水平，为企业的改革和发展做出了突出贡献。

（1）着力建立高效有序的财务运行体系，制定符合公司实际的财务会计制度和内部控制制度，建立较为科学、规范、严谨的会计核算体系和内部控制体系；（2）因地制宜、科学制定公司内部经济责任考核体系，全面提升了公司生产水平和经济效益；（3）始终坚持把资金管理作为财务管理的核心工作来抓；（4）充分发挥财务的生财、聚财职能，创新融资手段，保证了企业生产经营和技改建设资金需求；（5）通过控股上市的新华股份公司非公开发行A股股票，成功实现整体上市。

赵文祥 —— 中铁十三局集团有限公司总会计师、党委常委、董事

中铁十三局集团公司是集施工、设计、科研为一体的国有控股特大型建筑施工企业，年施工能力100亿元以上，是世界500强企业中国铁建股份有限公司的二级法人单位。该同志长期工作在集团公司各级财务领导岗位上，具有军队磨炼的特别能战斗、特别能吃苦的拼搏奋斗精神和坚忍顽强的意志品质，呕心沥血、兢兢业业，为局集团的财经管理、财务制度和财会队伍建设做出了突出贡献。他推行财务集中管理，财务信息化管理在国内建筑领域处于行业领先地位；大力推行责任成本管理，实行低成本发展战略；实行全面预算管理，严格控制非生产性支出；大力改善财务状况，提高资产质量，防范财务风险；强力推行会计委派制，重视人才培养，财会队伍建设成效显著。

赵昱锋 —— 中国电信海南公司财务部总监

赵昱锋同志从积极改善投资结构，大幅降低企业负债，到迅速推行财务派驻制，进一步加强财务规范与管控，再到积极实施节能减排政策，提倡全员节水节电，公司整体业绩在行业内显著提升，财务基本面也得到明显改善，体现了小财务做出大转型的清晰思路和工作成效。他巧借2003年日元LIBOR历史最低点时机，成功置换了25亿日元外国政府贷款。为企业每年节约利息支出约300万元；优化整合物资管理，推广虚拟库存、试行经济库存，仅资金占用成本每年节约150万元；创新财务派驻体制，实现了20家分支结构遍布全省、资产规模近50亿元企业的集中会计核算；为积极应对企业战略转型对财务提出的要求，切实转变财务工作观念，当好战略管家的角色，更好地为企业前后端服务，支撑企业转型。

赵晋德 —— 陕西航空工业管理局副局长、总会计师

赵晋德同志自1967年参加工作以来，长期在财务会计和审计岗位工作。特别是担任企业和局总会计师十多年来，认真学习，努力工作，为单位的财务会计工作和人才培养、队伍建设做出了贡献。在改革开放和军工行业适应市场经济体制改革过程中，组织企业建立了现代企业管理体系，构建了适应现代企业体系的财务会计核算和管理系统。多次参与航空工业系统的财务会计制度建设和会计人员职业道德教育活动，得到领导的好评和同行的充分肯定。积极组织航空工业在陕企、事业单位的改革重组工作，在落实中央关于军工企业改革脱困工作中做出了重要贡献。

赵璟璐 —— 首都机场集团公司总会计师

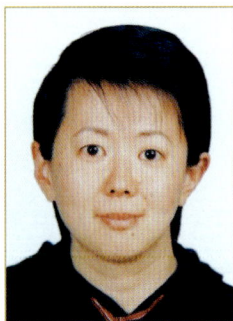

赵璟璐同志1992年大学毕业后一直在民航总局从事财务和资金管理工作。在此期间，主要参与和负责民航系统财务和资金的管理工作，一方面以外资、境外资金和对外经济合作项目等多种方式，积极拓展民航系统内的外部融子渠道；另一方面积极组织系统内专项基金的征缴，审核控制民航预算资金的使用。2007年担任首都机场集团公司总会计师兼财务部总经理以来，主抓集团公司的财务、资金、金融产业等工作。不断完善财务管理的各项规章制度，大力推进全面预算管理、全面成本管理，大力加强集团公司系统的财务管理工作，为提高集团公司的经营效益、全面实现集团公司资产经营和资本经营的各项目标发挥着至关重要的作用。

夏曙锋 —— 北京北大千方科技有限公司财务总监

千方集团是中国最大的交通信息化整体方案的提供商，是国内最大的实时交通信息提供商，出租车媒体业务在国内排在前两名。

3年审计与咨询工作经历，养成了夏曙锋脚踏实地、思维缜密的行事作风；六年高新技术企业的财务管理探索与实践，造就了他开拓创新、务实求真的职业素质。在近10年的财务管理工作中，坚持科学发展观和创新精神，融个人成长于企业进步，在高新技术企业内部控制与风险管理、资本运营等方面的工作中，做出了有益的探索和突出的贡献。在他的主导和管理之下，千方集团协同境内外近20家分子公司，形成了财务管理流程完善、企业信用良好、盈利能力强大、融资渠道畅通的局面。

袁小平 —— 海口市水务集团有限公司财务总监、副总经理、监事

　　袁小平同志从事财务、会计、审计工作20多年，具有较高的理论水平和丰富的实践经验。曾成功策划浙江京新制药股份公司改制并上市发行，募集资金1.8亿元人民币；巧妙运作使海口农工贸（罗牛山）股份公司在证券市场增发新股，募集资金4.8亿元人民币；作为主要参与者策划、设计了海口市水务集团公司的重组、招商方案，在公司重组、招商工作全过程中提供了财务、会计、税务、国资等方面的专业支持和保障，使集团公司的国有资产由3亿元人民币增值为9亿元人民币的情况下，还保持了集团公司在合资公司的控制权。这一成功案例已成为全国水务市场招商的典范，得到了国家发改委和国家建设部的充分肯定。

高　颖 —— 北京《瑞丽》杂志社总会计师

　　高颖同志先后在外贸公司、投资公司、出版社等企事业单位担任会计主管和财务负责人，积累了丰富的财务管理经验。自担任中国轻工业出版社财务处长及北京《瑞丽》杂志社总会计师以来，通过一系列创新手段，积极推动了会计核算和财务管理的现代化，提升了整体财务管理水平。

　　随着市场经济和财会行业的快速发展，高颖同志在工作中不断创新，加强制度建设。她从企业集团化管理的高度出发，将集团分散管理的下属公司财务会计工作纳入了社财务管理体系，主持制定了会计委派制、财务总监授权制、预算管理、财务报表及财务报告管理、成本控制、内部审计及稽核制度等一系列管理制度，形成了集团财务会计管理的制度体系，使会计核算及管理水平有了较大的提高。

崔立中 —— 中国水利电力对外公司总会计师

　　中国水利电力对外公司是一个跨国经营的大型国有企业，是国务院最早批准成立从事国际承包工程业务的外经公司之一。

　　崔立中同志在中央财经大学从事教学研究工作11年间，为培养在校学生和培训国家机关在职干部做出了积极贡献。2004年起在中国水利电力对外公司工作期间取得的业绩主要有：组织完成了公司清产核资全面工作并争取到了经国资委批复的优惠政策；参与研究公司的发展战略，推进重组工作；加强内部控制、风险管理和财务会计制度建设、抓好资金管理工作；推进公司财务信息化建设，提出重新构建公司财务管理软件系统的设想，并组织前期调研、招标评标及项目实施工作。

崔居易 —— 山东如意科技集团有限公司总会计师

山东如意科技集团有限公司是多元持股的大型中外合资企业，国家级高新技术企业，纺织产业突出贡献企业，全国纺织十佳经济效益支柱企业，中国毛纺织最具竞争力十强企业。

在崔居易同志的主持下，目前，公司全部核心子公司财务实行集中式财务管理模式，实现了财务、业务一体化管理。财务管理决策权高度集中于集团公司。子公司的利润分配、费用开支、工资及奖金分配、财务人员任免等重大财务事项都由集团公司统一管理。通过集中式财务管理模式，集团管理层才能在事业部经营信息方面与事业部管理层取得对称，得以建立对事业部运作中的事中管理控制权，预防财务风险的发生，并有助于及时、准确地进行绩效考核，充分发挥集团资金管理中心、集团结算中心、财务管理中心的职能作用。

崔保双 —— 保定天威集团有限公司董事、财务总监

崔保双同志在企业从事财务工作20多年，先后任职于三家企业。在河南中光学集团有限公司任总会计师期间，正遇上企业产品调整期，传统光学产品市场竞争激烈，产品价格不断下降，企业处于亏损局面。崔保双同志围绕企业的发展战略，运用财务管理手段，优化资源配置服务于发展战略。2006年，被委派到西安昆仑工业集团有限公司任总会计师，从光学行业转向机械行业，她到企业后能够根据企业实际情况，发挥自己特长，创造性地开展工作。2008年，崔保双同志被委派到保定天威集团有限公司担任财务总监。天威集团是我国著名的输变电产品生产企业，规模大，并且正处于新能源项目的建设期，她已经在协调落实项目资金到位、多方努力优化企业负债结构、加强财务信息化建设方面做了大量工作。

曹均尧 —— 黄河万家寨水利枢纽有限公司副总经理兼总会计师

曹均尧同志为黄河万家寨水利枢纽有限公司的发展做了大量卓有成效的工作。

他负责公司股本结构调整工作，主持编制了股权调整工作方案；主持公司60多项规章制度的制定和汇编工作，确保了公司各项工作有章可循、有法可依；负责公司电价的报批和调整工作，努力争取最有利的上网电量和电价，保证公司经营目标的实现；主持审查上报公司各年度预算，公司通过加强和完善预算管理，严格控制支出，节约了成本；主持"黄河万家寨水利枢纽有限公司战略发展规划"的编制工作，确立了公司未来10年的总体发展战略目标，使公司科学发展的导向更加明确，重点更加突出。

温青山 ── 中国石油天然气集团公司副总会计师兼财务资产部主任

温青山同志在中国石油天然气行业拥有近30年的工作经验，在工作中认真学习邓小平理论和"三个代表"重要思想，深入贯彻落实科学发展观，在集团公司党组的领导下，紧紧围绕建设综合性国际能源公司奋斗目标，按照服从和服务于改革发展稳定大局和转变经济发展方式的要求，组织带领财务系统干部职工积极探索并构建与公司发展目标相适应的财务管理体系，加快推进境内外资金集中管理和集团层面会计一级集中核算，着力加强财税政策研究、财务稽查和整合重组资产管理，努力做好年金资金管理和石油商业储备工作，加强总会队伍建设，财务资产管理水平得到进一步提高；开拓创新、勤奋工作，坚持原则、勤政廉洁，具有强烈的工作责任感与使命感，为实现集团公司又好又快发展和保障国家能源安全做出了积极的贡献。

焦文军 ── 天津天狮集团副总裁兼总会计师

焦文军同志作为天狮集团CFO和上市公司CFO，在战略规划、资金管理、全面预算与绩效管理、财务信息化管理、资本运作等方面提出了创新性、独特性管理方法，在他所在的8年期间，集团效益之所以每年翻番，经济效益迅速提升，取得如此辉煌的成就，这与他个人优异的能力和辛苦的努力是分不开的。焦文军同志的具体工作事迹如下：协助集团董事长制定集团发展的长、中、短战略规划，并推进执行；主导了集团兼并、收购与重组，设计出科学的公司治理体系；主导了集团在美国资本市场股票上市（已列入经典案例）；主导天狮美国上市公司的全面管理(证券法规、再融资、公共关系、路演、对外文件发布、财务报表等)；主导了内部控制体系的建立(SOX-404)；主导了全球风险管理体系的建立(预警、改进模型)。

董爱民 ── 中铁二十五局集团电务工程有限公司总会计师

董爱民同志从事财务工作21年。多年来，她无私无畏、勤廉双优。紧紧围绕公司财务管理工作，适应现代财务管理的要求，促进和提高了管理水平，为企业改革和发展做出了应有的贡献。企业财务的发展如何顺时应势，乘时运势，抢时夺势，已成为所有财务管理者关注的问题。董爱民始终认为：企业的财务不仅要有科学精细的日常管理，更需要有高瞻远瞩的战略眼光和战略思想。作为现代财务管理者不能只想着为财务服务，也不能只想着为微观经济服务，而是要为经济社会的科学发展服务。

谢云双 —— 深圳航空有限责任公司总会计师

作为深航财务系统的当家人，谢云双总会计师秉持"战略财务、经营财务"理念，创建财务罗盘模式、全面预算管理理论，主推国外先进管理工具，开理论之先河；通过成本控制、资金管理以及信息化建设三个着力点落实经营财务，连年实现吨公里成本费用、吨公里利润水平行业领先地位。

2005年谢云双同志根据深航实际，开创性地提出财务罗盘管理模式、全面预算管理理论，同时积极借鉴平衡记分卡及精益六西格玛等优秀理论工具，从而为战略领航提供了扎实的理论土壤。2007年谢云双同志亲自指导财务罗盘管理模式的创建研究工作。财务罗盘明确了深航财务体系的发展方向，确定了财务系统的整体定位，即战略推助、资源保障、集团管控、决策支持。

谢雅芳 —— 杭州解百集团股份有限公司董事、副总经理、总会计师

作为一家上市公司的总会计师，谢雅芳深感责任重大。她围绕实现企业价值最大化、股东投资收益最大化的上市公司财务管理目标，坚持"诚信、依法"的处事原则，以诚信为本，依法理财，在严格贯彻执行党和国家的各项方针政策和财经法规的前提下组织开展企业财务活动。谢雅芳遵循"精细、稳健、周到"的财务管理理念，推行精细化的财务管理，实现全过程的内部控制和风险管理。谢雅芳显示娴熟的资本运营能力，夯实资产质量，提高资金利用率，使财务从管理职能向经营职能拓展，实现企业效益的最大化。谢雅芳十分重视企业信息化建设，她努力将信息系统的开发与实际需求相结合，使管理语言变成计算机语言，借助现代化的管理工具，落实科学高效管理，实现管理价值。

熊辉敏 —— 南昌铁路局总会计师

熊辉敏作为国有大型企业主管经营、财务工作的领导，在长期的学习和工作实践中，始终恪守"想事干事成事、诚实踏实务实"的人生信条，凭借自身深厚的理论素养和丰富的实践经验，坚持以人为本、与时俱进、开拓创新，以实际行动和良好的工作业绩为企业发展做出了贡献。(1) 坚持"制度取胜"搭建科学管理平台；(2) 立足市场，合理运作，房地产开发工作成绩斐然；(3) 创新财务管理体制，组织推行"分类、分层、分权"的财务管理新模式；(4) 创新合资铁路管理模式，开创了中国合资铁路经营管理新模式的先河；(5) 坚持"现金流比利润更重要"的理念，倍加重视企业资金管理工作。

樊金汉 —— 沈阳煤业（集团）有限责任公司总会计师

樊金汉同志精通《会计法》、《税法》《经济法》、《合同法》等财经法律法规，充分利用国家法律开展企业生产经营活动，为集团公司的财务工作做出了重要贡献。担任总会计师期间，他主动参与集团公司重大经营决策，为沈煤集团的多元发展和壮大进言献策；推进集团公司产权制度改革，寻找企业改革新突破，为集团公司的发展壮大提供支持和体制保障；积极推进资本运作，扩大企业影响力；加强成本管理与控制，全面实行岗位价值精细化管理、目标成本管理和源头控制；在确保安全生产的前提下，大力提倡节约，大力开展增收节支；支持重点项目建设，对红阳三矿技术改造和干法水泥生产线等重点工程项目，在资金使用方面给予大力支持，使重点工程项目得以顺利实施和按期完工。

戴厚良 —— 中国石油化工集团公司党组成员、中国石油化工股份有限公司董事、高级副总裁兼财务总监

戴厚良同志在中石化集团公司党组和股份公司董事会的正确领导下，坚持"改革、调整、管理、创新、发展"的工作方针，以经济效益为中心，以内部控制为总纲，以信息化应用为手段，以"三基"工作为基础，组织、领导相关部门在深化全面预算和资金集中管理、加强税收筹划和对外投资管理等方面做了大量卓有成效的工作，为中石化财务管理水平的不断提升做出了突出贡献：在戴厚良同志的直接领导下，中石化财务管理水平不断提升，赢得了资本市场的充分认可，先后被香港联合交易所、纽约证券交易所评为"最佳上市公司"。2006年、2007年，公司经营收入每年增长20%以上，在财富全球500强排行榜上节节攀升，目前名列第16位，成为亚洲仅次于丰田公司的第二大企业。

戴爱华 —— 深圳市中汽南方投资集团有限公司副总裁（分管财务）

中汽南方集团近几年发展迅速，营业额迅速攀升，一个快速增长的企业，其财务方面的管控要求非常高。戴爱华同志将公司的管理与财务的专业知识相结合，总结出适合中汽南方发展的一套独有的财务管理方案。组织财务人员进行大胆财务改革创新，倡导财务理念，培育财务团队；建章立制，对企业整体管理水平的提高起到了有力的推动作用，提升财务管理竞争力。在公司连续几年的业绩增长中，由戴爱华同志领导的财务管理团队发挥了积极作用。

中国总会计师协会优秀协会工作者 ◀ ◀ ◀ ·········（排名以姓氏笔画为序）

于 川 —— 中国总会计师协会顾问、铁道部原总经济师、
中国总会计师协会铁道分会原会长

于川同志曾任铁道部总经济师，在他任职期间，兼任中国总会计师协会第三届理事会副会长、中国总会计师协会铁道分会会长。在他担任铁道分会会长期间，分会工作以强化会员职业道德，提升专业知识水平和整体业务素质为工作重点，为会员组织了丰富多彩的活动。参加了全国第二届会计知识大赛获团体第三名，举办了研讨会、总会计师高层论坛；分会十分重视学术研究，完成中总协参与组织的财政部科研课题《总会计师职业道德行为规范》，获一等奖；参加中总协举办的总会计师优秀论文评选，获优秀组织奖。于川同志作为铁道分会的首任会长，为铁道分会的创建和分会工作的积极开拓作出重要贡献。

退休后，于川同志继续担任中国总会计师协会顾问，作为总会计师（CFO）职业资质水平测试专家委员会委员，参与制定了测试项目的标准和指南。

于海阔 —— 河南省总会计师协会副秘书长

于海阔同志自河南总会计师协会2006年12月26日成立后即担任协会副秘书长，负责协会日常工作。两年来在中国总会计师协会的指导支持下，在省财政厅和协会会长、秘书长的领导下，带领和团结秘书处全体同志，开拓进取，取得了显著工作成效：（1）抓好秘书处自身建设，健全办事机构；（2）创办《河南总会计师》杂志，担任常务副主编；（3）组织开展形式多样的工作经验和学术交流活动，提高河南省总会计师队伍的整体素质；（4）组织会员单位积极开展科研活动；（5）配合会计管理工作开展活动，增加协会收入；（6）积极发展会员，增强协会在社会上的影响力。

王家俊 —— 浙江省总会计师协会会长

王家俊同志在浙江巨化集团任总会计师期间就开始参与协会的工作。到目前为止，担任浙江省总会计师协会会长20年。他在工作中大胆改革创新，努力贯彻科学发展观，使协会工作年年有进步，会员队伍不断发展壮大，深受广大会员欢迎。早在2000年该同志提出了"市场经济办协会，会员至上，服务第一"的办会方针。大力发展会员，协会才会有广阔的活动空间，到2008年已发展会员1000余人，成为浙江省总会计师的大家庭。靠服务吸引会员，不断扩大服务内容，举办高层学术活动，帮助企业交流工作经验，开展培训教育，开展评优评选和CFO资质认证，建立网站，出版杂志、著书立说，帮助会员个人解决疑难问题。千方百计开源节流，靠自己解决经费问题，保证协会工作顺利开展，并略有结余。

王锁川 —— 中国总会计师协会兵器分会副秘书长

王锁川同志从事中国总会计师协会兵器分会工作及《兵工财会》负责人8年来，热心主动、积极认真，在兵器两集团公司领导、兵器分会领导支持下，同秘书处同志一道，为兵器分会和《兵工财会》办刊工作的开展做了大量工作。积极推进兵器分会的筹办，多方沟通联系，推动和促进了兵器分会的成立；认真贯彻学习协会、分会章程，坚持奉献服务宗旨。坚持为兵器两集团公司的经营发展和财会事业服务；开展丰富多彩的培训学习、理论研究、时间交流等活动，为培养兵器财务高管队伍和财会人才队伍贡献了力量；带动了广大总会计师和财务高管参加分会活动的热情和积极性。

王瑞春 —— 沈阳总会计师协会秘书长

王瑞春同志在工作中能坚持原则，作风正派，严守纪律，廉洁勤政。热爱总会计师事业，树立爱岗敬业精神，善于团结同志，全心全意为会员单位服务。按照财政、社科联、民政部门和中总协的要求，认真贯彻执行、努力完成任务；为振兴和促进协会发展，提高总会计师队伍水平，2004～2007年先后组织培训学习580余人次，取得良好效果；热爱本职工作，具有强烈的事业心和责任感，扩大协会组织，积极发展会员，亲自登门拜访，宣传总会计师和协会工作；坚持廉政、简朴工作作风，树立以会为家，促协会长足发展；积极热心为会员服务。

王建华 —— 徐州市总会计师协会会长

王建华同志1999年当选徐州总会计师协会第一任会长，后又连任，至今已有9年。期间王建国同志从认识协会、体会协会、服务协会到创建和谐协会，做了不少努力和探索。他认为要把总会计师协会工作做好，一定要把它当事业来做，有责任感，要用心、要付出、要奉献。自协会成立以来，协会工作紧紧依靠社团组织的有关领导，依靠会计界的专家、教授，依靠广大会员的理解和支持，走出了一条具有自身特色社团组织的路子；坚持以人为木，充分调动广大会员的主观能动性和积极参与意识；积极开展协会活动，增强协会活力，正常、适当的协会活动是提高协会凝聚力和知名度的关键所在；坚持理论研究，搞好学术交流，大大提高了广大会员的理论水平。

刘光运 —— 中国总会计师协会航空工业行业分会秘书处负责人

刘光运同志自2004年负责协会分会秘书处工作以来，热爱协会工作，牢记协会宗旨，践行"家兴桥通"思想，对协会工作具有强烈的事业心和责任感，坚持协会工作与本职工作协同推进，两者相得益彰，取得了显著成绩。他积极进言献策，努力推动协会事业发展。向有关部门建议统筹考虑发挥协会行业性自律组织的作用；开拓进取，扩大协会工作影响。自2004年起，连续组织财务管理论坛，活跃学术气氛，开展理论研究。向《中国总会计师》推荐企事业单位典型材料，支持协会办刊工作；全心全意为会员服务，丰富协会工作内容。坚持为会员办实事、办好事。

向国栋 —— 海南省总会计师协会秘书处主任

2003年2月，向国栋同志受聘组建海南省总会计师协会，筹备期间，他认真参与制定了协会章程、会员管理办法、财务管理制度等相关文件，并积极向社会各界宣传办会宗旨，努力发展和召集单位会员、个人会员，为海南省总会计师协会的成立奠定了良好的基础；2003年8～10月期间，在上级领导的大力支持下，对海南省各大中型企业的总会计师的设置情况进行了全面的摸底调查并撰写了调查报告，上报省财政厅。使上级行政职能部门及时了解省总会计师队伍及人员的现状，为其做出相应的行政决策提供了有力的依据。自2005年海南省总会计师协会被中总协定为冬季培训基地以来积极主动地与中总协培训部进行联系，协调好各方面的工作，成功组织了五期全国培训班工作，受到"中总协"领导及各地方协会领导的认同。

孙志让 —— 北京总会计师协会副会长兼秘书长

孙志让同志为北京总会计师协会的发展和壮大做了大量的工作。在他的组织和带领下，北京总会计师协会认真履行"服务、沟通、协调、管理"的职能，维系服务于总会计师事业和会员的根本宗旨，积极发展会员，认真组织开展各项活动，取得了显著成绩。加强组织建设，促进协会发展；开展业务培训，全面提高素质；组织论文撰写、推动学术研讨；加大纵横交流，扩大协会影响；参与社会活动、推动协会建设；协会是一个松散型的群众团体，开展工作有一定的难度，孙志让同志作为协会秘书长，在主管单位市财政局的领导下，紧密团结协会的骨干力量，全心全意为会员服务，积极拓展协会的各项职能，发挥了协会在经济建设和社会发展中的重要作用。

朱建碧 —— 重庆市总会计师协会常务副秘书长

朱建碧同志在协会工作6年中，认真贯彻执行党和国家的方针政策，遵守协会章程，在协会第一届工作中做了大量工作。在协会成立之初，努力做好筹备工作，会员的组织，协会章程草拟、制度的拟定等，使协会成立时基础工作顺利完成。在组织协会活动方面：开展学术交流，创新学术活动，举办专题讲座；组织会员进行经验交流活动；推动协会各小组活动开展；组织会员参加中总协优秀论文评选活动；组织开展岗位培训活动；定期向会员提供信息资料等活动。协会组织建设和秘书处基础工作方面：积极发展会员；组建活动小组；组织开展先进评比活动；建立协会岗位责任制，财务会计制度，费用报销规定，审计制度；加强协会档案管理；注重会费收缴工作；主动热情为会员服务。

余 汛 —— 湖北省总会计师协会培训部主任

余汛同志曾任国有企业总会计师和政府部门审计处长。2005年3月进入湖北省总会计师协会秘书处，担任培训部主任，同时兼任协会出纳、文秘等工作。该同志热爱并积极投入总会计师协会的工作，热心为会员服务，工作能力及适应能力较强，在协会的培训、财务、文秘和其他各项事务性工作中都能发挥积极作用。

2005年、2006年和2008年，三次牵头，成功组织了对武钢等大型企业的会计从业人员继续教育培训，培训学员人数共计近9000人次；2006年，作为协办中总协三届四次理事会暨"科学发展观与总会计师"论坛湖北方的总联络员，为大会的成功举办做出了一定贡献； 2007年，在湖北省首届优秀CFO评选活动中，参与了宣传、组织、评审、公示等各个环节的工作，为活动的顺利开展发挥了积极作用。

张志鸿 —— 中国总会计师协会轻工分会副会长、秘书长

张志鸿同志从事财务会计及管理工作已40余年，有非常丰富的会计专业和财务管理经验。2005年进入"中轻联"工作以来，致力于筹备组建中国总会计师协会轻工分会各项工作，并于2006年初获得"中总协"和民政部门批准。

轻工分会成立3年来，在"中总协"和分会领导的支持指导下，张志鸿同志全面主持分会秘书处工作，在仅有两位专职工作人员的情况下，组织开展了多项专业活动，受到广大会员单位财务人员的欢迎和好评。其中主要有：成功举办轻工系统总会计师职业资质水平测试培训；多次组织轻工行业各企事业单位财会人员举办"新会计准则"和"企业所得税法"业务学习培训班；定期编辑出版内部专业刊物，及时向会员单位通报最新财会信息；根据挂靠单位"中轻联"的重点工作安排，组织专业人员连续三年对所属20余个企事业单位进行财务检查和咨询，并出具"财务检查建议书"，为规范轻工系统财务会计秩序、提高财务人员业务水平做出了突出贡献。

张 颖 —— 辽宁省总会计师协会秘书长

张颖同志担任辽宁总会计师协会秘书长以来，凭借着高度的责任感和强烈的事业心以及良好的职业道德和全心全意为会员服务的精神，锐意改革，打破了辽宁总会计师协会沉寂多年的工作局面，使协会越来越具有吸引力、凝聚力和活力，开创了协会工作的新局面。

（1）精心策划，勤奋工作，圆满完成协会换届；（2）建章立制，规范运作，保证协会健康发展；（3）充分利用外力，举办各类优秀论文评选和研讨会、高级会计管理人员培训班，增强总会计师和财务负责人的履职能力，提升总会计师参与企业发展战略与财务决策的能力；（4）不断发展新会员，全心全意为会员服务。

张德仪 —— 山西省总会计师协会副会长

张德仪同志对协会工作具有强烈的事业心和责任感。自2004年担任山西省总会计师协会副会长以来，始终致力于积极发展会员，扩大协会组织。目前山西省交通系统的直属事业单位、高速公路建设单位多数加入了总会计师协会成为单位会员，作为交通厅党组成员、总会计师，张德仪同志肩负着为省各项交通建设事业发展筹集资金和管理资金的重任，日常工作非常繁忙。但这丝毫未影响该同志积极投身于协会的各项工作，认真组织开展各项活动。他定期组织学习宣传国家相关财经法律法规和方针政策；对总会计师进行诚信教育，开展诚信建设活动；推动总会计师行业与政府及有关部门、团体进行沟通、协调；积极反映总会计师的有关要求、意见、建议，维护总会计师合法权益。

陈振清 —— 中国总会计师协会石油分会中国石化工作部负责人

陈振清同志自2007年5月被选聘为首届中国总会计师协会石油分会石化工作部（以下简称中国石化工作部）常务副秘书长，负责联系中总协、石油分会和石化工作部的日常管理工作。在担任工作部常务副秘书长伊始，为使中国总会计师协会和石油分会的各项工作安排在中国石化集团公司所属企业得到顺利落实，充分发挥中国石化工作部的基层组织作用，积极与集团公司办公厅协商并确定了中国石化工作部的发文渠道及方式与总部机关相同。由此，使中国石化工作部及总协、分会文件的权威性和执行力度大大提高。

陈振清同志认真执行总协章程和石油分会的通知，积极宣传总会计师协会的性质、宗旨以及会员的权利和义务，为个人会员在石化集团公司发展做出了贡献。

陈 超 —— 吉林省总会计师协会常务副秘书长

勇立潮头，不负众望：开拓创新，积极投身改革，是陈超同志永远追求的目标。坚持"走出去，请进来"的工作思路，紧紧依托资源优势、产业优势，积极开展有针对性的招商引资活动。

清正廉洁，率先垂范：任职吉林北方会计事务有限公司所长一职期间，用自己创造性的管理与工作才能，使事务所不断发展。

奋勇探索，务实创新：2002年在全国率先组织开展会计英语培训及资质认证工作。为了强化吉林省会计人员培训，提高会计人员业务素质作为首要任务常抓不懈。

知识下乡，财务培训：从2005年至今，吉林省总会计师协会先后三次组织了赴临江进行义务财务培训活动，为其免费提供教材500余套。作为协会常务副秘书长，陈超同志任这次义讲活动的主讲教师。

周 峰 —— 中国总会计师协会民用航空分会原秘书长

周峰同志于民航分会创始之初即任秘书长一职，经历了协会的筹备、建立、不断完善并走向成熟壮大的过程，为协会的发展倾注了很大心血。对协会员有强烈的事业心和责任感，以及深厚的感情。担任秘书长期间，积极协助会长带领协会工作人员建立规范的组织架构和管理模式，使秘书处工作得以正常开展；组织和参与了两届"三部局"学术研讨会，受到三部局财会界和参与者的一致好评。周峰同志还充分发挥秘书处的作用，切实发挥分会"桥梁"和"纽带"职能：指出秘书处工作要突出服务、沟通和交流。强调秘书处工作人员增强服务意识和工作责任心，发挥主观能动性。积极创建一网一刊，努力使其集专业性、权威性、系统性和及时性为一体满足各界需求。

周 蓉 —— 湖南省总会计师协会秘书

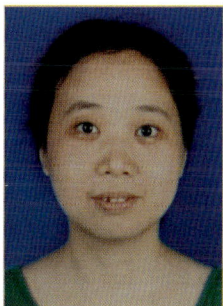

周蓉同志在总会计师协会工作的6年里，始终以饱满的热情，服务于湖南的总会计师事业，出色完成出纳、资料收发、电子邮件收发、文秘、文档资料保管等秘书处的相关工作，并能协助会长、秘书长完成其他工作，如建立健全会员档案，加强会员动态管理、组织境内外考察培训、整理建立全省高级会计人员的档案、会刊"理财"稿件的收集整理等。在联系会员、服务会员方面做了大量的工作，特别是在协会举办培训班中，积极发函、打电话、联系会员，为会员提供食宿安排、打印花名册、打印证书、提供周到热情的服务，为协会的发展做出了积极的贡献。

胡桂珍 —— 中国总会计师协会航天分会秘书长

胡桂珍同志在工作中锐意改革，开拓进取，不断掌握新情况、研究新问题、努力开拓航天行业分会工作的新局面。

该同志对协会具有很强的事业心和责任感，并与秘书处同志一起认真组织航天两大集团及所属成员单位总会计师、财务部门负责人和航天财审战线的理论和实际工作者，根据财审改革与发展的现实需要开展多项课题研究、前瞻性的学术论坛、业务培训和丰富多彩的专题活动。

胡桂珍同志爱岗敬业，在本职工作中努力提高工作质量和服务水平，重视对外交流与合作。通过多种方式扩大航天分会影响，增强航天分会活力，推动理论研究和学术活动的开展，为新形势下航天分会的发展创建了很好的外部环境，取得较好的成绩。为促进中国总会计师协会航天行业分会的发展做出了较重要贡献。

徐锦荣 —— 江苏省总会计师协会会长

徐锦荣同志是江苏高科技投资集团有限公司党委书记、董事长，江苏省总会计师协会会长。该同志有丰富的企业经营管理、投融资决策、公司并购重组等方面的经验，热心总会计师事业，能够妥善处理身兼两职关系，做到集团和协会工作两不误。2005年10月担任江苏省总会计师协会会长以来，以推进总会计师事业建设为主线、以不断提高总会计师的履职能力和综合素质为己任，按照"以会员为本、服务第一，构建和谐协会"的办会宗旨，组织和带领全体会员，开拓创新，锐意进取，扎实工作，不断加强协会建设，开展了会计理论和实务培训、课题研究和经验、学术交流；创建了江苏总会计师协会自己的网站；完成了首批江苏地区总会计师（CFO）职业资质认证试点工作，积极筹办了"江苏CFO高层论坛"；扩大了协会影响、增强了协会活力。

彭晓峰 —— 中国总会计师协会电信系统分会办公室主任

彭晓峰同志作为电信行业分会的基层协会工作者和分会秘书处办公室主任，见证了分会从筹建、成立，到正常运转和日臻成熟的历史全程，并数年如一日地为之辛勤工作，在平凡的岗位上做出了自己的默默奉献！

（1）完成了电信系统分会的机构注册、银行开户和税务登记等事宜，为分会开展工作奠定了基础；（2）参与并起草分会秘书处工作规则等一系列分会规章制度，规范分会秘书处的工作；（3）根据电信行业的现状与特点，建立并完善了分会的电信运营企业联络部工作机制；（4）组织分会会员积极参加总协主办的培训、论坛、优秀论文评选等活动；（5）努力开拓分会的活动，结合分会会员所关心的话题策划并举办了专题讲座等活动；（6）认真落实分会秘书处办公室工作职责，搭建起总协与分会各会员单位、分会领导与分会各会员单位沟通与信息交流的平台。

董 锋 —— 中国总会计师协会常务副会长

自1991年起，董锋同志先后担任中国总会计师协会第一、第二届理事会副会长，第三届理事会副会长兼秘书长，第四届理事会常务副会长。董锋同志在协会任职的19年中，先后参与、主持了协会的重大活动和日常工作，在协会从创建、发展到繁荣的历史进程中，为协会的发展与建设做出重要贡献。

董锋同志对总会计师事业和总会计师协会的发展具有强烈的事业心和责任感。尤其在担任协会秘书长期间，他倡导严谨务实、雷厉风行的工作作风，进一步规范和健全了秘书处的各项管理制度，加强了秘书处建设，提高了秘书处的工作效率。在协会会长和各位副会长的大力支持下，贯彻落实科学发展观，勇于创新，锐意进取，积极开拓了协会科研、认证、培训、国际交往等业务全面发展的新局面，得到了会员的广泛认可，为协会实现"建立中国现代总会计师制度而奋斗"的长远目标打下了坚实的基础。

蒋宝恩 —— 中国总会计师协会常务副秘书长

蒋宝恩同志先后担任中国总会计协会第三届、四届理事会常务副秘书长。在担任常务副秘书长期间，他积极配合秘书长的工作，兢兢业业，不遗余力，主持了协会秘书处大量的日常工作，参与主持了协会年会、办公会议以及重大活动的组织工作，全力协助协会领导和秘书长开展工作，为开拓协会工作新局面作出积极贡献。

蒋宝恩同志曾长期担任经济科学出版社社长，履职期间积累了丰富的管理经验，具备很强的领导和协调能力。他在领导秘书处工作期间，分管协会认证、培训、国际交流等多项业务的管理工作，既从全局牢牢把握住秘书处的工作方向和重点，又注重统筹协调秘书处的各项工作安排，充分发挥个人的主观能动性，做到人尽其用。

蒲承民 —— 西安总会计师协会会长

蒲承民同志1991年发起组建成立西安总会计师协会并当选为第一届会长，并连选连任三届会长。

十几年来，他一边肩负着西安市财政局局长、地税局局长、国资局局长和党政一肩挑的重担，以及财政部驻陕西省财政监察专员办事处专员的职责，一边积极领导着协会的工作。在他的领导下，协会积极开展了形式多样的理论研究、学术交流、高层次的学术报告和专题研讨等会务活动，取得了丰硕成果；他运筹帷幄，积极探索"总会计师资格认定"工作；主动配合政府部门开展活动，扩大协会影响；坚持为总会计师服务，搭建学习交流平台，为协会创办全国性会刊；始终以"家兴桥通"的奋斗目标，积极地为会员单位谋实事。

改革开放30年来受到国家和省级政府部门
表彰的优秀总会计师名录

（按获奖时间排序）

姓　名	单　位	职　务	获奖情况		
			获奖时间	评奖部门	奖项名称
王问梅	百大集团股份有限公司	总会计师	1995	中华人民共和国财政部	全国先进会计工作者
			1995	浙江省财政厅、人事厅	浙江省先进会计工作者
邹吉棠	浙江省水电建筑第一工程处	总会计师	1995	中华人民共和国财政部	全国先进会计工作者
				浙江省财政厅、人事厅	浙江省先进会计工作者
江　锋	浙江方远建设（集团）股份有限公司	总会计师	1991	中华人民共和国交通部	全国交通系统先进会计工作者
			1991	浙江省财政厅、劳动人事厅计划经济委员会、总工会	浙江省优秀会计人员荣誉称号
窦传尧	哈尔滨东安发动机（集团）有限公司	总会计师	2002	航空工业部	优秀总会计师
徐文光	昌河飞机工业（集团）有限责任公司	总会计师	2002	航空工业部	优秀总会计师
陈育培	成都发动机（集团）有限公司	总会计师	2002	航空工业部	优秀总会计师
袁修庆	中国直升机设计研究所	总会计师	2002	航空工业部	优秀总会计师
何凤云	四川泛华航空仪表电器厂	总会计师	2002	航空工业部	优秀总会计师
池耀宗	中国航空工业第二集团公司	总会计师	2002	国防科工委	"国防科学技术奖"三等奖
			2002	中国航空工业部	主持的"航空第二集团公司'十五'规划和全面预算管理研究"项目，获部级管理成果一等奖
丁新荣	浙江东立实业有限公司	财务总监	2004	浙江省总会计师协会	浙江省优秀总会计师

续表

姓 名	单 位	职 务	获奖情况		
			获奖时间	评奖部门	奖项名称
方霞群	杭州娃哈哈集团有限公司	财务总监	2004	浙江省总会计师协会	浙江省优秀总会计师
王水荣	浙江省二建建设集团有限公司	总会计师	2004	浙江省总会计师协会	浙江省优秀总会计师
土永才	止泰集团公司	总裁助理兼财务经理	2004	浙江省总会计师协会	浙江省优秀总会计师
田顺英	丽水市百货大楼有限公司	总会计师	2004	浙江省总会计师协会	浙江省优秀总会计师
任晓明	横店集团东磁有限公司	财务总监	2004	浙江省总会计师协会	浙江省优秀总会计师
李国良	浙江凯灵船厂	总会计师	2004	浙江省总会计师协会	浙江省优秀总会计师
朱增清	中国石化镇海炼油化工股份有限公司	总会计师	2004	浙江省总会计师协会	浙江省优秀总会计师
陈云富	浙江方远建设股份有限公司	副总会计师	2004	浙江省总会计师协会	浙江省优秀总会计师
陈 琦	浙江东日股份有限公司	财务总监	2004	浙江省总会计师协会	浙江省优秀总会计师
陈常青	弘生集团有限公司	总会计师	2004	浙江省总会计师协会	浙江省优秀总会计师
陈 勇	浙江正方交通建设股份有限公司	副总经理（主管财务）	2004	浙江省总会计师协会	浙江省优秀总会计师
陈雅华	浙江亚太机电股份有限公司	主管财务副总经理	2004	浙江省总会计师协会	浙江省优秀总会计师
汪浩林	大自然控股集团有限公司	财务总监	2004	浙江省总会计师协会	浙江省优秀总会计师
余惠民	浙江江山化工股份有限公司	总会计师	2004	浙江省总会计师协会	浙江省优秀总会计师
寿 强	浙江巨化股份有限公司	总会计师	2004	浙江省总会计师协会	浙江省优秀总会计师
何月珍	浙江东南网架集团有限公司	总会计师	2004	浙江省总会计师协会	浙江省优秀总会计师
何汝奋	华东医药股份有限公司	财务总监	2004	浙江省总会计师协会	浙江省优秀总会计师
邵捍华	杭州制氧机集团有限公司	总会计师	2004	浙江省总会计师协会	浙江省优秀总会计师
汤民强	杭州钢铁集团公司	总会计师	2004	浙江省总会计师协会	浙江省优秀总会计师
林 弘	台州医药有限公司	副总经理兼财务总监	2004	浙江省总会计师协会	浙江省优秀总会计师

续表

姓 名	单 位	职 务	获奖情况		
			获奖时间	评奖部门	奖项名称
林加善	浙江新安化工集团股份有限公司	副总经理兼财务总监	2004	浙江省总会计师协会	浙江省优秀总会计师
杨柏樟	浙江传化集团有限公司	财务总监	2004	浙江省总会计师协会	浙江省优秀总会计师
杨福平	巨化集团公司	副总会计师	2004	浙江省总会计师协会	浙江省优秀总会计师
郑佩琢	浙江海力生集团有限公司	总会计师	2004	浙江省总会计师协会	浙江省优秀总会计师
胡宣友	浙江国强建筑安装工程有限公司	总会计师	2004	浙江省总会计师协会	浙江省优秀总会计师
钟志平	国家电力公司华东勘测设计研究院	总会计师	2004	浙江省总会计师协会	浙江省优秀总会计师
施丽娅	浙江华源兰宝有限公司	副总经理（主管财务）	2004	浙江省总会计师协会	浙江省优秀总会计师
唐秀智	浙江临海海宏集团	副总经理（主管财务）	2004	浙江省总会计师协会	浙江省优秀总会计师
黄锡安	宁波电子信息集团有限公司	财务总监	2004	浙江省总会计师协会	浙江省优秀总会计师
裘宏英	浙江中财管道科技股份有限公司	总会计师	2004	浙江省总会计师协会	浙江省优秀总会计师
温培生	浙江省水电建筑安装有限公司	总会计师	2004	浙江省总会计师协会	浙江省优秀总会计师
梁林美	浙江医药股份有限公司新昌制药厂	总会计师	2004	浙江省总会计师协会	浙江省优秀总会计师
程 雯	杭州燃气集团有限公司	总会计师	2004	浙江省总会计师协会	浙江省优秀总会计师
蒋苗根	杭州建工集团有限公司	财务总监	2004	浙江省总会计师协会	浙江省优秀总会计师
罗茂生	陕西省西安银桥生物科技有限责任公司	财务总监	2005	中华人民共和国财政部	全国杰出会计工作者
徐春林	新疆建工（集团）有限责任公司	总会计师	2005	中华人民共和国财政部	全国杰出会计工作者
郑建福	河北宝硕集团有限公司	总会计师	2005	中华人民共和国财政部	全国杰出会计工作者
李 丹	上海汽车股份有限公司	财务总监	2005	中华人民共和国财政部	全国杰出会计工作者
赵华威	宁夏电力公司	总会计师	2005	中华人民共和国财政部	全国杰出会计工作者

续表

姓 名	单 位	职 务	获奖情况		
			获奖时间	评奖部门	奖项名称
孙月英	中国远洋运输（集团）总公司	总会计师	2005	中华人民共和国财政部	全国杰出会计工作者
成安科	山西大同齿轮集团有限责任公司	总会计师	2005	中华人民共和国财政部	全国杰出会计工作者
杨柏樟	浙江传化集团公司	财务总监	2006	中国人民共和国财政部	全国杰出会计工作者
谭久均	华菱管线股份有限公司	副总经理兼财务总监	2005	中华人民共和国财政部	全国杰出会计工作者
马光元	中国石油青海销售公司	总会计师	2005	中华人民共和国财政部	全国优秀会计工作者
方建一	北京首钢总公司	总会计师	2005	中华人民共和国财政部	全国优秀会计工作者
刘 永	黑龙江省哈药集团股份有限公司	总会计师	2005	中华人民共和国财政部	全国优秀会计工作者
张兴海	辽宁省大连市瓦房店轴承股份有限公司	总会计师	2005	中华人民共和国财政部	全国优秀会计工作者
张明忠	湖北省随州市国库收付中心	总会计师	2005	中华人民共和国财政部	全国优秀会计工作者
李国仁	天津市轧一制钢有限公司	总会计师	2005	中华人民共和国财政部	全国优秀会计工作者
杨子龙	内蒙古金川保健啤酒高科技股份有限公司	财务总监	2005	中华人民共和国财政部	全国优秀会计工作者
岳林康	中国广东核电集团有限公司	总会计师	2005	中华人民共和国财政部	全国优秀会计工作者
赵寿森	中国石化胜利油田有限公司	总会计师	2005	中华人民共和国财政部	全国优秀会计工作者
徐 琳	安徽叉车集团公司	总会计师	2005	中华人民共和国财政部	全国优秀会计工作者
陶国飞	江西洪都航空工业集团	总会计师	2005	中华人民共和国财政部	全国优秀会计工作者
程正运	云南省第二监狱	副总会计师	2005	中华人民共和国财政部	全国优秀会计工作者
陶国飞	江西洪都航空工业集团有限责任公司	总会计师	2006	航空工业部	"十五"期间"优秀总会计师"
土 军	哈尔滨航空工业集团公司	总会计师	2006	航空工业部	"十五"期间"优秀总会计师"

续表

姓 名	单 位	职 务	获奖情况		
			获奖时间	评奖部门	奖项名称
徐文光	昌河飞机工业集团有限责任公司	总会计师	2006	航空工业部	"十五"期间"优秀总会计师"
陈育培	成都发动机集团有限公司	总会计师	2006	航空工业部	"十五"期间"优秀总会计师"
张文华	天津航空机电有限责任公司	总会计师	2006	航空工业部	"十五"期间"优秀总会计师"
赵 瑛	石家庄飞机工业有限责任公司	总会计师	2006	航空工业部	"十五"期间"优秀总会计师"
晁世元	兰州飞行控制有限责任公司	总会计师	2006	航空工业部	"十五"期间"优秀总会计师"
张全喜	中国航空工业供销总公司	总会计师	2006	航空工业部	"十五"期间"优秀总会计师"
罗先平	武汉航空仪表有限责任公司	总会计师	2006	航空工业部	"十五"期间"优秀总会计师"
侯建明	四川航空工业川西机器厂	总会计师	2006	航空工业部	"十五"期间"优秀总会计师"
章周荪	陕西飞机工业（集团）有限责任公司	总会计师	2006	航空工业部	"十五"期间"优秀总会计师"
丁蓉蓉	浙江省长城建设集团股份有限公司	总会计师	2006	浙江省总会计师协会	浙江省优秀总会计师
王光明	浙江三花控股集团有限公司	财务总监	2006	浙江省总会计师协会	浙江省优秀总会计师
冯 光	杭州前进齿轮箱集团有限公司	副总经理兼总会计师	2006	浙江省总会计师协会	浙江省优秀总会计师
宋桂芳	杭州市设备安装有限公司	总会计师	2006	浙江省总会计师协会	浙江省优秀总会计师
张 钦	浙江虎山集团有限公司	总会计师	2006	浙江省总会计师协会	浙江省优秀总会计师
张元康	宁波市建设集团股份有限公司	总会计师	2006	浙江省总会计师协会	浙江省优秀总会计师
陆伟娟	浙江赞成科技有限公司	财务总监	2006	浙江省总会计师协会	浙江省优秀总会计师
杨建国	浙江天皇药业有限公司	财务总监	2006	浙江省总会计师协会	浙江省优秀总会计师
陈柏钢	浙江省新昌县华佳热电有限公司	财务总监	2006	浙江省总会计师协会	浙江省优秀总会计师
季辉烂	浙江东泰集团有限公司	副总经理（主管财务）	2006	浙江省总会计师协会	浙江省优秀总会计师

续表

姓名	单位	职务	获奖情况		
			获奖时间	评奖部门	奖项名称
俞建萍	杭州西湖啤酒朝日（股份）有限公司	总会计师	2006	浙江省总会计师协会	浙江省优秀总会计师
黄德凤	浙江天健远见科技有限公司	财务总监	2006	浙江省总会计师协会	浙江省优秀总会计师
葛前进	杭州杭氧股份有限公司	总会计师	2006	浙江省总会计师协会	浙江省优秀总会计师
蒋海萍	嘉兴经济协作有限公司	副总经理（主管财务）	2006	浙江省总会计师协会	浙江省优秀总会计师
褚国飞	开元旅业集团有限公司	副总经理（主管财务）	2006	浙江省总会计师协会	浙江省优秀总会计师
谢雅芳	杭州解百集团股份有限公司	副总经理兼总会计师	2006	浙江省总会计师协会	浙江省优秀总会计师
戴建萍	浙江贝利控股集团有限公司	财务总监	2006	浙江省总会计师协会	浙江省优秀总会计师
方霞群	杭州娃哈哈集团有限公司	财务总监	2006	浙江省财政厅	浙江省先进会计工作者
杨福平	巨化集团公司	副总会计师	2006	浙江省财政厅	浙江省先进会计工作者
陈琦	浙江东方集团公司	财务总监	2006	浙江省财政厅	浙江省先进会计工作者
顾飞鹰	浙江凯恩特种材料股份有限公司	财务总监	2006	浙江省财政厅	浙江省先进会计工作者
梁林美	浙江医药股份有限公司新昌制药厂	总会计师	2006	浙江省财政厅	浙江省先进会计工作者
梁瑞金	湖州市市场发展有限公司	财务总监	2006	浙江省财政厅	浙江省先进会计工作者
章梅芬	浙江嘉康电子股份有限公司	财务总监	2006	浙江省财政厅	浙江省先进会计工作者
夏慧华	浙江宝业建设集团有限公司	总会计师	2006	浙江省财政厅	浙江省先进会计工作者
高慧倩	浙江台州高速公路建设开发股份有限公司	总会计师	2006	浙江省财政厅	浙江省先进会计工作者
谢雅芳	杭州解百集团股份有限公司	总会计师	2006	浙江省财政厅	浙江省先进会计工作者
朱方钦	常德卷烟厂	总会计师	2006	湖南省总会计师协会	湖南省十佳总会计师

姓 名	单 位	职 务	获奖情况		
			获奖时间	评奖部门	奖项名称
杨会圣	江南机器厂	总会计师	2006	湖南省总会计师协会	湖南省十佳总会计师
郭碧强	湘潭电机股份有限公司	财务总监	2006	湖南省总会计师协会	湖南省十佳总会计师
董小林	长沙晚报报业集团	总会计师	2006	湖南省总会计师协会	湖南省十佳总会计师
刘正安	海利高新集团	总会计师	2006	湖南省总会计师协会	湖南省十佳总会计师
谯培武	中石化长岭分公司	总会计师	2006	湖南省总会计师协会	湖南省十佳总会计师
余新民	株洲化工集团	总会计师	2006	湖南省总会计师协会	湖南省十佳总会计师
罗广林	南津渡水电站	总会计师	2006	湖南省总会计师协会	湖南省十佳总会计师
谢国安	涟源钢铁集团有限公司	总会计师	2007	湖南省财政厅	湖南省杰出会计工作者
陈细和	湖南友谊阿波罗股份有限公司	财务总监	2007	湖南省财政厅	湖南省杰出会计工作者
张英英	郴州市第一人民医院	总会计师	2007	湖南省财政厅	湖南省杰出会计工作者
袁小丽	北京航空材料研究院	副总会计师	2005	国务院机关事务管理局	中央国家机关先进会计工作者
顾惠忠	中国航空工业第一集团公司	副总经理兼总会计师	2005	国务院机关事务管理局	中央国家机关先进会计工作者
张敬歉	原中国石油天然气集团四川石油管理局	原总会计师	2006	中国石油天然气集团公司	财务资产先进工作者
陈金瑞	中国石油华北油田公司	原总会计师	1988	原石油工业部、中国石油天然气集团公司、财政部	财务资产工作先进工作者、先进个人、先进工作者、先进财会工作者
			1991		
			1996		
			1997		
			2006		
孙福泉	中国石油天然气管道局	原总会计师	2006	中国石油天然气集团公司	财务资产先进工作者
陈 港	中国石油天然气集团公司	财务资产部副主任	2006	中国石油天然气集团公司	财务资产先进工作者
刘 强	中国石油天然气集团公司	预算管理办公室副主任	1999	中国石油天然气集团公司	财务资产管理先进工作者、财务资产先进工作者
			2000		
			2006		
翁兴波	中国石油集团大连石油化工公司（股份有限公司）	总会计师	2006	中国石油天然气集团公司	财务资产先进工作者

续表

姓 名	单 位	职 务	获奖情况		
			获奖时间	评奖部门	奖项名称
吴东山	中国石油天然气勘探开发公司		2006	中国石油大然气集团公司	财务资产先进工作者
刘 戬	中国石油国际工程有限责任公司（工程建设分公司）	总会计师	2006	中国石油天然气集团公司	财务资产先进工作者
闫 宏	中国石油大庆油田有限责任公司		2006	中国石油天然气集团公司	财务资产先进工作者
杜春玲	中国石油集团长城钻探工程有限公司	总会计师	2006	中国石油天然气集团公司	财务资产先进工作者
许君组	中国石油吐哈油田分公司	原总会计师、现副总经理	1989 / 1990 / 2006	中国石油天然气集团公司、甘肃省石油化学工业厅	财务资产先进工作者、先进工作者、先进个人、优秀会计
周元祥	中国石油吐哈油田分公司	总会计师	2006	中国石油天然气集团公司	财务资产先进工作者
屺恫范	中国石油人凇油田分公司	总会计师	2005 / 2006	中国石油天然气集团公司（天津市）	财务资产先进工作者、先进会计工作者
姜立增	中国石油华北油田公司	总会计师	1998 / 2006	中国石油天然气集团公司	财务资产工作先进工作者、财务资产先进工作者
周志斌	中国石油股份有限公司西南油气田公司	总会计师	2006	中国石油天然气集团公司	财务资产先进工作者
贾 东	中国石油股份有限公司塔里木油田公司	总会计师	2006	中国石油天然气集团公司	财务资产先进工作者
杨国玲	中国石油股份有限公司玉门油田公司	总会计师	2006	中国石油天然气集团公司	财务资产先进工作者
陶先明	中国石油东方地球物理勘探有限公司	副总会计师	2006	中国石油天然气集团公司	财务资产先进工作者
陈 鹏	中国石油集团中油测井有限公司	总会计师	2006	中国石油天然气集团公司	财务资产先进工作者
董 良	中国石油集团抚顺石化公司	副总经理	2006	中国石油天然气集团公司	财务资产先进工作者
蒋尚军	中国石油股份有限公司兰州石化分公司	总会计师	2006	中国石油天然气集团公司	财务资产先进工作者
张维娜	中国石油集团兰州石油化工公司总经理办公室	副总会计师	2006	中国石油天然气集团公司	财务资产先进工作者

续表

姓 名	单 位	职 务	获奖情况		
			获奖时间	评奖部门	奖项名称
陈礼军	中国石油股份有限公司乌鲁木齐石化公司	总会计师	2006	中国石油天然气集团公司	财务资产先进工作者
陈玉玺	中国石油股份有限公司辽阳石化公司	副总会计师	2006	中国石油天然气集团公司	财务资产先进工作者
吴双全	中国石油集团西部管道有限公司	总会计师	2006	中国石油天然气集团公司	财务资产先进工作者
孙秀娟	中国石油集团工程设计有限责任公司	总会计师	2006	中国石油天然气集团公司	财务资产先进工作者
肖 锐	中国石油股份有限公司大庆炼化公司	总会计师	2006	中国石油天然气集团公司	财务资产先进工作者
崔柳凡	中国石油股份有限公司锦西石化公司	总会计师	2006	中国石油天然气集团公司	财务资产先进工作者
王春霞	中国石油股份有限公司吉林石化公司	总会计师	2006	中国石油天然气集团公司	财务资产先进工作者
潘大强	中国石油股份有限公司辽阳石化公司	总会计师	2006	中国石油天然气集团公司	财务资产先进工作者
董淑华	中国石油股份有限公司乌鲁木齐石化分公司	总会计师	2006	中国石油天然气集团公司	财务资产先进工作者
于文魁	中国石油股份有限公司润滑油公司	总会计师	2006	中国石油天然气集团公司	财务资产先进工作者
王立斌	中石油股份有限公司哈尔滨石化分公司	总会计师	2006	中国石油天然气集团公司	财务资产先进工作者
张静波	中国石油股份有限公司重庆销售公司（调广西销售）	总会计师	2006	中国石油天然气集团公司	财务资产先进工作者
贾任水	大港油田集团测井公司	总会计师	2006	中国石油天然气集团公司	财务资产先进工作者
黄 勤	中国石油天然气股份有限公司宁夏石化公司	总会计师	2006	中国石油天然气集团公司	财务资产先进工作者
李世秀	中国石油川庆钻探公司	总会计师	2006	中国石油天然气集团公司	财务资产先进工作者
王显金	中国石油股份西南油气田公司企管与内控处	总会计师	2006	中国石油天然气集团公司	财务资产先进工作者

续表

姓 名	单 位	职 务	获奖情况		
			获奖时间	评奖部门	奖项名称
甘跃年	中国石油股份西南油气田矿区服务事业部	总会计师	2006	中国石油天然气集团公司	财务资产先进工作者
高世富	中国石油川庆钻探公司川西钻探公司	总会计师	2006	中国石油天然气集团公司	财务资产先进工作者
杨 林	中国石油川庆钻探公司地球物理勘探公司财务处	总会计师	2006	中国石油天然气集团公司	财务资产先进工作者
付小萍	中国石油集团工程技术研究院（归海洋工程）	总会计师	2006	中国石油天然气集团公司	财务资产先进工作者
杨秀荣	北京石油管理干部学院	总会计师	2006	中国石油天然气集团公司	财务资产先进工作者
石中兴	北京石油机械厂财务科	总会计师	2006	中国石油天然气集团公司	财务资产先进工作者
杜建华	山西煤炭进出口集团有限公司	董事长、常委书记	2008	山西省总会计师协会	山西省第二届"十佳"总会计师
陈书堂	山西省电力公司	总会计师	2008	山西省总会计师协会	山西省第二届"十佳"总会计师
张忠义	大同煤矿集团有限责任公司	总会计师	2008	山西省总会计师协会	山西省第二届"十佳"总会计师
廉 贤	阳泉煤业（集团）有限责任公司	总会计师	2008	山西省总会计师协会	山西省第二届"十佳"总会计师
邢崇荣	山西汾西矿业集团有限责任公司	副总经理、总会计师、董事	2008	山西省总会计师协会	山西省第二届"十佳"总会计师
贺代将	山西建筑工程（集团）总公司	总会计师	2008	山西省总会计师协会	山西省第二届"十佳"总会计师
夏苏萍	山西焦煤西山煤电集团公司	董事、总会计师	2008	山西省总会计师协会	山西省第二届"十佳"总会计师
席金龙	山西杏花村汾酒集团有限责任公司	总会计师	2008	山西省总会计师协会	山西省第二届"十佳"总会计师
王锦友	中铁十二局集团有限公司	总会计师	2008	山西省总会计师协会	山西省第二届"十佳"总会计师
蔚振廷	霍州煤电集团有限责任公司	董事、党委、总会计师	2008	山西省总会计师协会	山西省第二届"十佳"总会计师

续表

姓 名	单 位	职 务	获奖情况		
			获奖时间	评奖部门	奖项名称
秦永虎	中铁三局集团有限公司	总会计师	2008	山西省总会计师协会	优秀总会计师
韩珍堂	山西太钢不锈钢股份有限公司	总会计师	2008	山西省总会计师协会	优秀总会计师
贝 瑜	山西省交通建设开发投资总公司	总会计师	2008	山西省总会计师协会	优秀总会计师
贾凤鸣	山西天脊煤化工投资有限公司	副总会计师、计财部部长	2008	山西省总会计师协会	优秀总会计师
白喜泉	华晋焦煤有限责任公司沙曲矿	副总会计师	2008	山西省总会计师协会	优秀总会计师
王 莉	东软集团股份有限公司	高级副总裁兼首席财务官	2009	中华人民共和国财政部	全国先进会计工作者
甘成久	江西铜业集团公司	党委委员、总会计师	2009	中华人民共和国财政部	全国先进会计工作者
孙玉国	青岛啤酒股份有限公司	董事、副总裁、总会计师	2009	中华人民共和国财政部	全国先进会计工作者
邢崇荣	山西焦煤西山煤电集团有限责任公司	董事、总会计师	2009	中华人民共和国财政部	全国先进会计工作者
张凤阁	大连港集团有限公司	副总经理、总会计师	2009	中华人民共和国财政部	全国先进会计工作者
张鸿德	黄河上游水电开发有限责任公司	财务总监	2009	中华人民共和国财政部	全国先进会计工作者
易 佐	湘潭钢铁集团有限公司	党委副书记、副总经理、总会计师	2009	中华人民共和国财政部	全国先进会计工作者
宫蒲玲	西安高科（集团）公司	总会计师	2009	中华人民共和国财政部	全国先进会计工作者
顾惠忠	中国航空工业集团公司	党组成员、副总经理、总会计师	2009	中华人民共和国财政部	全国先进会计工作者
谢云双	深圳航空有限责任公司	总会计师	2009	中华人民共和国财政部	全国先进会计工作者

事业篇
——中国总会计师(CFO)协会

中国总会计师（CFO）协会是经财政部审核同意民政部正式批准依法注册登记成立的跨地区、跨部门、跨行业、跨所有制的非营利性国家一级社团组织。会员单位主体为国有重点大型企业、具有一定规模的民营企业及设置总会计师职位的行政事业单位。个人会员包括总会计师、首席财务官、财务总监、财务主管及直接以CFO命名的企业高管。协会主管单位：中国科协；业务指导单位：财政部。

中国总会计师（CFO）协会成立于1990年。20年来，协会在中央领导的亲切关怀下，在历届理事会及历任会长的领导下，经过广大会员的共同努力，协会自身建设与事业发展都取得了卓著成绩。协会现有18个行业分会，基本上涵盖了各行各业。省市地方协会为总会团体会员。2004年，协会参加了全国优秀社团成就展并开始参加国际财务总裁协会联合会的活动；2005年，成为国际审计与鉴证准则委员会咨询团成员。另外，协会还与英国皇家特许管理会计师公会等多家国际同业组织保持着友好往来及合作关系。经过多年努力，中国总会计师（CFO）协会不仅成为在国内具有较高知名度与影响力的社团组织，在国际上也具有了一定的知名度和影响力。

协会的办会宗旨是：高举中国特色社会主义伟大旗帜，以邓小平理论和"三个代表"重要思想为指导，深入落实科学发展观，全心全意为会员服务，为广大总会计师服务，为建立和完善中国现代总会计师制度而奋斗，把协会建设成为中国总会计师之家，建设成为总会计师与政府、社会相沟通的桥梁。

现在的总会计师，已经不能再局限于计划经济时期的那个传统概念，新形势赋予了总会计师这一概念以新内涵，它的职能与地位应当与国外的CFO相同。所以，中国总会计师（CFO）协会，也就是中国CFO暨中国首席财务官协会。

组织机构图

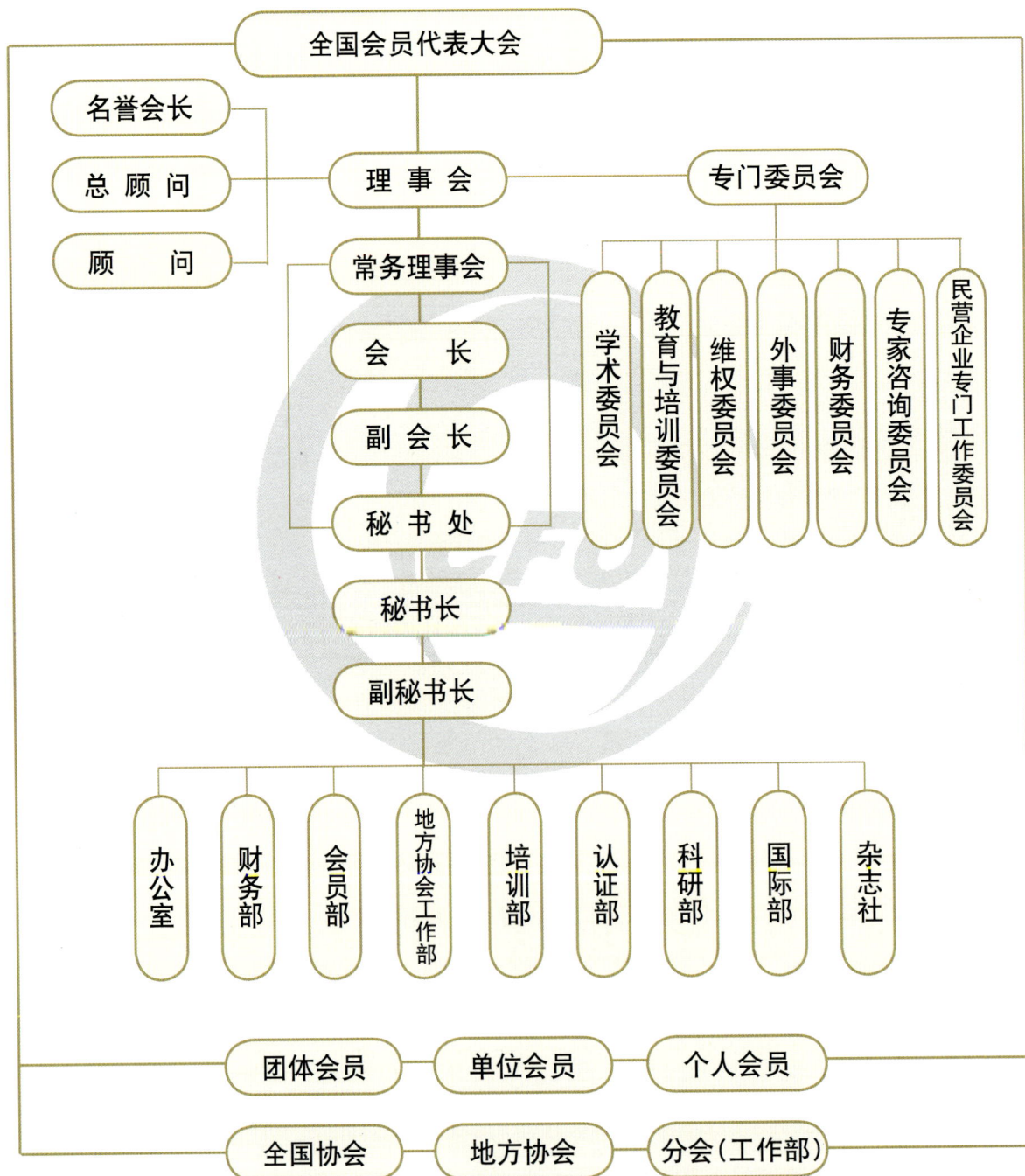

协会章程

目 录

第一章　　　总则

第二章　　　业务范围

第三章　　　会员

第四章　　　会员代表人会

第五章　　　理事会和常务理事会

第六章　　　常设执行机构

第七章　　　分会和专门委员会

第八章　　　经费及资产管理

第九章　　　章程修改

第十章　　　终止程序及终止后的财产处理

第十一章　　附则

第一章 总 则

第一条　本会中文名称：中国总会计师协会

英文名称：China Association of Chief Financial Officers

英文缩写：CACFO

第二条　本会是由全国大中型企业、行政事业单位为主体的各行业各类型企业总会计师自愿结成并依法登记的跨地区、跨部门、跨行业、跨所有制非营利性的全国社会团体，是总会计师行业的全国性自律组织。

第三条　本会所指总会计师涵盖总会计师、财务主管、首席财务执行官、财务总监以及未设总会计师的财务部门主要负责人。

第四条　本会宗旨是：以邓小平理论和"三个代表"重要思想为指导，深入贯彻落实科学发展观，按照国家有关规定实行行业自律管理，为建立和完善中国现代总会计师制度作贡献。团结组织全国广大总会计师，遵守国家宪法、法律、法规和国家政策，诚信敬业，开拓进取，为国家的经济发展与社会进步贡献力量。热忱为会员和广大总会计师服务，维护总会计师合法权益，帮助总会计师不断提高自身政治与业务素质，使协会成为总会计师之家，成为总会计师与政府、社会联系沟通的桥梁。

第五条　本会主管单位为中国科学技术协会(以下简称中国科协)，在具体业务上接受财政部指导，并接受社团登记管理机关民政部的业务指导、监督和管理。

第六条　省、自治区、直辖市、计划单列市总会计师协会或研究会(以下简称"地方协会")是地方性总会计师行业自律组织，依法接受地方有关部门的管理。自愿加入本会的地方协会，中国总会计师协会对其实行业务指导与管理。

第七条　本会会址：北京。

第二章 业务范围

第八条　本会的业务范围是：

（一）组织学习、宣传、贯彻、实施国家颁布的《会计法》、《总会计师条例》及其相关法律、法规和政策；

（二）制定行业自律管理规范，开展诚信教育活动，树立良好的职业道德风尚；

（三）组织总会计师和各级财务负责人及高级财会人员的岗位培训和后续教育；

（四）组织开展总会计师任职资格认证和总会计师后备人员的职业资质培训认证工作，努力促进总会计师人才市场建设；

（五）反映总会计师和会员的相关诉求、意见和建议，维护会员和广大总会计师的合法权益；

（六）组织开展围绕总会计师工作和行业改革与发

展相关的科研活动，进行专题调查研究；对国家有关政策、法规的制定与修订进言献策；

（七）组织开展有关现代企业制度建设、企业信息化建设以及财务监督管理与内部控制等方面的咨询服务；

（八）依法主办本会的刊物和网站，编辑出版本会业务范围内相关的书籍、资料，开展协会对外宣传活动；

（九）代表我国总会计师行业开展对外交流和国际交往活动；

（十）发挥协会的桥梁、纽带作用与协调服务功能，及时向政府有关部门反映情况，并接受政府和有关部门、单位的授权或委托，组织开展有关工作。

第三章　会员

第九条　本会会员分为团体会员、单位会员和个人会员。

（一）各省、自治区、直辖市、计划单列市总会计师协会或研究会参加本会，为团体会员；

（二）国有大中型企业、上市公司、规模以上民营企业、大专院校、行政事业单位、科研单位、社会中介机构等在职单位负责人、总会计师、财务主管、首席财务执行官、财务总监以及未设总会计师的财务部门主要负责人，可代表本单位参加本会，为单位会员；

（三）大中型中外合资、合作企业中方在职财务总监或财务主要负责人，可代表本企业参加本会，为单位会员；

（四）经批准在内地设立的香港、澳门、台湾独资企业的在职财务总监或财务负责人，可代表本企业参加本会，为单位会员；

（五）取得高级会计师、高级审计师、高级经济师职称或相关职业资质或者相关专业的副教授、副研究员以上人员（含本职级），可参加本会，为个人会员；

（六）取得财务、会计、审计、经济、金融、管理

等专业硕士、博士学位人员可参加本会，为个人会员；

（七）知名会计专家、教授、学者以及在发展我国总会计师事业中做出较大贡献的专业人士，或在本会担任过理事、常务理事的，可申请为个人会员，或由秘书处提名，经常务理事会批准，为名誉会员。

第十条　申请加入本会的会员必须具备下列条件：

（一）自愿加入本会；

（二）承认本会章程；

（三）在本会业务范围内有一定影响力的单位或个人；

（四）参加本会的活动；

（五）诚实守信，品德高尚。

第十一条　会员入会程序：

（一）提交入会申请书；

（二）经理事会或理事会授权的常设执行机构审查通过；

（三）香港、澳门、台湾独资企业的单位会员加入本会，须经有关部门审查批准；

（四）经批准为本会会员后，由协会的常设执行机构颁发会员证。

第十二条　会员的权利：

（一）选举权、被选举权和表决权；

（二）参加本会举办的各项活动；

（三）获得本会服务的优先权和优惠权；

（四）通过本会向有关方面反映情况，提出意见和诉求；

（五）对本会工作的批评建议权和监督权；

（六）入会自愿，退会自由；

（七）本会章程规定的其他权利。

第十三条　会员的义务：

（一）遵守本会章程；

（二）执行本会决议，维护本会的合法权益；

（三）遵守本会纪律，执行本会自律准则；

（四）按规定按时缴纳会费；

（五）维护会员团结、行业职业信誉和本会声誉；

（六）向本会反映情况，承担本会委托力所能及的

任务；

（七）本会章程规定的其他义务。

第十四条 会员退会应向本会提出书面申请，并交回会员证。会员一年不缴纳会费，本会应书面通知会员补交；不履行本会章程规定的缴纳会费义务，视为自动退会。再次申请入会需重新审批。

不缴纳会费者，不能成为本会理事（常务理事）候选人。

第十五条 会员严重违反本会章程，经本会理事会（常务理事会）审议通过，予以除名。

第四章 会员代表大会

第十六条 本会的最高权力机构为全国会员代表大会，其职权是：

（一）制定和修改本会章程；

（二）选举和罢免理事会理事；

（三）审议理事会的工作报告和财务报告；

（四）制定会费标准；

（五）决定本会章程规定的其他重大事宜。

第十七条 全国会员代表大会须有三分之二以上的代表出席方能召开，其决议须经到会会员代表半数以上表决通过方能生效。制定和修改章程，须经到会会员代表三分之二以上表决通过。

第十八条 全国会员代表大会每五年召开一次。因特殊原因需提前或延期召开时，须由理事会（常务理事会）作出决议，并报中国科协批准，提前或延期时间一般不得超过一年。

全国会员代表大会筹备工作要在理事会（常务理事会）领导下，按照本会章程和民主程序进行。

第五章 理事会和常务理事会

第十九条 理事会是全国会员代表大会的执行机构，在全国会员代表大会闭会期间领导本会日常工作，对全国会员代表大会负责。理事任期五年，理事会、常务理事会每届成员调整不得少于三分之一。

第二十条 理事会行使下列职权：

（一）执行全国会员代表大会的决议；

（二）选举和罢免常务理事；

（三）选举和罢免会长、副会长、秘书长；聘请本会名誉会长、总顾问、顾问、各专门委员会负责人；

（四）筹备召开全国会员代表大会；

（五）向全国会员代表大会报告工作和财务状况；

（六）决定或授权决定会员的入会和除名；

（七）审议、批准本会年度工作报告；

（八）决定或授权决定设立本会常设执行机构、专项工作机构、分支机构、代表机构和实体单位；

（九）决定或授权决定开展对外交往重大事项；

（十）审议、批准其他应由理事会决定的事项。

第二十一条 理事会原则上每年举行一次。理事会可以采取现场会议和通讯等方式举行。理事会现场会议须有三分之二以上的理事出席方能召开，其决议须经到会理事三分之二以上表决通过方能生效。理事不能到会，可委托代表参加，并有委托投票权。

第二十二条 本会设立常务理事会，常务理事人数不超过理事人数的三分之一。常务理事会由理事会选举产生，在理事会闭会期间行使理事会职权的(一)、(四)、(六)、(七)、(八)、(九)、(十)项。常务理事每届任期五年。

第二十三条 常务理事会原则上每半年召开一次。常务理事会可以采取现场会议和通讯等方式举行。常务理事会现场会议须有三分之二以上常务理事出席方能召开，其决议须经到会常务理事的三分之二以上表决通过方能生效。

第二十四条 理事会、常务理事会组成的原则：

（一）理事（常务理事）原则上由本会直接管理的会员单位、行业分会和地方总会计师协会推荐、提名和选举产生；

（二）理事（常务理事）在行业和地方领域应有一

定的代表性和知名度；

（三）年龄结构合理；

（四）每届成员调整不得少于三分之一。

第二十五条　本会设会长一名，副会长若干名、秘书长一名，任期五年。会长为本会法定代表人。如因特殊情况需由秘书长担任法定代表人，应报业务主管单位审查并经社团登记管理机关批准同意。本会法定代表人不兼任其他社会团体的法定代表人。

第二十六条　本会的会长、副会长、秘书长必须具备下列条件：

（一）热爱祖国，坚持党的路线、方针、政策，政治素质好；

（二）在本会业务范围内具有较大影响，专业素质高；

（三）诚信、正直，有良好的职业道德；

（四）具有较强的组织能力、开拓能力和创新能力；

（五）会长、副会长任职时年龄一般不超过70周岁，秘书长任职时年龄一般不超过62周岁；

（六）热心本会工作，身体健康，能坚持正常工作；

（七）未受过剥夺政治权利刑事处罚；

（八）具有完全民事行为能力。

第二十七条　本会会长、副会长、秘书长连续任期不得超过两届。对任期内业绩突出，会员认可度高的秘书长，经常务理事会提名，理事会三分之二以上理事表决通过，经中国科协同意，报民政部批准，可再延长一届任期。

第二十八条　本会会长行使下列职权：

（一）召集和主持会员代表大会、理事会、常务理事会和会长办公会议；

（二）检查和监督会员代表大会、理事会、常务理事会和会长办公会议的决议执行情况；

（三）代表本会签署有关重要文件。

会长因故不能履行职权，由会长委派或常务理事会指定一位副会长代行职权。

第六章　常设执行机构

第二十九条　本会设秘书处，为本会常设执行机构。秘书处负责具体落实会员代表大会、理事会、常务理事会和会长办公会议的各项决议、决定，承担本会的日常工作。

秘书处在秘书长领导下主持协会日常工作，设副秘书长若干人，协助秘书长工作。

第三十条　秘书长行使下列职权：

（一）组织实施会员代表大会、理事会、常务理事会和会长办公会议的各项决议；

（二）主持本会秘书处的日常工作；

（三）负责对本会所办网站、会刊的管理，组织并协调各分支机构、代表机构、实体单位开展工作；

（四）提名副秘书长、会刊负责人以及本会秘书处部门负责人、代表机构和实体单位的主要负责人，经会长批准后实施；

（五）决定本会秘书处专职工作人员的聘用；

（六）负责本会资产、财务日常管理工作；

（七）负责对分会和地方协会日常工作的指导和协调；

（八）办理由主管机关和理事会、常务理事会交办的工作。

第七章　分会和专门委员会

第三十一条　根据工作需要，理事会下设若干行业分会。行业分会为协会分支机构，在协会领导下，负责开展本行业内的各项活动。

第三十二条　分会的设立和变动，由理事会（常务理事会）审议通过，经科协审查同意后，向民政部提出登记申请。经民政部批准登记，由民政部发给《社会团体分支机构登记证书》后，方可开展活动。

分会必须遵守本会有关分会管理方面的具体规定。

第三十三条　理事会下设若干专门委员会。专门委员会是理事会履行专项职责的专门工作机构，对理事会负责。

第三十四条　各专门委员会的设立和变动，由理事会（常务理事会）决定。专门委员会的具体职责和工作规则，以及专门委员会主任、副主任及委员的聘任和解聘，由秘书长提出方案，报理事会（常务理事会）批准。

第三十五条　本会根据本章程制定专门的管理办法，规范分会和专门委员会的活动，经理事会（常务理事会）审议通过后执行。

第八章 经费及资产管理

第三十六条　本会经费来源为：

（一）会费；

（二）本会在核准的业务范围内开展活动或提供服务的收入；

（三）政府和有关部门与单位的资助、赞助与捐赠；

（四）其他合法收入。

第三十七条　本会按照国家规定收取会员会费，具体办法由秘书处提出，经理事会（常务理事会）审议后提请会员代表大会审议决定。

第三十八条　本会经费必须用于本章程规定的业务范围和事业的发展，不得在会员中分配。

第三十九条　本会必须执行《非营利组织会计制度》和国家有关财务管理制度，建立严格的财务管理办法，配备具有专业资格的会计人员，对经费收支进行会计核算，保证会计资料合法、真实、准确和完整。

第四十条　本会年度财务报告和换届或更换法定代表人之前，应依法聘请会计师事务所进行审计，

并报科协和民政部备案。

第四十一条　本会的资产，任何单位、个人不得侵占、私分和挪用。

第四十二条　本会专职工作人员的工资和社保、福利等待遇，参照国家对事业单位的有关规定执行。

第九章　章程修改

第四十三条　对本会章程的修改，须由理事会（常务理事会）提出修改提议并形成决议，经会员代表大会审议通过后，十五日内报中国科协审查批准、民政部核准后生效。

第十章 终止程序及终止后的财产处理

第四十四条　本会完成宗旨或自行解散或由于分立、合并等原因需要注销时，由理事会（常务理事会）提出终止决议。

第四十五条　本会终止决议须经会员代表大会表决通过，并报科协审查同意、民政部核准后生效。

第四十六条　本会终止前，须在科协及有关部门指导下成立清算组织，清理债权债务，处理善后事宜。清算期间，不开展清算以外的活动。

第四十七条　本会经民政部办理注销手续后即为终止。

第四十八条　本会终止后的剩余财产，在科协和民政部的监督下，按照国家有关规定，用于发展与本会宗旨相关的事业。

第十一章　附则

第四十九条　本章程经会员代表大会表决通过，自民政部核准之日起生效。

第五十条　本章程的解释权属于本会理事会。

中国总会计师协会大事记(1989～2009)

【1989年】

5月,中国会计学会第三届第二次常委会决定成立"总会计师制度研究会",作为中国会计学会的二级组织,委托北京燕山石化公司、鞍山钢铁公司、第二汽车制造厂等单位负责筹备。

5月15日,中国总会计师研究会筹备会在北京燕山石化公司召开。财政部杨纪琬、余秉坚等有关负责人出席,杨纪琬主持会议。会议确定了研究会的名称、宗旨、会员、组织形式等问题。

【1990年】

5月26日,在鞍山钢铁集团公司举行中国总会计师研究会成立大会。杨纪琬发来贺信,会议产生第一届理事会理事34名,常务理事12名,名誉会长杨纪琬,会长朱德惠、常务、副会长温庆泉、副会长兼秘书长薛仁福。

8月3日,中国总会计师协会会刊定为《总会计师工作通讯》。

8月8日,杨纪琬为会刊题词:"办好一本杂志,要依靠广大读者、撰稿人以及编辑人员的共同努力。希望《总会计师工作通讯》为社会主义建设事业做出应有的贡献"。

11月13日,"资金及经济效益研讨会"在北京燕山石化公司召开。财政部副部长张佑才作了长篇讲话,杨纪琬、吴翠兰、张德明、余秉坚出席会议并讲话。会议征集到论文200余篇。

11月15日,《总会计师工作通讯》创刊号开始内部发行。

【1991年】

1月25日,召开在京理事学习、贯彻《总会计师条例》座谈会,财政部杨纪琬、余秉坚、吕众文等有关方面负责同志出席座谈会。

3月25日,中国总会计师协会会刊更名为《中国总会计师》。

6月7日,财政部会计司召集社团组织负责人,召开社团登记会议。会议明确中国总会计师协会属于跨部门、跨地区、跨行业组织,可向民政部申请为全国性社团组织。

6月21日,收到财政部《关于同意中国总会计师研究会向民政部办理登记的批复》([91]财会字033号文件)。

9月8日,纺织行业总会计师研究会召开成立大会。

10月7～10日,在北京召开第一届第二次理事会暨会员代表大会,财政部副部长张佑才、杨纪琬、丁平准等出席,会议一致通过请张佑才担任名誉会长,董锋担任副会长。

12月23日,西安市总会计师研究会成立。

【1992年】

1月20日,杨纪琬为《中国总会计师》(季刊)题词:"祝贺《中国总会计师》创刊,希望成为广大总会计师学习业务,提高政治、政策水平的园地"。

2月10日,国务委员兼财政部部长王丙乾为《中国总会计师》题写刊名。

5月26日,民政部批准中国总会计师研究会登记注册,颁发了社团登记证书。

6月22日,湖南省总会计师工作研究会成立。

12月26日,民政部批准中国总会计师协会社会团体编制6人。

【1993年】

5月11日，宁夏回族自治区总会计师研究会、江苏省总会计师研究会成立。

11月20日，袁宝华同志为《中国总会计师实用大全》题词："为建立具有中国特色的宏观和微观核算体系做出重要贡献。祝贺《中国总会计师实用大全》问世"。

【1994年】

1月20日，北京总会计师协会成立。

2月2日，中国总会计师协会与财政部会计司、中国会计学会在北京联合举行宣传贯彻《会计法》座谈会。

10月10日，中国总会计师协会作为团体会员，参加中国会计学会。

10月28日，总会计师培训班第一期开学典礼在北京理工大学举行，财政部副部长张佑才到会讲话并讲课，杨纪琬、余秉坚、赵海宽等同志亲临授课。

12月4日，在京召开第二届会员代表大会暨1994年年会。财政部副部长张佑才出席并讲话。会议提出继续加强组织建设，大力开展学术活动，深入贯彻《总会计师条例》。本次会议通过修改章程，选举产生第二届理事会、选举会长、副会长和秘书长，决定会员代表大会改为每五年召开一次。

12月22日，召开第二届第二次常务理事会，接受广大会员建议，提议将中国总会计师研究会更名为中国总会计师协会，呈报财政部核准后，报民政部登记注册。

【1995年】

3月20日，与中国会计学会、特许公认会计师公会（ACCA）联合在京举办高级会计实务培训班。

7月26日，与财政部会计司联合主办会计改革座谈会。财政部就拟颁发的《会计改革与发展纲要》向在京部分总会计师征求意见。

10月10日，民政部批准本会更名为中国总会计师协会，颁发社团登记证书。

11月27～30日，在无锡召开1995年年会暨协会成立五周年纪念大会，财政部、江苏省财政厅等有关负责人、近百名理事及顾问出席盛会。会长朱德惠宣布中国总会计师协会已经财政部同意、民政部批准，由研究会正式变更为协会。

【1996年】

11月1～3日，在北京召开1996年年会，财政部副部长张佑才、中国会计学会会长迟海滨出席会议并讲话。杨纪琬同志为全国人大常委会副委员长王丙乾题写的"总会计师之家"匾额揭幕。

【1997年】

11月6～8日，在上海召开1997年年会，杨纪琬同志、上海市财政局等有关部门负责人出席会议并讲话。

【1998年】

1月23日，向国务院秘书局递交报告，报告中建议同意有关部门按照《总会计师条例》、《会计法》检查总会计师设置情况并建立总会计师考评制度。

11月28日，在海南海口市召开1998年年会。

【1999年】

2月19日，组织召开修改《会计法》研讨会，会议提出10条建议，其中重要的一条是在全国大中型企业"必须"设置总会计师。在财政部会计司的提议下，中国总会计协会将该建议送国务院法制局，国务院在10月17日的简报中刊登了中国总会计师协会提交的10条建议。

【2000年】

1月31日，财政部人事教育司致函有关单位，介绍中国总会计师协会情况，确认中国总会计师协会成立以来，未发现违纪行为。

4月，召开二届七次常务理事会，传达财政部不作为中国总会计师协会主管单位的决定。

【2001年】

6月26日，中国科协同意作为中国总会计师协会主管单位。

8月28日，民政部批准中国总会计师协会为全国性社会团体，颁发社团证书，中国科协已按民政部社团章程范本修订中国总会计师协会章程。

【2002年】

2月22日，中国总会计师协会与北京总会计师协会联合召开"诚信与职业道德"座谈会。

8月29日，财政部党组同意推荐张佑才同志出任中国总会计师协会下届会长。

10月18日，中国总会计师协会致函请王丙乾、姜春云、经叔平领导同志担任中国总会计师协会名誉会长。

11月26日，在第三次全国会员代表大会召开之际，吴邦国同志给张佑才同志发来亲笔贺信，明确指出："财务管理是企业管理的中心环节，总会计师是企业领导班子的重要成员。加强这支队伍（包括财务主管、总会计师、财务总监、财务部门负责人）的建设仍是当务之急，至关重要。"

11月27日，中国总会计师协会一届、二届会长朱德惠病休。第三次会员代表大会主席团决定授予朱德惠同志为中国总会计师协会终身会员荣誉称号。

11月28日，在北京国家会计学院召开第三次全国会员代表大会。王丙乾同志出席并讲话，财政部副部长、党组副书记楼继伟出席并讲话，财政部、民政部、中国科协的有关部门负责人以及会员代表500余人出席大会。会议选举产生了新一届理事、常务理事、会长、副会长、秘书长。新任会长张佑才同志在会上作《"家"兴"桥"通、全面提高总会计师队伍和行业建设水平》的主题报告。

12月21～22日，在北京国家会计学院举办第一届中国总会计师论坛。张佑才等有关领导、专家出席并演讲。

【2003年】

1月15日，在新知大厦召开中国CFO体制和机制建设

问题中青年专家座谈会。张佑才会长主持会议，财政部会计司等有关部门负责人与专家学者参加了座谈会。

1月17日，民政部同意中国总会计师协会法定代表人由朱德惠同志变更为张佑才同志。

2月28日，通过多家媒体向社会各界发出"中国总会计师体制和机制建设"调查问卷。张佑才会长接受《国际金融报》专访时，强调为加强中国总会计师体制和机制建设而进行问卷调查的重大意义。

3月12日，张佑才同志在十届人大一次会议上，当选为十届全国人大财经委员会副主任。十届人大一次会议期间，张佑才同志联合六省区市的92名人大代表向人大提交了"关于加强中国总会计师体制和机制建设"的议案。政协委员陈箭深向全国政协提交了"关于加强总会计师管理、治理会计信息失真"的提案。

4月4日，重庆市总会计师协会召开成立大会，中国总会计师协会会长张佑才致函祝贺。

4月7日，中国科协同意中国总会计师协会成立石油分会、电力分会、铁道分会、航天行业分会、纺织分会、民营企业分会、电信系统分会、航空工业分会。

4月10日，中国总会计师协会请全国人大常委会副委员长成思危同志担任中国总会计师协会名誉会长。

8月10日，向中国科协上报《申请加入国际财务协会联合会（简称国际财联）的报告》。

8月28日，《中国总会计师》改版后为国内外公开发行的月刊，创刊号出版，中国总会计师杂志社成立。

11月17日，民政部批准成立石油等八家分会，准予登记（民社登[2003]407号文件）。

【2004年】

10月8～14日，中国总会计师协会首次组团赴意大利出席国际财联第35届年会。

12月9日，经批准中国总会计师协会参加在北京展览馆举行的全国行业协会成就汇报展览会，全国政协副主席白立忱、民政部姜力副部长等有关部门领导同志亲临中国

总会计师协会展台指导并题词。

【2005年】

1月8～9日，在北京国家会计学院举行二届二次理事会会议暨中国总会计师第二次高级论坛。

4月18日，中国总会计师协会与国际财务管理协会签订国际财务管理师项目联合认证合作协议。

5月14日，中国总会计师协会主办、山西省总会计师协会承办的"中部经济发展崛起与财税"高层论坛在山西省太原市召开，会长张佑才出席并讲话。

6月1日，中国总会计师协会与国际财务管理协会联合召开国际财务管理师联合项目认证新闻发布会。劳动和社会保障部职业技能鉴定中心主任陈宇出席会议，中国总会计师协会会长张佑才、国际财务管理协会驻华首席代表郑雄伟讲话。新华社、《人民日报》、《经济日报》、中央电视台等20多家媒体进行了报道。

6月7日，中国总会计师协会收到中国科协《关于同意中国总会计师协会开展国际财务管理师资格认证的批复》（科协学发[2005]056号文件）。

6月21日，中国总会计师协会核工业集团总会计师工作部在京成立。

6月23日，中国总会计师协会与北京总会计师协会在北京联合举办"纪念会计法颁布20周年座谈会"。中央及北京市国家机关、在京企业、人民日报、部队、专家委员会以及协会代表47人出席座谈会。

8月22日，民政部批准同意中国总会计师协会申请设立"资格认证部"，符合有关规定，准予备案。

8月26日，常务理事会通过刘长琨同志担任中国总会计师协会常务副会长议案。

10月，中国总会计师协会应邀加入国际审计与鉴证准则委员会(IAASB)咨询团，正式成为咨询团的成员组织。

12月20～27日，组团出席在菲律宾举行的国际财联第36届年会。

12月24日，中国总会计师协会与国际财务管理协会在广州联合举办"广东省第一届金算子杯优秀国际财务管理师"评选颁证大会。中国总会计师协会常务副秘书长蒋宝恩出席会议。

12月29日，中国总会计师协会与北京总会计师协会联袂举行新春座谈会，中国总会计师协会常务副会长刘长琨、秘书长董锋、在京的部分副会长、常务理事以及专家委员会成员等共50余人出席座谈会。会议主要就中国总会计师协会2006－2010年工作规划和2006年工作要点进行了讨论。

【2006年】

1月14日，在京召开中国总会计师协会秘书长联席工作会议。会议讨论了2006年工作安排和2006～2010年协会工作规划。

3月10日，财政部王军副部长、会计司司长刘玉廷、副司长高一斌一行到中国总会计师协会秘书处视察指导工作，听取协会工作汇报。王军副部长、刘玉廷司长会见秘书处全体工作人员并讲话。

4月18日，民政部批准中国总会计师协会成立民用航空分会、核工分会、兵器分会、远洋分会、电子分会、地质勘察分会、轻工分会，准予登记（民社登[2006]1054号文件）。

4月20日，中国总会计师协会石油分会在扬州召开成立大会。

4月3日，公布"2005年度中国总会计师优秀论文评选活动"获奖论文，有来自武汉钢铁集团等企业的总会计师的60篇论文获奖，湖北省总会计师协会等五家协会获优秀组织奖。

4月23～24日，第二届理事会第四次会议暨"科学发展观与总会计师"论坛在湖北宜昌举行。王丙乾同志为大会发来贺电。财政部副部长王军、湖北省副省长及有关部门的领导同志出席会议并讲话。会议表决通过了协会的2006～2010年工作规划，财政部会计司、国资委统计评价局、国务院发展研究中心等部门负责人在论坛发表演讲，来自全国的300余名总会计师和财务负责人出席年会。会议期间还举办了"科学发展观与总会计师"论坛。

7月27日，民政部批准中国总会计师协会成立水利水电分会，准予登记（民社登[2006]1170号文件）。

7月28日，在京召开分会工作会议，讨论修改《中国总会计师协会分会管理办法》。

8月17日，总会计师（CFO）职业资质水平测试项目专家委员会第一次工作会议在京召开。

8月5～6日，山西省总会计师协会在太原举行2006年年会暨"创新与企业发展机制"高级论坛。中国总会计师协会会长刘长琨出席论坛并做《创新与发展要以科学发展观为指南》的报告。

8月9日，中国总会计师协会电信系统分会在北京成立。

8月，国际财务管理师联合认证人员网络查询系统开始运行。

9月6日，中国总会计师协会轻工分会在湖北宜昌成立。

9月26日，中国总会计师协会收到中国科协《关于同意中国总会计师协会进行总会计师相关资质水平测试试点工作的批复》（科协发学[2006]159号）。

10月8日，组团参加国际财联在德国柏林举行的第37届年会。

11月5～22日和11月16日～12月7日，分别组织"企业高级财务管理人员培训班"赴法国、美国参加培训。

12月20日，在北京鑫正大厦召开总会计师(CFO)职业资质水平测试试点工作会议，确定部分行业分会、地方协会为试点单位。

12月26日，河南总会计师协会在郑州成立。

12月29日，在北京华融大厦召开新年座谈会，邀请各副会长、各分会负责人以及有关专家讨论《关于我国总会计师队伍及其管理体制的现状调查和必须深化改革的专题报告》。

【2007年】

1月，在华融大厦召开新春座谈会。

1月25日，中国总会计师协会印发《中国总会计师协

会分会管理暂行办法》。

2月27日，《协会2006年培训工作情况和2007年培训计划安排》以及境外培训的材料上报财政部有关领导。3月14日财政部副部长王军批示："请抓好落实，讲求实效、表彰先进、督促后进、总结提高。"

3月，中国总会计师协会组织编写的总会计师（CFO）职业资质水平测试指南教材正式出版，包括《财务管理与控制》、《企业战略与资本运营》、《企业内部控制与风险管理》、《总会计师（CFO）职业资质水平测试案例集》和《财经政策与法律法规汇编》。

3月26日，浙江省总会计师协会组织承办的中国总会计师协会第一届地方协会联谊会在浙江杭州召开。

6月15日，由中国总会计师协会主办、华夏基金管理有限公司承办的"资本市场形势与企业年金战略研讨会"在钓鱼台国宾馆召开。中国总会计师协会秘书长董锋主持会议。劳动与社会保障部、国资委的有关方面领导、华夏基金公司的有关负责人莅会并发表演讲，与会企业可与政府部门领导、资本市场主体机构的管理层和理财专家直接对话，达到预期效果。

8月8日，财政部党组同意推荐中国总会计师协会常务副会长刘长琨担任下届会长。

8月11日，吉林省总会计师协会在长春成立。

8月17日，中国总会计师协会常务副会长刘长琨赴长春拜访王丙乾同志，汇报换届筹备工作，王丙乾同志作重要指示。

8月28日，中国总会计师协会收到杨崇春同志关于《财政部对深化改革我国总会计师队伍及其管理体制提案的答复》（全国政协十届五次会议提案第2448号，提案人：杨崇春）。

11月14～15日，由中国总会计师协会主办、浙江总会计师协会、民营企业分会承办、中国建设银行等单位协办的"2007年中国CFO——民营企业财力创新"论坛在浙江宁波召开。全国工商联副主席辜胜阻、社科院经研所副所长王振中、浙江省财政厅副厅长罗万林、财政部企业司制度处处长赖永添、人大教授王化成以及有关企业的领导、

CFO等出席论坛并演讲。中国总会计师协会常务副会长刘长琨、秘书长董锋出席论坛，刘长琨致开幕词。

11月19日，中国总会计师协会常务副会长刘长琨与英国皇家特许管理会计师公会(CIMA)全球首席执行官查尔斯·迪利会晤并签署合作备忘录。

12月15～16日，中国总会计师协会第四次全国会员代表大会在北京国家会计学院隆重召开。财政部、中国科协、国资委、民政部等有关部门领导以及来自全国的会员代表320余人出席了大会。姜春云、王丙乾、谢旭人为大会发来贺信。中国科协书记处书记冯长根同志、财政部副部长王军同志出席会议并讲话。大会审议通过了第三届理事会工作报告、财务报告、新的章程、会员管理办法和会费管理办法，选举产生了以刘长琨同志为会长的新一届理事会、常务理事会和领导机构。

【2008年】

1月18日，在京召开学术委员会会议，对中国总会计师协会承担的中国科协A类重点课题《中国总会计师的职能定位》进行评审验收。评审组认为，该课题将中国总会计师的职能定位划分为基本职能和拓展职能，丰富了总会计师职能的内涵，对推动总会计师制度建设和总会计师工作具有很强的指导意义。

1月23日，民政部同意中国总会计师协会法定代表人由张佑才同志变更为刘长琨同志（民社登[2008]第2017号文件）。

2月18日，在京召开专家咨询委员会和学术委员会会议。会长刘长琨出席会议并讲话。会议讨论了专家咨询委员会和学术委员会暂行规则、《关于尽快制定我国总会计师法的提案（草）》和2008年协会工作计划。

2月25日，在京召开维权委员会工作会议，讨论维权委员会工作规则，常务副会长董锋出席会议。

3月21日，在京召开会长办公（扩大）会议。会议一致通过协会2008年工作计划和财务预算报告以及六个专门委员会工作规则与组成人员名单；决定在京召开第四届理事会常务理事会会议，并将上述文件提交常务理事会审定。

4月16日，在京召开第四届理事会第一次常务理事会会议通过了中国总会计师协会2008年工作计划、2008年度财务预算和各专门委员会工作暂行规则及其组成人员。

5月7日，中国总会计师协会在京与REX公关公司联合主办2008中国首席财务官论坛。名誉会长成思危发来贺信，会长刘长琨、财政部部长助理张通、原财政部副部长迟海滨在论坛上致辞；顾问冯淑萍、杨崇春、汪建熙、周忠惠、于川等出席论坛；论坛邀请美国前财长斯诺先生做主题演讲、中国总会计师协会副会长、中石油总会计师王国樑、中国电信副总经理吴安迪、航天科技集团财务负责人与国际知名企业的CFO们在论坛发表演讲；中国总会计师协会常务副会长董锋致闭幕词。

5月11日，中国总会计师协会在山西召开地方协会工作会议暨第二届地方协会联谊会，总结交流地方协会工作经验，研讨协会发展思路。常务副会长董锋作了题为"振奋精神，开拓创新，为建立充满生机和活力的地方总会计师协会而奋斗"的讲话；副会长王德宝、顾问于川以及河北省注册会计师协会会长张保生应邀参加会议并讲话。

5月16日，原中共中央政治局委员、国务院副总理、全国人大常委会副委员长姜春云在中南海接见了中国总会计师协会会长刘长琨。姜春云充分肯定了协会取得的成绩，肯定了协会今后的方向，并对协会寄予厚望，指示我们要继续努力，切实把协会工作搞好。

6月10日，原全国人大常委会副委员长、中国总会计师协会名誉会长成思危在中国民主建国会亲切会见中国总会计师协会会长刘长琨，常务副会长董锋以及常务副秘书长蒋宝恩。成思危同志在听取了会长刘长琨的工作汇报后，对协会今后工作提出了具体建议和指导意见。

6月13日，浙江省总会计师协会第六届会员代表大会暨成立二十周年庆祝大会在杭州召开。中国总会计师协会会长刘长琨、原浙江省副省长、政协副主席龙安定、浙江省财政厅等部门负责人出席会议并讲话；中国总会计师协会常务副会长董锋出席会议并致贺词。与会领导还向22位首次通过总会计师（CFO）职业资质水平测试人员颁发证书。

6月16日，经学术委员会评审，协会2007年度立项的30项科研课题中，24项通过验收。河南、江苏省总会计师协会，航天、铁道分会认真负责，组织得力，完成上报的课题获得了专家的一致好评。协会将其中15个优秀课题分别推荐给发改委、国资委、财政部、商务部等部门作为决策参考。

7月22、26日，中国总会计师协会在京召开会长办公会议和秘书长联席会议，通报协会上半年工作情况，就纪念改革开放30周年中国科协同意协会主要活动安排进行部署，会长刘长琨出席会议并讲话。

7月26日，中国总会计师协会与江苏总会计师协会在江苏南通举行江苏省首批通过总会计师（CFO）职业资质水平测试人员颁证仪式。中国总会计师协会常务副会长董锋、江苏省总会计师协会会长徐锦荣、江苏省财政厅会计处处长徐卫明等出席仪式并讲话。

7月29日，受财政部企业司委托，中国总会计师协会在京召开《企业内部财务管理评估试点办法》研讨会。财政部企业司副司长宋康乐、中国总会计师协会会长刘长琨出席会议并讲话，常务副会长董锋和副会长际光立分别主持会议。企业界、学术界和中介机构等方面的专家和总会计师近40人参加研讨会。

8月30日，中国总会计师协会会长刘长琨应邀出席海南省财政厅举办的"中国会计与改革开放30年"高层论坛，并在论坛上发表《总会计师制度建设的回顾与前瞻》的演讲。

9月，总会计师（CFO）职业资质水平测试合格人员网络查询系统开始运行。

9月，中国总会计师协会简介入选《中华人民共和国年鉴》。

9月23日，中国总会计师协会完成协会名称、协会会标的商标注册。

9月24日，中国总会计师协会在京召开《中国总会计师协会改革与发展研讨会》，中国总会计师协会专家咨询委员会成员、地方总会计师协会和各分会的负责人以及企业的总会计师代表参加了研讨会，就中国总会计师协会未来发展的思路发表了有建设性的意见。

10月30日，中国总会计师协会地质勘查分会在江西井冈山市召开成立大会。中国地质调查局、国务院国资委统计评价局、财政部经建司、中国冶金地质总局等40多家单位向大会发来贺信、贺电，会长刘长琨到会祝贺。

11月22日，中国总会计师协会水利水电分会在青岛召开成立大会。水利部综合事业局总会计师裴宏志、山东省水利厅副巡视员赵青到会并致贺词；水利部财经司、中国会计学会水利分会等多家单位向大会发来贺信、贺电。中国总会计师协会常务副会长董锋、副秘书长张金玲到会祝贺。

12月27日，中国总会计师协会在北京人民大会堂举行"中国总会计师贡献奖等奖项颁奖典礼暨中国企业经营与财务战略管理高峰论坛"。全国人大常委会原副委员长、全国妇联原主席顾秀莲，全国政协副主席李金华，全国政协原副主席万国权等国家领导人出席表彰大会并为获奖者颁奖。来自财政部、国资委、证监会等部委的领导、经济界和财会界的著名专家学者、知名企业的财务负责人以及获奖人员出席了颁奖活动。本次活动为中国总会计师协会建会20年来首次评选出的中国总会计师事业突出奉献奖、中国总会计师突出贡献奖、中国总会计师事业奉献奖、中国总会计师贡献奖的获奖者以及优秀协会工作者颁奖。

【2009年】

1月21日，中国总会计师协会在北京召开2009年第一次会长办公会议。本次会议研究决定召开四届二次理事会，会议审议了拟提交理事会会议审议的《关于中国总会计师协会2008年工作总结和2009年工作计划的议案》、《关于中国总会计师协会2008年财务决算和2009年财务预算的议案》、《关于中国总会计师协会增加副会长及调整分会负责人的议案》及《关于设立民营（非公有制）企业工作委员会的议案》。

2月13日～27日，中国总会计师协会以通讯方式召开了四届二次理事会，审议通过了经会长办公会审议后提交理事会审议的《关于中国总会计师协会2008年工作总结和2009年工作计划的议案》等四项议案。

2月25日，中国总会计师协会聘请全国政协副主席李金华同志为名誉会长，李金华副主席对中国总会计师协会工作给予了充分肯定，提出了殷切希望。

3月26日，中国总会计师协会在湖北省武汉市召开2009年秘书长联席（扩大）会议。会议由协会副会长兼秘书长胡柏枝主持，会长刘长琨等协会各方面负责人出席会议；湖北省委常委、常务副省长李宪生亲临会议并讲话，湖北省政府办公厅、财政厅领导出席会议并讲话；中国总会计师协会15家地方协会和10家分会的会长、秘书长出席会议。

4月3日，外交部正式批准中国总会计师协会加入国际财务总裁协会联合会(简称国际财联)。自此，协会完成加入国际组织的国内审批手续，正式成为国际财联的成员国。

4月24日，中国总会计师协会与英国特许管理会计师公会（CIMA）和商律中国（CCH）在北京金融街联合举办"2009中国首席财务官论坛"，论坛的主题为：直面金融危机、加强财务管理、提高资本效率。财政部、中国人民银行的有关领导、嘉宾和来自中外知名企业的总会计师、首席财务官以及20余家财经专业媒体的记者近150人出席论坛。

4月25日，中国总会计师协会教育培训委员会暨协会培训工作座谈会议在北京召开，会议主题是：将协会教育培训工作做好、做强。常务副会长董锋、教育培训委员会副主任、上海国家会计学院副院长管一民出席会议并讲话。

5月22日，中国总会计师协会外事委员会在京召开2009年第一次会议。常务副会长董锋、副会长兼外事委员会主任吴安迪以及外事委员会委员出席会议。会议审议了协会2009年外事工作计划。

8月12日，中国总会计师协会会长刘长琨会见国际会计师公会行政总裁Philip Turnbull先生一行，双方就两会合作进行了商谈并共同签署国际会计师(AMIA)联合认证合作协议书。

8月13日，中国总会计师协会和国际会计师公会在北京就两会在中国联合认证国际会计师（AMIA）项目举行新闻发布会。

8月21日，中国总会计师协会在北京召开2009年第二次会长办公会议。此次会议的议题是：听取秘书处2009年上半年工作情况汇报，讨论审议协会关于举办国际财联2011年世界大会等重要事项的议案。

9月4日，中国总会计师协会2009年第一次常务理事会在京召开。本次会议的主要议题是：听取秘书处2009年上半年工作情况汇报；讨论审议关于协会主办国际财联2011年世界大会等重要事项的议案。

9月20日，中国总会计师协会与北京物资学院在京共同举办"2009中国企业内部控制高层论坛"。财政部、国资委的有关领导以及来自企业、高校的总会计师和专家学者出席论坛，协会会长刘长琨作了"强化企业内部控制、促进经营效果提高"的主题报告。

10月21日，国际财联前主席康琪塔·莫纳芭女士访问协会，双方就中国总会计师协会承办国际财联2011年世界大会的筹备事宜进行专题会谈。协会会长刘长琨，常务副会长董锋，副会长、外事委员会主任吴安迪，副会长兼秘书长胡柏枝，常务副秘书长、外事委员会副主任蒋宝恩等同志出席会谈。

11月5日，财政部副部长王军、办公厅主任胡静林一行到协会视察指导工作，并与协会领导及秘书处同志进行座谈。

11月27日－28日，中国总会计师协会秘书处常务副秘书长蒋宝恩、认证部主任孙莉莉和国际部主任沈峻梅代表协会出席国际财联在越南河内举办的2009亚太地区峰会。

12月9日，协会秘书处组织全体工作人员集中进行学习实践科学发展观活动，协会会长、学习实践领导小组组长刘长琨谈了学习体会并对秘书处同志进行学习辅导，秘书长、学习实践领导小组副组长胡柏枝主持学习活动。

中国总会计师协会第一～第四届理事会回顾

中国总会计师研究会成立大会隆重举行

1989年初，鞍山钢铁公司的总会计师朱德惠和燕山石油化工公司总会计师薛任福在青岛会面后，萌发了为中国总会计师建立一个自己组织的想法。当时，国内虽已设立总会计师制度，但尚无总会计师自己的组织，自己的家。他们将这个想法向财政部的有关领导汇报后，很快得到财政部的大力支持，中国会计学会三届二次常委会作出了成立总会计师研究会的决定，研究会作为中国会计学会的二级组织，委托燕山石化公司、鞍山钢铁公司、第二汽车制造厂、铁道部、商业部的总会计师和上海市总会计师研究会负责筹备。

1989年5月15～17日，中国总会计师研究会筹备会在北京燕山石化公司举行。中国会计学会领导杨纪琬、余秉坚以及负责筹备的有关同志出席会议，与会者对总会计师研究会的成立信心十足，就研究会的宗旨、任务、名称、会员、组织形式以及章程等内容展开了热烈讨论。

1990年5月26日，这是值得载入中国总会计师事业发展史册的一天，中国总会计师研究会成立大会在鞍山钢铁公司隆重举行。来自全国各地的34名代表齐聚这座美丽的钢城，共襄中国总会计师事业的发展大计。

成立大会由中国第二汽制造厂副总会计师温庆泉主持，鞍山钢铁公司总会计师朱德惠致开幕词并报告研究会的筹备经过，燕山石化公司总会计师薛任福做研究会章程草案的说明(本人因出国缺席，由赵少华同志代理)。中国会计学会常务副会长的杨纪琬给大会发来贺信，中国会计学会的张德明、余秉坚、丁平准出席大会。中国会计学会秘书长张德明代表中国会计学会发表讲话；财政部会计事务管理司副司长、中国会计学会副秘书长余秉坚介绍《总会计师条例》的起草情况；鞍钢总经理李华忠向大会表示祝贺；鞍山市政府张显环、徐烈瑝、宿绍刚等领导同志出席大会并讲话。

5月26日，大会一致通过研究会的章程草案和理事会名单。会后当即召开第一届第一次理事会，选举产生常务理事、会长、副会长和秘书长，会议决定当年创办《总会计师工作通讯》，研究会秘书处设在燕山石化公司。5月27日，成立大会胜利闭幕，温庆泉致闭幕词。

总会计师研究会的成立是我国总会计师制度建设中的一件具有重要意义的事件，它的成立对加强我国总会计师制度建设、促进我国总会计师事业的改革与发展起到了积极的推动作用。1991年，经财政部批准、民政部注册，中国总会计师研究会升格为全国性一级社团组织。

中国总会计师研究会第一届理事会组成机构

名誉会长： 张佑才　杨纪琬

顾　问： 余秉坚　费一平　叶克明　熊崇义　李一敬　鲍友德　贺　成

会　长：

朱德惠

常务副会长：

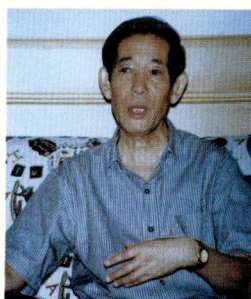

薛任福

副会长：

温庆泉

董　锋

秘书长：

薛任福（兼）

副秘书长： 杜承林
王润东
周树廉

中国总会计师研究会第一届理事会重要活动

（1989～1994年）

1989年5月15～17日，中国总会计师研究会筹备会在北京燕山石化公司召开

1990年5月26日，中国总会计师研究会在鞍山钢铁公司召开成立大会

1991年10月7～10日，在北京召开第一届第二次理事会暨会员代表大会，财政部副部长张佑才、杨纪琬、丁平准等出席，会议一致通过请张佑才同志担任名誉会长，董锋同志担任副会长

1992年，召开第一届三次常务理事会会议

1992年，在南京召开年会

1993年，在大连召开年会

中国总会计师研究会第二届全国会员代表大会

1994年12月21日，中国总会计师研究会第二届全国会员代表大会在北京举行。中国总会计师研究会名誉会长、财政部副部长张佑才出席大会并讲话，会长朱德惠作协会工作报告。杨纪琬、杨培新、张重庆、熊崇义、贺成、于连国等领导同志出席大会并作重要讲话，他们就如何积极开展总会计师研究会的工作，继续加强组织建设、大力开展学术活动提出要求，并提出1995年的学术研究提纲以及推动企业财会经营战略研究、深挖企业内部潜力、深入贯彻《总会计师条例》等意见。大会积极响应张佑才副部长的建议，即要将中国总会计师研究会办成广大总会计师的"温暖之家"，大会宣布修改研究会章程，协商选举产生了第二届常务理事，选举产生了新一届理事会会长、副会长、秘书长，确定了聘任副秘书长的人选。大会决定会员代表大会改为每5年召开一次。

1994年12月22日，中国总会计师研究会第二届第一次常务理事会议召开。会议接受广大会员的建议，拟将中国总会计师研究会更名为中国总会计师协会，呈报财政部核准后，报民政部登记注册。

1995年10月，经财政部同意、民政部批准，中国总会计师研究会正式更名为中国总会计师协会。全国人大常委会副委员长王丙乾为协会题写会名。2001年8月，在全国社团组织进行清理整顿期间，中国总会计师协会经民政部审查重新批准登记后，成为跨地区、跨部门、跨行业、跨所有制的非营利国家一级社团组织。

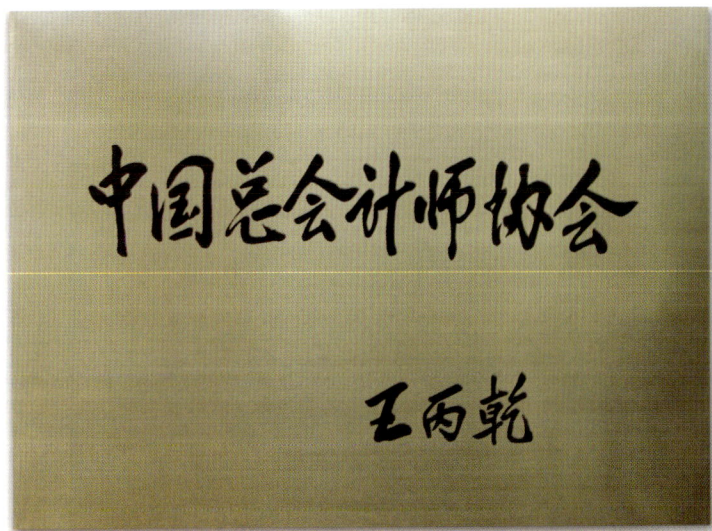

1995年，全国人大常委会副委员长王丙乾为中国总会计师协会题写会名

中国总会计师协会第二届理事会组成机构

名誉会长：张佑才　杨纪琬

顾　　问：余秉坚　杨培新　熊崇义　张重庆　李一敬　于连国

　　　　　温雅光　贺　成　鲍友德　费一平　叶克明　何恒盛　石人瑾

会　　长：

朱德惠

常务副会长：

薛任福

副 会 长：

温庆泉

董　锋

丁平准

王德宝

秘 书 长：

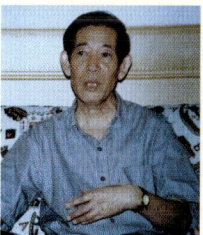

薛任福（兼）

副秘书长：杜承林　王润东　周树廉

　　　　　薛成杰　耿建明

中国总会计师研究会第二届理事会重要活动

（1994～2002年）

1995年年会在北京中国兵器集团大厦（中国总会计师之家）召开。左起温庆泉、董锋、石人瑾、孙家骐、薛任福、杨纪琬、迟海滨、张佑才、朱德惠、贺成、张重庆、潘继生、李华甫

1997年，中国总会计师协会召开全国秘书长工作会议

1998年11月28日，中国总会计师协会召开年会

1999年，中国总会计师协会常务理事会在丹东举行

2002年，中国总会计师协会在浙江杭州召开常务理事会

中国总会计师协会
第三次全国会员代表大会在北京隆重举行

2002年11月28日，中国总会计师协会第三次全国会员代表大会在北京隆重举行。吴邦国同志向中国总会计师协会名誉会长张佑才致亲笔贺信，祝贺大会召开，向与会的各位代表致意并做重要指示。全国人大常委会原副委员长姜春云、全国政协原副主席经叔平为大会发来贺信、题词。财政部原部长、国务委员、全国人大常委会副委员长王丙乾以及财政部、证监会、中国科协、民政部等部门的领导同志出席开幕式并做重要讲话。参加本次会员代表大会的代表达到历史性的720人。会议在以"三个代表"重要思想为指导、开创中国总会计师协会发展新局面的新形势下召开，具有深远的历史意义。大会明确定位协会的职能："桥"通"家"兴——沟通政府和社会的"桥"，兴中国总会计师之"家"。大会请国家领导人王丙乾、姜春云、成思危、经叔平同志担任协会名誉会长。会议选举产生了新一届的领导机构，中国总会计师协会第一、二届名誉会长张佑才同志当选为第三届理事会会长，丁平准同志当选为副会长兼秘书长。

这次会议的历史任务和主要特点可集中概括为：一个中心——以学习、贯彻、落实十六大精神为中心，两个台阶——队伍建设、协会建设迈上新台阶，三个强化——强化协会班子、强化理事队伍、强化行业作用，四个建设——思想建设、组织建设、专业建设、制度建设，五个之家——学习之家、提高之家、奋斗之家、团结之家、温暖之家。

中国总会计师协会第三次会员代表大会决议通过将中国总会计师协会的英文名称"Chinese Institute of General Accountants"(CIGA)变更为"China Association of Chief Financial Officers"(CACFO)，意味着中国的总会计师制度正在逐步与国际CFO制度接轨。

第三次全国会员代表大会的召开确定了协会今后发展的职能定位，指明了协会未来发展方向和远景目标，是中国总会计师协会发展史上的一次重要会议，具有划时代的意义。

张佑才同志致开幕词

2002年11月28日，中国总会计师协会召开第三次会员代表大会

中国总会计师协会第三届理事会组成机构

名誉会长：

王丙乾

姜春云

成思危

经叔平

顾　　问：孙树义　　冯淑萍　　汪建熙　　谢松林

会　　长：

张佑才

常务副会长：

刘长琨

副 会 长：（按姓氏笔画）

丁平准　于万源　王　可　王广发　王奎中　王德宝　刘淑兰　阮光立

陈月明　贡华章　吴安迪　罗志荣　胡鸿福　秦荣生　董　锋　薛任福

秘 书 长：丁平准（兼）（2002～2004年）

　　　　　董　锋（兼）（2004～2007年）

常务副秘书长：蒋宝恩

副秘书长：（按姓氏笔画）

于长春　于延琦　刘丽君　李爱屏　张金玲　杜胜利

张惠斌　周树廉　赵桂良　姚德超　鞠新华

中国总会计师协会第三届理事会重要活动回顾

（2002年11月～2007年12月）

协会第三届理事会期间，在中央领导亲切关怀下和中国科协、财政部、民政部等有关部门的指导下，在张佑才会长和各位副会长的领导下，根据理事会确定的"家"与"桥"的职能定位，"一个中心、两个台阶、三个强化、四个建设、五个之家"的工作任务和"家兴桥通"的奋斗目标，协会各项工作取得了长足发展。本届理事会制定了协会《2006～2010年工作规划》，明确协会在"十一五"时期工作的指导思想、总体目标和主要任务，为协会的建设与发展发挥着积极的指导性作用。

第三届理事会以来，协会积极适应会员需求和行业发展需要，大力组织和开展丰富多彩的活动，积极参与、支持有关部门和地方总会计师协会或分会组织的优秀总会计师评选表彰工作；按照国家有关干部培训"坚持以境内培训为主，境外培训为辅"的要求，全面开展境内外培训活动，先后举办国内培训班140期，培训人员14490人次，组织189人赴香港、欧美和澳大利亚等地的境外培训活动；适时举办一些有重要影响的论坛活动，受到会员和有关方面的关注；相继组织2005年和2006年度总会计师优秀论文评选活动，获奖论文结集出版，成为总会计师理论与实践相结合取得的丰硕成果之一；2004年底，协会应邀参加了在北京举行的全国首次行业社团成就展，参展期间得到全国人大常委会副委员长韩启德、全国政协副主席白立忱以及民政部、国家计委、国际科工委等有关部门领导到协会展台参观视察、题词和勉励，参展活动获得圆满成功。

2002年12月21～22日，在北京国家会计学院举办第一届中国总会计师论坛。会长张佑才及有关领导和专家出席论坛并作演讲

2004年12月，协会参加全国优秀社团成就展

2005年3月25日，协会培训组织发展工作会议在杭州召开

2006年11月，协会组织赴德、美"企业高级财务管理人员培训班"

协会组织所得税政策高级培训班

协会组织2005年度和2006年度总会计师优秀论文评选活动，获奖论文结集出版

2007年3月26日，中国总会计师协会第一届地方协会联谊会在浙江杭州召开

在社会主义市场经济和经济全球化对总会计师职能定位不断提出新要求的形势下，为适应市场需求和行业发展要求，协会积极探索职业资质认证之路。2005年初，经国家劳动和社会保障部批准同意，协会与国际财务管理协会联合进行国际财务管理师认证合作项目。截止到2008年底，双方联合认证国际财务管理师累计6300余人。2006年12月，协会在对总会计师职业资质水平测试认证项目进行可行性研究和相关论证工作后，经中国科协批准同意，开始进行总会计师（CFO）资质水平测试认证试点工作。

2005年6月1日，中国总会计师协会与国际管理会计师协会联合召开国际财务管理师(IFM)联合认证项目启动新闻发布会

为贯彻落实党和国家领导人关于总会计师行业建设的重要指示，充分了解我国总会计师队伍与管理体制与机制的现状，协会分别于2003年和2006年在全国范围内开展了"中国总会计师队伍与管理体制现状调查"。调查形成报告送有关主管部门，并通过提案的方式提交全国政协十届五次会议立案，提案得到财政部的重视。在组织专题调查的同时，协会重点组织了有关总会计师行业建设、企业改革与发展、资本运营、总会计师职能框架等方面重要课题的研究。2007年，协会制定了科研管理办法与实施细则和年度科研课题指南，组织实施年度科研课题32个。

为适应经济全球化发展的需要，协会积极开展国际交往活动。2004年，协会开始与国际财务总裁协会联合会（简称国际财联）开展联系，开始参加国际财联的活动。2004年10月，协会首次组团参加在意大利

2003年1月15日，在新知大厦召开中国CFO体制和机制建设问题中青年专家座谈会。会长张佑才主持会议，财政部会计司等有关部门负责人与专家学者参加座谈会

召开的国际财联世界大会，并随后参加了在菲律宾、德国、日本相继举行的世界大会。通过国际财联的平台，我国的总会计师可与国际同行直接交流、对话，了解、借鉴国际上公司治理和企业财务管理的先进理念。2005年10月，协会参加了国际审计与鉴证委员会（IAASB）咨询团，此举开辟了我国专业组织参与有关国际规则制定工作的又一途径。此外，中国总会计师协会还与国际同业组织开展联系，建立合作关系，帮助协会会员更多地了解国际资质认证的发展现状，同时提升协会在国际同业中的影响力。

2004年10月8～14日，中国总会计师协会首次组团赴意大利出席国际财联第35届世界大会
诺贝尔经济学奖获得者蒙代尔先生与协会代表合影留念　（左图）
时任国际财联主席的康琪塔·莫纳巴女士与协会代表合影（右图）

2003年9月25～30日，协会访问日本首席财务官协会，双方签订友好合作协议

2007年9月10～12日，协会组团赴日本出席国际财联第38届世界大会

协会领导接待美国管理会计师协会（IMA）来访

2007年11月19日，协会常务副会长刘长琨与英国皇家特许管理会计师公会(CIMA)全球首席执行官查尔斯·迪利会晤并签署合作备忘录

2006年4月23～24日，协会第三届理事会第四次会议暨
"科学发展观与总会计师"论坛在湖北宜昌举行

2004年，全国秘书长工作会议在大连召开

　　三届理事会以来，协会领导非常关心地方总会计师协会的建设和发展。在各地财政、民政部门领导的关心、支持下，近几年地方协会取得了良好的发展势头，海南、重庆、陕西、河南、吉林等省先后成立了总会计师协会，一些省、直辖市和自治区也在积极筹划成立总会计师协会。

　　协会通过年度理事会、专题工作会议、秘书长联席会议等渠道，共商行业和协会发展大计，研究解决协会工作中的问题。本届理事会期间，中国科协和民政部首批批准了电力、电信、铁道、纺织、航天、石油、航空、民营8家分会。2006年，又有核工业、兵器、民航、轻工、电子、远洋运输、地质勘查、水利水电8家分会获批成立。2007年，煤炭和冶金行业申请成立分会，已经中国科协批准、报民政部核批登记中。按照民政部规定，中国总会计师协会建立了分会年度工作检查制度。2006年7月，协会召开首次分会工作会议，与会者对今后分会工作和组织发展研究谋划。

中国总会计师（CFO）协会
第四次全国会员代表大会在北京隆重召开

2007年12月16日，中国总会计师协会第四次全国会员代表大会在北京隆重举行。全国人大原副委员长姜春云、王丙乾，财政部部长谢旭人，财政部原副部长、人大财经委副主任张佑才等同志向大会发来贺信。中国科协书记处书记冯长根、财政部副部长王军莅临会议并作重要讲话。国资委、民政部等有关部门领导出席会议，来自全国各省市地方协会、各行业分会、企事业单位的代表320人参加会议。

中国总会计师协会第四次全国会员代表大会认真贯彻党的十七大精神，高举建设有中国特色社会主义伟大旗帜，以邓小平理论、"三个代表"重要思想为指导，深入贯彻落实科学发展观，全面总结了第三届理事会的工作，研究部署了今后工作；大会审议通过了第三届理事会工作报告、财务报告和协会章程修改等有关议案，选举产生了中国总会计师协会第四届理事会和领导机构；本着"家"兴"桥"通的奋斗目标，加快推进总会计师制度建设，加快发展我国总会计师事业，努力开创协会工作的新局面。

大会请国家领导人姜春云、王丙乾、成思危同志继续担任协会名誉会长，请人大财经委副主任张佑才同志任总顾问，请孙树义、冯淑萍、王勇、汪建熙、周忠惠等部门负责同志任协会顾问。

大会选举刘长琨同志为中国总会计师协会第四届理事会会长，董锋同志为常务副会长，胡柏枝同志为副会长兼秘书长。

新当选会长的刘长琨同志在大会闭幕时作了题为"为建立有中国特色的现代总会计师制度而奋斗"的讲话。他指出，中国总会计师事业是一项意义重大前途光明的伟大事业；中国总会计师协会是在中国经济建设与社会发展中承担着重要使命、发展前景广阔的行业自律性社团组织，是中国总会计师与CFO之家。中国现代总会计师制度建设已经取得很大成绩，但这一改革尚未完成。他要求全国各级协会和广大总会计师，要认真学习贯彻党的十七大精神，深入落实科学发展观；继续促进《总会计师条例》的修订工作，从法律与法规层面解决总会计师不到位的问题；提高总会计师整体素质，迎接新形势新任务的挑战；按照"家"与"桥"的定位和"家"兴"桥"通的目标，搞好协会自身建设。他号召全国各级协会和广大总会计师，紧密团结在以胡锦涛同志为总书记的党中央周围，在十七大精神指引下，不断开拓创新，为建设中国特色的社会主义，全面建设小康社会做贡献；为建立有中国特色的现代总会计师制度，开创协会工作的新局面而奋斗。

第三届理事会常务副会长刘长琨致开幕词

会员代表表决通过决议

2007年12月15～16日，中国总会计师协会第四次全国会员代表大会在北京国家会计学院隆重召开

中国总会计师协会第四届理事会组成机构

名誉会长：

李金华

王丙乾

姜春云

成思危

总 顾 问：

张佑才

顾　　问：	孙树义	冯淑萍	王　勇	汪建熙	周忠惠
	杨崇春	余秉坚	谢松林	薛任福	贡华章
	刘淑兰	池耀宗	方吉祚	于　川	丁平准

会　长：

刘长琨

常务副会长：

董　锋

副 会 长：（按姓氏笔画）

于万源　鞍山钢铁集团公司副总经理　总会计师
王广发　北京法政事业集团有限公司　董事长
王国樑　中国石油天然气集团公司　总会计师
王德宝　上海外高桥造船有限公司　副董事长
刘　运　中国石油化工集团公司　总会计师
孙月英　中国远洋运输(集团)总公司　总会计师
　　　　党组成员
孙又奇　中国核工业集团公司　副总经理
　　　　党组成员　总会计师　总法律顾问
阮光立　中国总会计师协会民营分会副会长
　　　　兼秘书长
余邦利　铁道部　财务司司长
吴安迪　中国电信集团公司　副总经理
　　　　党组成员　总会计师

吴艳华　中国航天科技集团公司　总会计师
　　　　党组成员
李守武　中国兵器装备集团公司　副总经理
　　　　党组成员　总会计师
陈月明　国家电网公司　副总经理　党组成员
　　　　兼总会计师
陈绍鹏　联想集团　高级副总裁
庞秀生　中国建设银行　首席财务官
罗志荣　经济科学出版社　总编辑
胡柏枝　财政部驻湖北省财政监察专员办事处
　　　　监察专员　党组书记
秦荣生　北京国家会计学院　党委书记
顾惠忠　中国航空工业集团公司　副总经理
　　　　党组成员　总会计师

特邀副会长：王家俊　浙江总会计师协会会长

各专门委员会：

专家咨询委员会
主任：杨崇春　副主任：于　川　姚德超　李爱屏
教育与培训委员会
主任：秦荣生　副主任：蒋宝恩　管一民　黄世忠
外事委员会
主任：吴安迪　副主任：孙月英　蒋宝恩
民营企业工作委员会
主　任：庞秀生　副主任：阮光立(常务)　王家俊　徐　熙　徐锦荣　于化成

学术委员会
主任：余秉坚　副主任：吴艳华　姚德超
财务委员会
主任：陈月明　副主任：蒋宝恩
维权委员会
主任：池耀宗　副主任：王广发　张金玲

中国总会计师协会第四届理事会重要活动回顾

（2008～2009年）

第四届理事会以来，在党的十七大精神指引下，中国总会计师协会认真学习贯彻科学发展观，认真执行协会第四次全国会员代表大会确定的协会工作指导方针和各项任务，在推动中国现代总会计师制度建设、发展我国总会计师事业、开创中国总会计师协会新局面的工作中取得了重要进展。

一、加快推进组织建设工作，开拓协会未来发展新思路

第四次全国会员代表大会闭幕后，中国总会计师协会及时完成换届的各项组织程序性工作；根据协会制定的会长办公会和秘书长联席会议制度，先后召开会长办公会议和全国秘书长联席会议，对协会年度工作及重要活动安排进行审议；在山西和江苏召开地方协会联谊会，总结交流地方总会计师协会工作经验，共同研究协会今后发展思路；浙江、海南、重庆地方总会计师协会成功召开换届代表大会，产生新的领导机构；地质勘察、水利水电分会召开成立大会，航天、铁道分会召开换届大会，民营分会重建工作正在积极推进。

二、继续推进中国现代总会计师制度建设，开展优秀总会计师评选表彰活动

2008年，中国总会计师协会召开专家咨询委员会会议，讨论并形成协会关于修改《总会计师条例》和制定《总

2008年、2009年召开会长办公会议

2009年3月25～26日，在湖北武汉召开全国秘书长联席（扩大）会议

2008年7月26日，在北京召开全国秘书长联席会议

2008年5月11日，在山西召开地方协会工作会议暨第二届地方协会联谊会

2009年6月5　6日，在江苏扬州召开
第三届地方协会联谊会

会计师法》的意见，"两会"期间向全国人大和全国政协提交了关于修改《总会计师条例》和加强总会计师立法工作的提案和建议。

为推进我国总会计师队伍建设和中国总会计师事业的发展，表彰先进，发挥先进典型的示范作用，在纪念我国改革开放30周年之际，协会首次组织开展全国性总会计师和协会工作者评选表彰活动。2008年12月27日，在人民大会堂新闻发布厅隆重召开表彰大会，全国政协副主席李金华、全国人大原副委员长顾秀莲、全国政协原副主席万国权、中组部原部长张全景、中国总会计师协会会长刘长琨、财政部原常务副部长迟海滨、对外贸易经济合作部原副部长、博鳌亚洲论坛秘书长龙永图、国家税务总局原副局长杨崇春、中央财经领导小组办公室原副主任杨凌隆、中直机关工委原副书记何虎林、中共中央办公厅局长张景瑞、财政部会计司副司长李玉环、新华社副主编夏林、中国证监会首席会计师周忠惠、民政部民间组织管理局副局长杨岳、中国科协学会学术部副部长朱雪芬等领导同志为获奖者颁奖并合影留念。

本次评优表彰活动，本着求质量、重程序、公平、公正的原则，收到良好的社会反响，使广大总会计师深受鼓舞和激励，增强了自信心和责任感，提升了他们在企业和社会中的地位和作用，树立了良好的职业形象，对中国总会计师队伍建设将带来积极和深远的影响。

三、境内外培训相结合，注重培训的质量和时效性

2008年，中国总会计师协会先后举办新会计准则与新财务通则执行中的难点与热点问题的解析性培训、新税法解析与实施等培训班72期，参加培训人员共计4213人。根据国家有关部门"境内为主、境外培训为辅"的指导方针，经批准，协会在继续组织高级财务管理人员赴境外参加短期培训项目的同时，2008

2008年12月27日，中国总会计师协会在人民大会堂举行"中国总会计师贡献奖等奖项颁奖典礼暨中国企业经营与财务战略管理高峰论坛"

年，协会启动赴美国密苏里州立大学攻读高级工商管理硕士学位（EMBA）的中长期培训项目，2008年首批组织5人赴美，2009年组织14人赴美进修。

为提高培训工作质量，协会做到年度有计划、定期有安排，对培训内容、授课人员、培训方式进行指导监督。协会还建立了培训优秀教师人才库，目前已聘请26名专家教授；协会组织编写的培训系列教材已出版4种，其余正在编辑出版中。

2009年4月，在北京召开中国总会计师协会教育培训委员会暨培训工作座谈会

2008年11月17日，美国密苏里州立大学副教务长一行到协会访问

2009年，美国密苏里州立大学副教务长一行访问副会长单位
——中航工业集团公司

2009年7月，为即将赴美攻读EMBA学员举办为期1个月的英语强化训练

中国总会计师协会与国家发展与改革委员会培训中心合作举办培训班

四、推动课题研究与专题研讨，继续举办总会计师优秀论文评选

2008年，协会完成2007年度立项科研项目的验收评审工作，共评审出《构建我国会计体系构架的研究》、《中国总会计师的职能定位研究报告》、《中国总会计师职业道德和行业规范》等15个优秀项目，这些项目对实施新会计准则、促进总会计师立法等具有较强的参考价值。

2008年，协会连续第三年组织总会计师优秀论文评选工作，在中国航天科技集团的支持下，正式出版了《2007年度中国总会计师优秀论文选》。

2008年5月7日，协会成功举办"2008中国首席财务官论坛"，展示了中国总会计师协会良好的社会形象。全国人大原副委员长、中国总会计师协会名誉会长成思危为论坛发来贺信，财政部部长助理张通、财政部原副部长迟海滨、中国总会计师协会会长刘长琨在论坛上致辞。各有关部门负责人和协会顾问杨崇春、汪建熙、周忠惠、于川等出席论坛。论坛邀请了美国前财政部长约翰·斯诺做主题演讲；中石油、中国电信、中国航天的总会计师与来自世界500强企业的CFO与在论坛上发表

演讲。新浪网等30余家新闻媒体对论坛进行了多方位的宣传报道，取得了良好的社会反响。

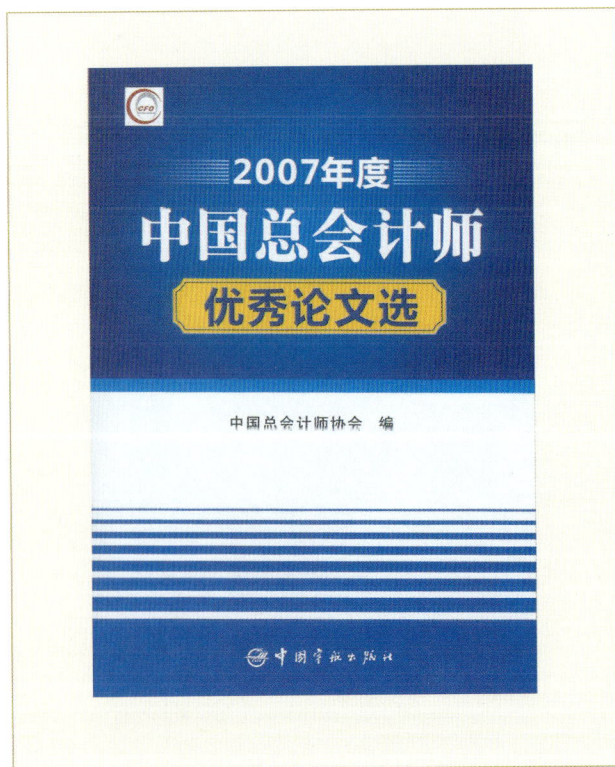

2008年，举办2007年度总会计师优秀论文评选，出版《优秀论文选》

2008年5月7日，中国总会计师协会在京与REX公关公司联合主办2008中国首席财务官论坛

中国总会计师协会副会长吴安迪、王国樑参加论坛的圆桌讨论

五、稳妥、认真开展职业资格认证工作

2008年，经中国科协批准同意，协会开始进行总会计师（CFO）职业资质水平测试项目的试点工作。按考、培分离的原则，协会对培训工作认真进行指导管理，对测试工作各环节严格掌握，并认真组织项目专家组的评审工作，严格掌握标准、质量，贯彻公平、公正原则。协会十分重视开班和颁证活动，以扩大项目影响，并建立项目认证人员网上查询系统。2008年10月，协会在扬州召开总会计师（CFO）职业资质水平测试项目试点工作座谈会，江苏总会计师协会、浙江总会计师协会、轻工分会等9个项目授权试点单位分别介绍了各自试点工作情况、经验与体会。

中国总会计师协会与国际财务管理师协会联合认证的国际财务管理师（IFM）项目顺利进行，2008年共认证1621人。在该项目中，协会始终坚持"加强监督管理、提高认证质量"的原则，认真审核学员资格、整顿培训机构，建立了全国统考的巡考工作程序，及时处理培训、考试中出现的问题，保证了项目的健康发展。

2009年，协会与中国税务认证网联合推出税务会计师资格认证项目，该项目旨在为企业培养兼具财务核算和纳税管理技能的复合型人才。2009年3月，"税务会计师"获得国家人力资源和社会保障部批准；6月26日，

2008年7月26日，与江苏总会计师协会在江苏南通举行江苏省首批通过总会计师（CFO）职业资质水平测试人员颁证仪式

2009年6月26日，在重庆召开税务会计师项目启动会

2009年8月12日，国际会计师公会（AIA）行政总裁Philip Turnbull先生一行访问中国总会计师协会，双方签署国际会计师（AMIA）联合认证合作协议书

2009年8月13日，中国总会计师协会和国际会计师公会（AIA）就两会在中国联合认证国际会计师（AMIA）项目在北京举行新闻发布会

在重庆召开了税务会计师项目启动会。会议认为在全国开展税务会计师专业水平培训认证很有必要，是符合社会和企业需求的。培训的教材体系符合当前税务会计技术水平要求，能够满足税务会计专业技术需求。

为培养更多具有全球化视野和现代科学管理理念、系统掌握国际财务管理知识并熟悉国际财会规则的中高层次财务管理人才及其后备力量，中国总会计师协会与国际会计师公会（AIA）联合开展AMIA联合认证项目。2009年8月12日，会长刘长琨与国际会计师公会（AIA）行政总裁Philip Turnbull先生共同签署国际会计师(AMIA)联合认证合作协议；8月13日，双方在北京召开国际会计师（AMIA）联合认证项目新闻发布会。

六、努力开拓对外交往工作

2008年，中国总会计师协会继续保持与国际财务总裁协会联合会（简称国际财联）的交往。随着交往的不断深入，国际财联多次邀请协会正式加入该组织，成为其成员国组织。2009年4月，经外交部批准后，协会正式加入国际财联，并于同年6月获得国际财联2011年世界大会的举办权。

协会还积极开拓与国际同业协会的交流与互访。协会领导作为颁奖嘉宾，多次参加英国特许管理会计师协会（CIMA）年度颁奖典礼，2009年4月24日，协会与CIMA以及CCH在北京联合举办2009中国首席财务官论坛。论坛围绕"直面金融危机、加强财务管理、提高资本效率"的主题，100多位国内外企业首席财务官与会并就特殊时期下，CFO所面临的战略角色转换以及如何参与企业发展战略等话题展开探讨。

中国总会计师协会与英国特许公认会计师协会（ACCA）在剑桥财务金融英语国际证书（ICFE）项目方面开展合作，并与该证书的指定培训机构——北京外国语大学网络教育学院签订了培训协议，已培训四期学员。此外，协会还接待了国际内部审计师协会执行主席、德国联邦会计师审计师协会等同业组织的来访。

2009年4月24日，中国总会计师协会会长刘长琨与CIMA全球会长在北京会晤

2009年4月24日，协会会长刘长琨在
2009首席财务官论坛上致辞

协会副会长、建设银行首席财务官庞秀生在
论坛上发表演讲

中国海洋石油总公司首席财务官吴孟飞
发表演讲

中外CFO圆桌讨论

协会常务副会长董锋致闭幕辞

2009年12月4日，中国总会计师协会和中国内部审计协会在北京共同举办中国企业全面风险管理高层论坛

前进中的中国总会计师事业

秘书处及分支机构

秘书处

秘书长：

胡柏枝（兼）

常务副秘书长：蒋宝恩

副　秘　书　长：张金玲　姚德超　李爱屏

办公室／财务部（主任：于小青）
电话(Tel)：86-10-88191871
传真(Fax)：86-10-88191871
邮箱(E-mail)：cfo@cacfo.com

会员部（主任：宋威）
电话(Tel)：86-10-88191869
传真(Fax)：86-10-88191870
邮箱(E-mail)：huiyuanbu@cacfo.com

培训部（主任：姚国贤）
电话(Tel)：86-10-88191832
传真(Fax)：86-10-88191832
邮箱(E-mail)：peixun@cacfo.com

科研部（主任：张成栋）
电话(Tel)：86-10-88191892
传真(Fax)：86-10-88191892
邮箱(E-mail)：zzccddcfo2008@tom.com

资格认证部（主任：孙莉莉）
电话(Tel)：86-10-88191814
传真(Fax)：86-10-88191874
邮箱(E-mail)：renzheng@cacfo.com

国际部（主任：沈峻梅）
电话(Tel)：86-10-88191834
传真(Fax)：86-10-88191813
邮箱(E-mail)：cacfo@cacfo.com

秘书处办公地址：北京市海淀区阜成路甲28号新知大厦18层
邮编：100142　　　　　协会网址：www.cacfo.com

《中国总会计师》杂志社

《中国总会计师》杂志社是由中国科学技术协会主管，财政部、国务院国资委业务指导，中国总会计师协会主办，以反映中国总会计师(包括总会计师、CFO、财务总监、财务部门负责人等)现状、宣传中国总会计师形象、关注中国总会计师制度建设、服务中国总会计师事业为己任的中央级期刊社。

《中国总会计师》杂志社创办于2003年7月，2003年8月编辑出版《中国总会计师》杂志。《中国总会计师》杂志始终坚持以"推动中国企业财务管理现代化，服务总会计师（CFO）事业"为宗旨，紧跟政策走向，剖析财经热点，以国际化的视野关注企业，特别是国有大中型企业和知名民营企业的改革与发展，积极传播优秀企业的管理经验，挖掘杰出企业家和财务负责人的先进事迹，帮助企业提高管理水平，为中国总会计师（CFO）未来的改革与发展提供理论支撑和实践经验，是广大中高级财务管理人员工作、学习的必读刊物。创刊5年来，《中国总会计师》杂志以其卓越品质成为具有纵览国际风云变幻、见证中国改革发展、服务中国总会计师事业的最具影响力的媒体之一，深受广大读者欢迎。

《中国总会计师》杂志社十分注重品牌的建设和影响力的提升，每年举办"中国总会计师年度人物"等奖项的评选、"中国企业经营与财务战略管理高层论坛"、"中国CFO国际峰会"等一系列活动，为管、产、学界领袖提供了相互交流的良好平台。在提高经济效益的同时，《中国总会计师》杂志社还注重社会效益的提升，引领行业舆论，几年来，先后提出"和谐财会"、"财务管理者的社会责任"等观点。

2008年8月18日，《中国总会计师》杂志社迎来了建社5周年。全国人大常委会原副委员长、原国务委员兼财政部长王丙乾，全国人大常委会原副委员长、中共中央原政治局委员、国务院原副总理姜春云，全国人大原副委员长、著名经济学家成思危为《中国总会计师》杂志题词。广大总会计师也纷纷来信来函，表达对杂志的喜爱和期望。

兢兢五载、绳律春秋，怀无央大界；锲而不舍、再攀高峰，与时代同行。在新的起点上，《中国总会计师》杂志社将一如既往，用智慧和汗水谱写更辉煌的明天。

编委会主任：刘长琨　名誉主编：蒋宝恩　社长兼总编：刘丽君

地址：北京市海淀区阜成路甲28号新知大厦1828室
邮编：100142　电话：010-88191828　传真：010-88191881
邮箱：ecmcfo@vip.sina.com　网址：www.ccfo.com.cn

杂志编委会主任 刘长琨

杂志名誉主编 蒋宝恩

杂志社社长兼总编 刘丽君

举办第三届中国企业经营与财务战略管理高层论坛

举办第四届中国企业经营与财务战略管理高层论坛

事业篇
——中国总会计师协会分会

　　中国总会计师协会十分重视分会建设与发展。自第三届理事会以来，中国科协和民政部先后批准了中国总会计师协会电力、电信、铁道、纺织、航天、石油、航空、民营、核工业、兵器、民航、轻工、电子、远洋运输、地质勘查、水利水电等16家分会。2007年，中国总会计师协会又申请成立煤炭和冶金分会，已经中国科协批准、报民政部核批登记中。这些分会所属企业在我国国民经济建设中均为具有相当影响力的大型骨干企业。

　　加强对分会工作的领导、管理和服务是协会的重要工作之一。近几年来，在中国总会计师协会的统一领导下，各分会的工作取得很大进展，组织建设加快，各项工作日趋活跃，分会活动带有行业性显著特点。在中国总会计师协会第四届理事会的领导下，各分会本着"家兴桥通"的奋斗目标，加快发展我国的总会计师事业，正努力开创分会各项工作的新局面。

中国总会计师协会石油分会

中国总会计师协会石油分会（以下简称石油分会）是中国总会计师协会批准建立，经民政部正式备案登记的行业性社会团体，由中国石油天然气集团公司、中国石油化工集团公司和中国海洋石油总公司以及地方石油石化企业的总会计师（财务总监、财务负责人）自愿结成，是中国总会计师协会的行业分支机构。

石油分会的业务主管单位是中国总会计师协会，挂靠单位是中国石油天然气集团公司。2006年4月，石油分会召开成立大会暨首届会员代表大会，选举产生了石油分会首届领导机构，包括石油分会第一届理事会理事（由47名理事组成）、常务理事（由8名常务理事组成）、分会会长、副会长、秘书长等；审议并通过《石油分会组织办法（草案）》、石油分会首届理事会工作报告等文件。

石油分会秘书处作为日常办事机构，设在中国石油天然气集团公司财务资产部。按中国总会计师协会对分支机构管理的有关要求，结合石油分会构成实际，石油分会实行组成单位分部制管理模式，即：石油分会下设中石油工作部、中石化工作部和中海油工作部，在石油分会统一领导下，分别负责本单位会员发展、石油分会各项活动的组织等工作。

石油分会业务范围主要包括：组织学习、贯彻《会计法》、《总会计师条例》及相关法律、法规和方针政策；组织对石油、石化行业总会计师及其高级财会人员进行诚信教育与诚信评价；组织进行总会计师及高级财会人员业务培训；

组织开展石油、石化行业财务管理政策制度研究和财务管理理论与实务学术研究与交流；组织开展总会计师工作业务交流，积极反映总会计师的意见和建议，发挥行业协会服务协调功能等。

石油分会自成立以来，按照中国总会计师协会要求，以夯实基础工作为重点，以丰富分会活动为抓手，先后建立和完善了石油分会管理规程及相关管理制度；组织开发了会员电子档案库，实施了会员信息化管理；建立并开通了石油分会门户网站，搭建了石油分会政策宣传与学习沟通平台；组织举办了"战略财务管理与企业财务通则"等专题培训及优秀论文评选活动，促进了会员单位财务学术研究与交流；组织三个石油公司研究人员开展了"企业财务风险"、"财务管理国际化"和"企业纳税筹划"等课题研究工作，为有针对性地解决财务管理问题提供借鉴。

此外，石油分会还积极参加中国总会计师协会组织的各类学术交流与培训活动，先后组织会员单位参加了2008中国首席财务官论坛、中国财务会计高层论坛、企业内部控制规范及操作指引研讨会、国际财联世界大会、年度优秀论义评选以及专题业务培训等活动。

石油分会的成立对于我国石油、石化行业更好地贯彻执行党和国家财经方针政策，加强财会理论与学术研究，加强总会计师队伍建设，促进全面提升石油、石化行业财务管理水平具有积极的推动作用。

中国总会计师协会石油分会领导机构：

会　长：王国樑

秘书长：温青山

地址：北京市西城区六铺炕街6号519室中国石油天然气集团公司财务资产部综合处

邮编：100724

电话：010-62094702　　　传真：010-62094381

2006年4月，中国总会计师协会石油分会召开成立大会暨首届会员代表大会

中国总会计师协会铁道分会

2004年11月6日，中国总会计师协会铁道分会在湖南长沙召开铁道分会成立大会暨首届会员代表大会。会议通过铁道分会组织办法，选举产生第一届理事会理事、常务理事及分会领导机构。

目前，铁道分会在全国铁路系统中共有34个单位会员。铁道分会秘书处现有9名专职人员，和中国铁道财务会计学会合署办公。秘书处下设办公室、培训部、编辑部、科技咨询部，业务范围涵盖理论研究、业务培训、书刊编辑、国际合作、咨询业务、学术交流。

铁道分会成立以来，先后为铁道系统的会员单位举办了丰富多彩的活动，使会员在强化职业道德意识、提高专业知识水平、提升整体业务素质等方面起到积极的推动作用。

铁道分会举办两次铁道部内部会计知识大赛，参加第二届全国会计知识大赛，获得团体第三名；与交通部、民航总局联合举办第五届中国交通运输业财务与会计学术研讨会；举办全路总会计师高级论坛；完成中总协参与组织的财政部科研课题《总会计师职业道德行为规范》，获得一等奖；参加中总协举办的年度总会计师优秀论文评选活动，多次荣获优秀组织奖；组织会员参加中总协举办的总会计师高级管理人员培训班。

举办第五届中国交通运输业财务与会计学术研讨会

中国总会计师协会铁道分会领导机构：

会　长：余邦利
秘书长：秦红伟

地址：北京市西城区二七剧场路甲6号铁道部老干部活动中心四楼
邮编：100045
电话：010—51876454　　　　传真：010—51870968

中国总会计师协会航天行业分会

中国总会计师协会航天行业分会成立于1991年5月17日，前身为中国航天工业总会计师研究会、中国总会计师协会航天分会，2003年3月更名为中国总会计师协会航天行业分会（以下简称航天总师分会）。

17年来，航天总师分会在中国总会计师协会领导下，在航天两大集团领导及成员单位的重视、关心和支持下，紧密围绕办会宗旨，贯彻"理论联系实际，为航天科研生产服务"的方针，不断掌握新情况、研究新问题，努力开拓航天总会计师工作的新局面，组织航天两大集团及所属成员单位总会计师、财务部门负责人和航天财审战线的理论与实际工作者，根据财审改革与发展的现实需要开展理论研究、参加管理改革、进行业务培训、出版《航天财会》、组织专题活动、培养造就人才、加强组织建设，圆满地完成了航天总师分会承担的历史使命，取得了丰硕成果，为航天财审改革与发展，为我国航天事业的兴旺发达，做出了突

举办大型企业集团预算管理与战略执行高峰论坛

中国总会计师协会航天分会领导机构：

会　长：吴艳华
秘书长：杨　玲

地址：北京市849信箱B18分箱（阜成路8号院）
邮编：100830
电话/传真：010-68372332

航天分会召开三届三次理事会会议

出的贡献。

一、开展理论研究

航天总师分会作为一个专业性学术团体，与航天会计学会一起充分发挥其智能优势，始终把理论研究放在工作的首位，紧紧围绕航天财审各个时期的中心工作，针对航天财审改革的重点、难点和热点问题，多方位组织研究力量，认真开展课题研究、专题研讨和学术论文撰写工作。理论研究取得的多项成果丰富和发展了具有航天特色的财审理论与实务，其成果应用到航天系统的财审改革实践中后，有效地解决了财审改革实践中遇到的新问题，为航天系统体制、机制改革和管理创新提供了政策、理论、制度、办法的支持。通过开展理论研究，普遍提高了广大财审人员的政策理论水平和研究能力，培养了人才，锻炼了队伍。

理论研究内容涉及航天工业的会计核算、财务管理、预算管理、纳税筹划、资金管理、资本运作、内部审计、会计职业判断、企业改制、政策制度研究、案例分析、总会计师队伍建设、会计职业道德等诸多方面。17年来，两会共完成了162项课题研究，其中有42项课题获奖：（1）荣获两会软课题研究成果一等奖8项、二等奖17项、三等奖23项；（2）荣获航空航天部部级科技

成果三等奖2项；（3）荣获国防科工委科技进步三等奖1项；（4）荣获航天工业总公司管理成果二等奖1项；（5）荣获集团公司优秀审计课题研究二等奖2项；（6）荣获国家级企业管理现代化创新成果二等奖2项；（7）荣获中国总会计师协会优秀论文一等奖3项、二等奖2项、三等奖4项。这些课题成果应用于航天改革与发展的不同历史时期，记录着航天两会的课题研究服务航天的发展历程。

上述课题在两会历次年会上作了学术报告，并分别于2000年、2002年、2003年、2005年、2008年汇编成《航天工业财务管理研究课题集》、《航天财会内审课题研究汇编》、《2004～2005年两会及分会自立课题汇编》、《2006～2007年两会及分会自立课题汇编》发到各成员单位，进行交流推广。

航天总师分会与航天会计学会非常重视组织会员通过撰写学术论文，总结工作经验，探讨财审理论和实际工作问题。航天系统财审部门领导、专家带头撰写学术论文，带动和激发了广大财审工作者，特别是年轻的财审工作者参与改革创新的积极性，一批批年轻的财审政策理论和实务研究专家正在成长。

理论研究工作不仅对航天工业体现出显著的经济

价值，而且具有较高的理论价值。航天两会的课题研究曾多次获得部级科技成果奖，获中国会计学会优秀论文奖、中国总会计师协会优秀论文奖、国防科工委科技进步奖、国家级企业管理现代化创新成果奖、中国内部审计协会专题论文奖等。

多年来，航天两会发挥智能优势，积极参与财政部、中国会计学会、中国总会计师协会等主管部门重要财会教材和工具书的编写工作。如积极组织航天两会的部分理事、专家先后参与并完成了《中国总会计师实用大全》、《中国证券百科全书》、《科研单位成本核算》、《实用管理会计》、《新编简明工业会计》、《速成会计英语》、《科研财务与会计》、《内部银行与实践》等十多部财会专业书籍的编写，从而拓展了航天系统理论研究领域和平台，为丰富和发展中国会计理论与实践做出了贡献。

一　参与管理改革

航天总师分会既是学术团体，也是航天财审部门的"助手"，与航天会计学会一起致力于为航天财审工作服务，受航天财审行政部门的委托开展了大量卓有成效的工作。如：开展"会计工作达标升级"，使航天系统会计基础工作得到全面提升；进行《会计法》实施情况实地调研，协助会员单位完善内部管理制度，促进财审工作规范管理；开展经济效益典型调研，为航天财审改革献计献策；参与国家政策研讨，为航天事业争取良好的经济政策环境等，均做出不可替代的贡献。

三、组织业务培训和专题论坛

随着我国经济的大变革、大发展，财审工作的新问题、新思路、新理论、新方法不断推陈出新。航天总师分会紧密结合经济改革的进程，针对航天系统总会计师、财审部门负责人及后备力量的实际情况，精心组织了多种形式、面向多层次人员的业务培训。多次与各大专院校协作，组织领导干部财经法规培训班、财务负责人培训班、全面预算管理现场交流培训研讨班、财税政策分析及纳税筹划培训研讨班、合并会计报表培训研讨班、现代财务管理培训研讨班、企业会计制度及相关准则培训研讨班、总会计师培训与经验交流培训研讨班、中国航天总会计师高级论坛研讨班、航天系统女性总会计师及财审负责人高级培训研修班等。随着培训范围的不断扩大，培训形式的逐步创新，培训课程已从单一的课堂讲授，发展到专题讲座、大型主题论坛、案例讨论、拓展训练、实地参观考察、专题小组互动课等多种形式，在人才培养方面取得了可喜的成果。

航天总师分会成立以来，先后召开了财务管理、国企改制、纳税筹划、航天总会计师队伍建设、全面预算管理、战略管理与战略执行、公司治理、成本工程、财

举办航天系统女性总会计师及财审负责人高级培训研修班

务分析与预测、风险管理、购并与重组、价值管理等多次专题研讨会，并于2007年5月在北京大观园成功地举办了"大型企业集团预算管理与战略执行高峰论坛"。来自国资委、国防科工委、中国总会计师协会、财政部财科所、人民大学、中央财大、北京总会计师协会、兵工总师分会、石油分会等单位领导、专家学者和航天两大集团领导、总会计师、财务总监、财审负责人等160多位领导和嘉宾出席论坛。

航天总师分会多次积极参与财政部、中国会计学会、中国总会计师协会组织的会计制度、资金管理、股份制改制、现代企业制度、税制改革等交流研讨活动，在研讨活动中，两会立足航天，研究政策，反映问题，提出建议，得到上级学会和协会、兄弟学会、有关专家学者的认可与好评，为航天财审改革做出了应有的贡献。

17年来，航天总师分会与航天会计学会共同组织会计知识大赛4次，演讲比赛1次，有奖征文4次，举办诗歌、散文大赛、书法、摄影、绘画、木刻、手工才艺展、文艺汇演等多种形式、多项主题、丰富多彩的专题活动，取得了非常好的效果。

四、组织建设与对外交流

经过17年的发展历程，航天总师分会组织建设日臻

1999年11月，举办航天分会学习班

完善，设立理事会、常务理事会、名誉会长、会长、常务副会长、副会长、秘书长，按分会章程每三年进行一次换届选举。

经中国总会计师协会第四届理事会审议批准，目前总师分会有15人被选为中国总会计师协会理事，4人被选为中国总会计师协会常务理事，航天总师分会会长、航天科技集团党组成员、吴艳华总会计师担任中国总会计师协会副会长。

航天总师分会成立以来，按章程召开了六届分会理事会，11次两会理事会年会、14次常务理事会。根据情况的变化，先后3次修改《中国总会计师协会航天分会章程》，并经分会理事会审议通过执行。

航天总师分会根据中国总会计师协会要求，申报调整理事、常务理事，组织航天系统总会计师问卷调查、年检、会议、科协立项的课题研究、组织会长年会、按时上报计划总结，认真做好中总协教育委员会、外事委员会、财务委员会的工作，积极组织参加中总协组织的境内外培训、论坛等活动，圆满地完成了中国总会计师协会下达的《中国总会计师职能定位》的研究课题。

在中总协和航天两大集团的领导下，航天总师分会保持与兄弟学术团体、优秀企业集团、高校专家教授、国家主管部门、先进国家的学术团体的联系、沟通、学习与合作，扩大两会影响，增强两会活力，推动理论研究和学术活动的开展，为新形势下航天总师分会的发展创建了良好的外部环境。

中国总会计师协会纺织分会

中国总会计师协会纺织分会开展学术研讨、交流培训活动

中国总会计师协会纺织分会成立于1991年，前身为纺织工业总会计师研究会。2003年，根据《关于批准成立中国总会计师协会纺织分会的通知》的精神进行重新登记，正式改组为中国总会计师协会纺织分会，成为中国总会计师协会的分支机构，在中总协的指导下进行工作。

纺织分会是结合纺织工业实际，研究财务会计科学的学术团体，由中国纺织工业协会副会长杨东辉同志任会长，现有会员114名，其中：兼任中国总会计师协会常务理事1名，理事5名、个人会员10名。会员中有来自多个省（市）、自治区、企业、院校及中央单位、科研院所的总会计师、主管领导、财务总监、财务负责人。

分会成立以来，本着相互学习、共同提高的原则，每年召开年会，进行学术交流，研讨财务工作中出现的各种新情况、新问题。聘请经济方面的专家、学者做专题学术报告会，邀请中国纺织工业协会领导做纺织行业形势报告。为了使广大财务人员能更好地学习、借鉴国际财务管理的先进经验，开拓思路，加强参与国际竞争、国际合作的能力，分会组织企业总会计师、财务负责人赴美国、欧洲、澳大利亚等国进行培训、考察，均收到良好效果。

为进一步规范分会的管理，促进分会健康稳定的发展，更好地为纺织企业及会员服务，分会拟加大发展新会员的力度，并根据纺织企业的特点及当前的热点问题开展学术研讨、交流培训活动，使分会的各项工作更好地适应形势的发展与需求。

中国总会计师协会纺织分会领导机构：

会　长：杨东辉
秘书长：马学毅

地址：北京市东长安街12号418室
邮编：100742
电话：010-85229418　　传真：010-85229418

中国总会计师协会民营企业分会

中国总会计师协会民营企业分会（以下简称民营企业分会；英文名称是Association of Chinese Private Enterprises CFO，ACPECFO）是由全国非国有企业的财务总监、首席财务官(CFO)等企业高层财务负责人为主体所组成并依法在民政部门登记的、跨地区的、非营利性国家级社团组织，在中国总会计师协会的领导下，开展分会的各项工作，是民营企业CFO与政府、社会联络沟通的桥梁。

在中国经济取得举世瞩目的成就中，民营经济起到了巨大推动作用。在当今经济局势更加复杂、竞争日益激烈的情况下，财务管理水平对企业的健康发展至关重要，尤其对民营企业的发展更是如此。民营企业对CFO、财务总监的要求也越来越高。公司的治理以及财务系统的创建与改善、价值创造、并购重组、资本运作及投资融资等都需要财务总监或CFO不可或缺的参与来发挥作用。为了适应经济发展的要求，民营企业分会致力于促进民营企业（非国有经济）财会管理人员的交流与进步，提高民企财务管理水平，提升民企财务总监、CFO整体素质，为完善公司治理、推动企业的健康发展做出重要贡献。

中国总会计师协会民营企业分会将结合媒体出版、资讯、会展、沙龙、培训、网站等综合立体的服务通道，为促进中国民营企业CFO的成长提供具有全球视野、专业实用的信息资讯和咨询服务。

举办民营企业论坛

参与组织《企业内部财务管理评估试行办法》研讨会

中国总会计师协会民营企业分会领导机构：

会　长：庞秀生

副会长：寇光武　王化成

副会长兼秘书长：阮光立

地址：北京市海淀区阜成路甲28号新知大厦1534室

邮编：100142

电话：010-88191567/68　　　传真：010-88191576

网址：www.acpecfo.org.cn　　E-mail：acpecfo@126.com

中国总会计师协会电信系统分会

中国总会计师协会电信系统分会（简称"电信分会"，英文名China Association of Chief Financial Officers Telecom System Branch）是经中国总会计师协会同意、民政部批准，于2003年11月17日登记注册的电信行业系统分会。2006年7月14日，电信分会在北京召开成立大会暨第一次会员代表大会。全国人大教科文卫委员会副主任委员吴基传、原信息产业部副部长奚国华、中国总会计师协会常务副会长刘长琨、中国电信集团公司总经理王晓初等领导同志出席成立大会并作重要讲话。当选第一届电信协会会长吴安迪同志在会上作了题为"创新诚信，创造价值，积极发挥总会计师作用"的报告。自此，电信分会正式成为中国总会计师协会在电信系统的分支机构，也是电信行业的总会计师们唯一合法的社团组织。电信分会在总会计师协会的领导下，实行中国总会计师协会与工业和信息化部双重管理体制。

目前电信分会只有单位会员，按照分会所处行业的单位组成。会员单位包括中国电信、中国移动、中国联通三家电信运营公司及北京邮电大学。根据电信行业的实际情况，为加强分会的组织建设，便于分会活动的深入开展，促进分会与各企业、会员之间的沟通联系，发挥分会各会员单位的组织管理优势，各企业正按分会要求积极开展会员单位工作联络部的组建工作。分会成立后，认真领会总会计师协会"家"兴"桥"通的协会工作宗旨，并在日常工作中加以贯彻落实；遵照《中国总会计师协会章程》和《电信系统分会组织办法》，通过开展学术交流、理论研究、专业培训和咨询服务等活动，为促进电信系统的总会计师们开展行业内财务工作的沟通、协作与交流提供服务，配合协会与工业和信息化部对会员进行诚信自律教育，努力促进电信行业财会管理水平的提高和企业的持续发展。

分会相继制定了《电信系统分会秘书处工作规

中国总会计师协会电信系统分会领导机构：

会　　长：吴安迪
副　会　长：王占甫　薛涛海　李福申
　　　　　　佟吉禄　熊建平　倪翼丰
秘　书　长：王其
常务副秘书长：舒华英
副秘书长：王晓平　孙大为

通信地址：北京市海淀区西土城路10号252信箱
邮　　编：100876
秘书处电话/传真：010-62282769
网站：www.telecomcfo.cn

2006年7月14日，中国总会计师协会电信行业系统分会成立大会暨第一次会员代表大会在京召开

则》、《电信系统分会会员单位工作联络部工作指引》、《电信系统分会日常工作职责分工的暂行规定》等一系列内部管理规章制度，为分会积极、合法、有效地开展各项业务活动奠定了良好基础；建立了域名为www.telecomcfo.cn 的网站，成为分会发布信息和会员之间交流与学习的基础平台；为了加强工作联络，及时沟通信息，推动分会工作，创办了工作简报《分会信息》。

分会成立以来，作为中国总会计师协会的分支机构，除了积极参加中总协组织的培训推介会、年度优秀论文评选等活动，同时努力争取和创造条件，并结合自身实际和特点独立开展一些活动，诸如在调研的基础上，就各企业共同关注的问题举办专题讲座，请著名高等学府的专家学者联袂登台授课等。此类活动因针对性强，得到了各个会员单位的积极响应。

中国总会计师协会电信系统分会在京召开秘书处2007年第一次工作会议

2008年6月，电信系统分会在北京举办"企业绩效与集团财务管理"专题讲座，聘请业界知名教授王立彦、汤谷良教授联袂授课

中国总会计师协会航空工业分会

根据《中国总会计师协会章程》和《中国总会计师协会地区协会及行业分会组织办法》，2002年底，航空工业第一、第二两个集团从两个集团的特点和实际情况出发，组织专人着手筹备航空工业分会的组建工作，提出切实可行的组建方案。2003年11月17日，经民政部批准，中总协正式发文，批准航空工业分会正式成立。根据中总协指示，中国一航于2005年3月、中航二集团公司于2004年4月，分别组建了航空工业分会会员一部和会员二部，成立了各自相对独立的行业协会理事会和组织机构，同时组织吸收会员，凡两中集团公司所属业事业单位均为单位会员。为便于协会活动的深入开展，根据本行业企事业单位多、分布分散的特点，在会员一部、会员二部领导下，按地区成立了若干协作组，以便更好地调动协会的活动。

航空工业分会成立4年来，在宣传贯彻国家关于财务会计工作的方针政策、法律法规，宣传集团公司的财务会计工作，开展财会理论与实务研讨活动，组织学习培训、课题研讨、学术论坛、经验交流等活动，提高总会计师职业素质，加强总会计师队伍建设，表彰在财务会计管理工作中做出突出成绩的单位和个人等方面做了大量的工作，发挥了积极的促进作用。

（一）积极配合行政，组织学习、宣传和贯彻国家关于财务会计工作的方针政策、法律法规，宣传集团公司的财务会计工作。

1. 积极配合行政，大力宣传、学习、贯彻《会计法》。

2. 配合行政组织学习、宣传、贯彻执行财政部、国资委等国家有关部委发布的《企业会计制度》、《会计准则》、《企业国家资本与财务管理办法》等财务制度和政策法律。

3. 宣传集团公司和企事业单位财务管理工作，交流经验，相互促进。

（二）紧密结合集团公司财务管理中心工作，积极配合行政开展财会理论与实务研讨活动。

1. 紧紧围绕集团公司长远发展战略规划开展工作；

2. 围绕建立新型财务管理模式开展工作；

3. 进行会计基础工作规范化研究；

4. 持之以恒地开展抓管理、降成本、增效益的理

中国总会计师协会航空工业分会领导机构：

会　长：顾惠忠　　　地址：北京市建国路128号中航工业大厦1409室

负责人：刘光运　　　邮编：100022

电话：010-65666648　　　传真：010-65665854

论与实务研讨；

5.配合行政开展航空产品和军品的成本控制研究；

6.根据两个集团公司的具体情况，开展各具特色的专题研究。

（三）组织学习培训、课题研讨、学术论坛、经验交流等活动，提高总会计师职执业素质，加强总会计师队伍建设。2007年9月28日，中国一航在杭州召开以"战略转型时期'如何当好总会计师'"为主题的征文交流会议。2007年11月3日，航空工业分会和中航二集团公司以第三届全国会计知识大赛为契机，在北京举办了集团公司会计知识大赛。

（四）表彰在财务会计管理工作中做出突出成绩的单位和个人。

（五）各地区协作组积极组织开展活动。

2007年9月，在杭州召开"战略转型时期'如何当好总会计师'"主题征文交流会

中国总会计师协会民用航空分会

中国总会计师协会民用航空分会（以下简称民航分会）是中国总会计师协会的组成部分，接受中国总会计师协会的领导，由民航各企事业单位的总会计师自愿结成，2006年4月18日经民政部批准登记成立的非营利性社团组织。分会实行中总协和挂靠单位双重管理的体制，业务主管单位（挂靠单位）为中国民用航空总局财务司。民航分会职能定位为"建家"、"架桥"两大职能以及"管理、服务、沟通、协调"四大核心功能，在中总协和民航总局的领导下，相对独立地开展活动，更好地为会员单位服务，充分发挥桥梁纽带作用。分会针对会员单位关注的热点问题，开展了学术交流与理论研究以及各类有针对性的境内、外专业培训，办理咨询服务和财会资格认证等业务，为提高民航财会人员的管理水平，为民航行业的可持续发展做出贡献。

民航分会现有理事305名，常务理事103名。分会在全国建立了8个地区工作部，共有单位会员200家，其中常务理事单位74家，理事单位126家。秘书处设培训部、学术部、会员部、财务部、办公室。分会创建了网站和《民航财会》杂志，广泛收集信息和相关稿件，使"一网一刊"真正成为民航财会人员学习研究的平台，沟通交流的纽带。

分会下设民航会计审计培训中心和航空器价值评估咨询服务中心。会计审计培训中心的工作任务是完成国务院机关事务管理局授权的一年一度的中央国家机关会计人员继续教

民航分会举办学术研讨会

育培训和民航在京1000余名会计人员的从业资格证书的继续教育登记工作。同时，中心还具体承办财务司和民航分会委托的培训项目，并根据民航各企事业单位的需求开展各类专题培训。培训中心成立后承办了每年中央国家机关会计人员的继续教育培训工作，3年来累计培训学员近4000人；积极组织各类专题培训30余期，参加培训学员累计达3000余人。

航空器价值评估咨询服务中心自行研发了航空器价值评估系统"民用航空器价值评估方法、程序及应用"，得到各大航空集团公司和国家有关部门的认可，向用户提供方便快捷的评估服务，为企业的资产重组以及有效地保护国有资产做出了积极贡献。一年多来先后为3家航空公司完成了38架飞机的价值评估工作。

中国总会计师协会民用航空分会领导机构：

会　长：海连成
秘书长：毛兆章

地址：北京市朝阳区花家地东路3号图书馆三层
邮编：100102
电话：010-84727344　　传真：010-84727304-20

中国总会计师协会水利水电分会

2006年7月27日，中国总会计师协会水利水电分会（以下简称水利水电分会）经民政部民社登[2006]第1170号文批准登记，2008年11月22日，水利水电分会召开成立大会，选举产生第一届理事会及其领导机构。水利水电分会首任会长是水利部财务司原司长魏炳才，第一副会长由水利部综合事业局总会计师裴宏志兼任；秘书长由中国水务投资公司总会计师魏庆军兼任。

水利水电分会是由全国水利水电行业的大中型企业、工程建设单位及流域机构、科研设计等行政事业单位的总会计师（含分管财务的行政领导）、财务部门负责人自愿组成的非营利性的社会团体，挂靠水利部综合事业局。

水利水电分会以毛泽东思想、邓小平理论和"三个代表"重要思想为指导，全面落实科学发展观，坚持党的基本路线和各项方针、政策，严格遵守国家法律，宣传贯彻国家财经规章制度，广泛团结全国水利水电系统企事业单位的总会计师、财务部门负责人和从事财会经济工作的专家、学者、教授，加强学术研究交流，组织人才学习培训，发挥了协会的桥梁纽带作用。分会大力为企事业单位和会员提供服务，为推动企事业单位的改革开放，提高财务管理水平，促进水利水电事业发展做出积极贡献。

2008年11月22日，水利水电分会召开成立大会

中国总会计师协会水利水电分会领导机构：

会　　长：魏炳才　　　　地址：北京市宣武区白广路二条二号水利部东楼409号

常务副会长：裴宏志　　　　邮编：100053

秘　书　长：魏庆军　　　　电话：010-63202346　　　　传真：010-63202346

中国总会计师协会兵器分会

2006年，兵器分会召开成立大会

控股上市公司等160余家会员单位，分会理事会由两大集团公司部门领导、行业内专家学者、各会员单位总会计师等组成，现有常务理事60名、理事237名。

兵器分会的宗旨和任务是：高举邓小平理论伟大旗帜，全面贯彻"三个代表"重要思想，坚持党的基本路线和各项方针、政策，遵守国家法律和社会道德风尚，遵循民政部规定的分会工作职责范围，广泛联系兵器全行业的总会计师、财务总监、

中国总会计师协会兵器分会2006年4月由民政部批准成立，办公地点设在中国兵器工业规划研究院，有兵器两大集团公司直属工业企业、研究院所、流通公司和

财务主管、财务部门负责人以及广大财务、审计工作者，积极支持本分会工作的专家、学者，按照科学发展观的要求，积极适应国防科技工业改革发展形势，在建设有国际竞争力的大公司和高科技现代化兵器工业的战

中国总会计师协会兵器分会领导机构：

会　　长：宋思忠

顾　　问：罗乾宜　李守武

副 会 长：邓腾江　邱　江

副会长兼秘书长：吴松生

副秘书长：郭　菲　余艳玲　高利珍
　　　　　王锁川　孙殿文

地址：北京市宣武区广安门北街10号3号楼406室

邮编：100053

电话：010-83115849

传真：010-83112281

略目标指引下，为兵器全行业在更大范围、更广领域和更高层次上参与国际经济技术合作与竞争服务，为推动集团化财务运作与管理创新服务，为促进企业经济增长方式转变和可持续发展服务，使分会真正成为沟通行业、社会和企业间的桥梁，成为本行业总会计师之家。在日常活动中，要充分体现分会的学术性、实践性、群众性，使分会工作生动活泼、有声有色地开展起来。

兵器分会成立以来，在兵器两大集团公司领导的关怀和集团财金部、财务部的大力支持下，结合兵器行业的具体实际，组织全系统总会计师、财务主管及财会审计人员开展了以下各项工作与活动：学习、贯彻国家相关法律、法规和方针政策；宣传贯彻集团公司财务管理战略、理念、工作部署，配合集团公司工作部署及发展要求，积极开展有关课题研究和调查研究；开展财务管理理论、政策、制度研究和企业财务管理实务与经验的交流；组织开展各项业务培训和职业道德教育；向集团公司反映总会计师及财会审计工作者的意见和建议；编辑出版《兵工财会》杂志；举办兵工财务论坛年会；举办成员单位总会计师、财务主管的地区联席会等。

兵器分会筹备和成立的5年来，组织进行的各项培训工作有：管理会计、成本管理、预算管理、财务管理信息化、新会计准则、内部审计、税务筹划、风险管理等。开展的课题研究、学术研讨与交流主要有：母公司与子公司财务管理研究、企业理财与内部控制研究、应收账款与存货管理及对策探讨、兵器集团"十一五"财务审计规划思路研究、军品价格形成机制及相关政策研究、集团公司工业企业绩效评价研究、集团化财务运作体系研究、成本控制问题研究等数十次（项）。

兵器分会编辑出版会刊《兵工财会》，正刊与增刊每年各6期，间月出刊。正刊为双月刊，提倡专业性、学术性、实践性和可读性，营造探索钻研、探讨争鸣的学术氛围，倡导理论与实践相结合、研究与实务相结合的文风，鼓励和引导财会人员理论紧密结合实际，思考问题、探索新知。增刊以"财经信息"和"研究参考"为主干内容，主要刊载国家宏观经济动态，各部委发布的相关政策与信息动态，对近期宏观经济中广受关注的热点问题的分析、研究、指导性文章等。刊物受到行业内外读者的喜爱，国家图书馆、各有关高校图书馆、研究机构均有收藏。

召开《兵工财会》2008年办刊工作会议

举行兵工财务论坛2008年年会

中国总会计师协会地质勘查分会

成立大会主席台

中国总会计师协会地质勘查分会是经中国总会计师协会审查批准，民政部核准登记注册的行业性非独立法人社会团体，是中国总会计师协会的分支机构，其挂靠单位为中国煤炭地质总局。

中国总会计师协会地质勘查分会于2008年10月30日在江西省井冈山市召开了第一次会员代表大会并宣布成立。中国总会计师协会对地质勘查分会的成立非常重视和关心，刘长琨会长亲临会议并作重要讲话。

中国总会计师协会地质勘查分会是一个跨地区、跨部门的社团组织，共有会员单位92家，包括地矿、煤炭、核工业、冶金、化工、建材、有色、武警黄金等部门及所属企事业单位。地质勘查分会第一届理事会理事93人，设会长1名，副会长12名，顾问9名（具体名单见下页）。

地质勘查分会的宗旨：以邓小平理论和"三个代表"重要思想为指导，深入贯彻落实科学发展观，在中国总

成立大会合影

地质勘查分会第一届理事会名单

会 长：

张世奎（中国煤炭地质总局原局长、党委书记）

常务副会长：

王爱琴（中国煤炭地质总局总会计师）

副会长（以姓氏笔画为序）：

谭 方（中化地质矿山总局财务处处长）

邓 度（山东地矿局副局长）

多 吉（西藏自治区地质勘查开发局局长、党委副书记）

宋 浩（中国武警黄金指挥部财务处处长）

张显君（陕西地矿局巡视员）

苑胜岐（中国冶金地质总局总会计师）

胡思敏（中国地质调查局计划财务部副主任）

徐卫兵（中国建筑材料工业地质勘查中心总会计师）

蒯保平（河南省煤田地质局局长）

潘淑美（中国核工业地质局财务处处长）

顾 问：

王希凯（原地矿部财务司司长，部高职咨询中心研究员）

赖文生（国土资源部财务司司长）

沈 莹（国务院国资委统计评价局局长）

李敬辉（财政部经济建设司副司长）

王学龙（中国地质调查局副局长）

刘 健（国土资源部中央地质勘查基金管理中心副主任）

姚德超（中国总会计师协会副秘书长）

赵景学（中国地质矿产经济研究院高级会计师）

沈银山（中化地质矿山总局原总会计师）

计师协会领导下，广泛联系全国地质勘查行业的总会计师、财务负责人，遵守国家宪法、法律法规和国家政策，诚信敬业，开拓进取，积极适应经济全球化新形势，为提高地质勘查单位经营管理水平，促进地质经济又好又快发展服务。热忱为会员服务，维护会员合法权益，帮助总会计师不断提高自身政治与业务素质，使分会成为总会计师之家，成为与政府、社会联系沟通的桥梁。

地质勘查分会成立以来，紧紧围绕地质勘查单位的改革与发展，以服务行业和服务会员为本，积极做好学术研究和交流、业务培训和咨询服务等各项工作。根据第一届理事会工作安排，认真开展"地质勘查财务会计改革三十年回顾与展望"、"地质单位财务管理模式研究"等专题研讨活动。面对2008年爆发的全球金融危机，于2009年3月30日在河南郑州举办"应对金融危机，探索理财之道"专题座谈会，为地质勘查单位应对金融危机提供了可供借鉴的经验和有力措施，促进提高地质勘查单位抗击金融风险的能力。为帮助地质勘查单位财会人员学习掌握新财税政策，全面理解新税法实施及衔接问题，提高新税法下税务和会计问题的处理能力，确保新税法在地质勘查单位的顺利实施，于2009年5月25日至27日在厦门国家会计学院举办"新税法和税务筹划"专题培训班。同时，还积极组织会员单位派员参加由中国总会计师协会举办的各类高级管理人员专题培训班。为了宣传党和国家的有关财经方针政策，进行学术交流和研讨，报道先进经验和协会及分会动态等，地质勘查分会与中国会计学会地质分会共同主办内部刊物——《地质财会》。

地质勘查分会在中国总会计师协会的直接领导下，在挂靠单位中国煤炭地质总局的大力支持下，在各会员单位的共同努力下，同心协力，扎实工作，一定会为促进总会计师事业和地质经济的发展做出新的贡献！

中国总会计师协会轻工分会

2006年4月18日，中国总会计师协会轻工分会经民政部登记注册，正式成为中国总会计师协会分支机构，其行政挂靠单位为中国轻工业联合会。2006年9月6日，在湖北宜昌召开了轻工分会成立大会暨第一次会员代表大会，会议选举产生轻工分会理事、常务理事、会长、副会长和秘书长。轻工分会现有包括大型轻工企业、科研院所、高等院校以及省市级轻工系统事业单位等会员单位108家。

轻工分会自成立以来，在中总协的大力支持和指导下，致力于轻工行业财务管理水平和财务人员业务素质的提高。为此，分会培训部多次举办"新会计准则"、"企业所得税法"和其他财税知识的学习培训班。分会还成功举办轻工系统"总会计师（CFO）职业资质水平测试培训班"，通过测试考评，首批21位学员全部获得中总协颁发的《总会计师资格证书》。

为规范轻工系统企事业单位的财务管理和会计基础工作，规避财税风险，近3年来，分会咨询部组织专业人员，在中国轻工业联合会和中华全国手工业合作总社所属近30个单位中开展内部财务检查和咨询，并出具"财务检查建议书"。该项工作对规范各单位财务行为起到积极的促进作用，得到被检查单位的普遍认可。

为及时宣传国家有关财税法规政策，沟通信息，轻工分会秘书处定期编辑出版《轻工财会工作简讯》，内容丰富、信息及时、形式多样，受到各会员单位财务人员的欢迎和一致好评。为了更好地开展专业学术理论交流，配合中总协关于建议修改《中国总会计师条例》的工作。2008年5月，分会常务理事单位上海新工联（集团）有限公司组织所属企业的总会计师和财务人员，举办"新形势、新要求下的总会计师工作交流研讨会"，就总会计师在企业中的职责、作用进行探讨，交流在财务管理和会计实务操作方面的经验。分会秘书处特为"交流研讨会"编辑出版了会议专刊，赠送各会员单位，收到良好的效果。轻工分会还积极参与中总协组织的总会计师优秀论文评选和专业课题研究活动。

继往开来，任重道远。轻工分会将继续为轻工行业总会计师事业的进一步发展，为提高轻工企事业单位财务管理水平和财会人员素质，在上级主管部门与会员单位之间，在轻工系统财务工作领域内，积极发挥桥梁和纽带作用。

中国总会计师协会轻工分会领导机构：

会　长：李玉娟　　　地址：北京市西城区阜外大街乙22号633室
秘书长：张志鸿　　　邮编：100833
　　　　　　　　　　电话：010-68396633　传真：010-68396673

2006年9月，在湖北宜昌召开了轻工分会成立大会暨第一次会员代表大会

举行首届理事会第二次会议暨2007年年会

事业篇
——地方总会计师协会

地方协会蓬勃发展，构筑总会计师的和谐之家

各省、自治区、直辖市、计划单列市总会计师协会（研究会）作为中国总会计师协会的团体会员，是中国总会计师协会重要组成部分。早在1994年，北京等地方总会计师协会就已经成立，并逐渐在东北、华北、西北、华东、华中、华南、西南等地区的一些主要省、直辖市成立了地方总会计师协会，总会计师们有了自己的家。目前，一些尚未成立总会计师协会的省、直辖市和自治区也在积极筹划，期待早日组建地方组织。

目前，在全国已成立地方协会组织的有18个，它们是：北京、山西、辽宁、大连、吉林、上海、江苏、浙江、福建、河南、湖北、湖南、海南、重庆、贵州、西安、南京、沈阳。

各地方总会计师协会十分注重协会的自身建设。基本做到机构健全、组织到位，领导带头、有专职工作人员，积极开展各项活动，秘书处工作常态化；与其主管部门工作关系顺畅，主管部门对协会工作既关心支持，又不具体干预。协会本着"家兴桥通"的奋斗目标，在团结和组织本地域总会计师致力于建立现代企业制度，努力提高企业财务管理水平，不断提高企业经营效益和市场竞争力，取得了显著成绩，得到广大会员和总会计师的好评，成为在当地经济建设与社会发展中发挥着一定作用，具有一定影响力的社团组织。

北京市总会计师协会

北京市总会计师协会成立于1994年6月，是全国成立较早的地方总会计师协会之一。现有200多名会员，包括中央和北京地方两级的企事业单位，下设中央在京、工业企业、旅游商贸、城市建设、文教卫生等5个学组。

协会组织机构设会长1名，副会长9名，现为第三届理事会。第一届会长为北京市地税局局长孙振刚，第二届会长为北京市财政局总会计师李爱庆，现任会长为北京市财政局副局长徐熙；副会长张奇鹏、孙志让、卢桂菊、方建一、杨世忠、张利胜、张军、傅志钦、翟金生。日常办事机构为秘书处，下设会员部、培训部、科研部、对外合作部和办公室4部1室。现任秘书长孙志让（兼），副秘书长徐皖生。

协会奉行"发挥和扩大总会计师在建设社会主义市场经济体制中的作用，推动和促进总会计师制度的建设与发展"的宗旨，倡导"求知、觅新、提高"的办会方针，坚持"以会员为本、团结会员、服务会员"的办会路线，履行"沟通、协调、管理"的办会职能，实现"家兴桥通"的目标。

协会是聚集各行各业总会计师的社会学术团体，自

举行北京总会计师协会第二届第二次常务理事会

协会会长徐熙和秘书长孙志让研究工作

北京市总会计师协会领导机构：

会长：徐熙

副会长兼秘书长：孙志让

地址：北京市丰台区玉林里45号腾飞大厦326室

邮编：100054

电话：010-62373306　　传真：010-63050480

成立以来一直把学习培训、学术交流视为第一要务。协会本着"在学习时间上求新、在培训内容上求实，在授课老师上求专"的培训方针，在新《企业会计准则》实施前，邀请首都经贸大学的著名教授举办5期新《企业会计准则》学习班；人大通过《中华人民共和国企业所得税法》后，协会举办4期《中华人民共和国企业所得税法》学习班，参加人数近千人。协会还联合国家会计学院举办总会计师岗位学习培训班，除会员参加外，还吸引了来自全国各地的总会计师参加培训。

举办《企业所得税法》第一期培训班

同时，协会广泛开展学术交流。2002年11月，选派5名协会会员参加在中国香港举行的主题为"知识经济与会计师"的第16届世界会计师大会。2006年5月，协会部分会员参加中国总会计师协会在湖北省宜昌市举办的"科学发展观与总会计师"论坛。近年来，协会加强与兄弟协会横向联合和交流。2006年，与西安总会计师协会在西安联合举办"企业全面预算高级研修班"，以推广全面预算管理这一集系统化、战略化、人本化理念为一体的现代化管理模式。2007年5月，协助浙江省总会计师协会和西安总会计师协会在杭州联合举办"企业风险管理与内部控制高级研修班"。2007年6

月，与财政部财政科学研究所、中国总会计师协会航天分会、中国航天工业会计学会、中国人民大学财政金融学院、中央财经大学会计学院共同在北京举办"大型企业集团预算管理与战略执行高峰论坛"，财政部、国资委和一些知名企业的高层领导、著名学者、成功人士共聚一堂，就国际预算管理、行业战略执行方针、企业经济管理思想等方面进行了有益的交流。同年8月，协助浙江省总会计师协会、中国总会计师协会民营企业分会承办中国总会计师协会主办的"中国CFO—民营企业财务管理创新"论坛，中华全国工商联副主席辜胜阻先生出席讲演。同年11月，在北京与首都经济贸易大学会计学院、理财学研究所、《经济与管理研究——理财版》杂志社联合举办"全国财务理论与实践研讨会"。这些活动不仅展现出协会较高的学术水平，同时对扩大协会的社会影响也起到积极的推动作用。

北京总会计师协会召开2007年年会暨《企业所得税法》专题论坛

山西省总会计师协会

会长芦振基

山西省总会计师协会是经山西省社团局批准成立，由山西省财政厅主管、中国总会计师协会指导的总会计师（包括财务总监、财务经理、财务机构负责人等）行业组织，于2004年4月20日成立。

协会的宗旨：在新时期、新形势下，坚持以邓小平理论和"三个代表"重要思想为指导，深入贯彻科学发展观，促进社会和谐，坚持"家"与"桥"的职能定位和"家兴桥通"的奋斗目标，服务于经济建设和总会计师事业的改革与发展，积极推进我省总会计师制度建设与队伍建设，实现中国总会计师协会提出的2006～2010年五年工作规划，使协会工作跨上一个新台阶。

山西省总会计师协会首届会员代表大会提出，协会要起到五个作用：组织作用、提高作用、交流作用、维护作用、沟通作用；办成四个家：学习之家、奋斗之家、团结之家、和谐之家；建起三座桥：与政府之间沟通的桥梁，与省内外总会计师协会、社会团体联系的桥梁，与国外企业、团体交流的桥梁；搞好两个库：建立人才资源库和财会信息库；搞好一个服务：全心全意为广大总会计师和财务机构负责人提供各种形式的服务。

目前，协会已发展会员270余人，理事200名，常务理事100名，会长、副会长24名。协会的权力机构是会员代表大会，会员代表大会每5年召开一次，选举理事、常务理事和会长、副会长、秘书长。理事会每年召开一次。协会的决策机构是常务理事会领导下的会长联席会议，会长联席会议每季度召开一次。

协会的日常工作包括：组织理论研讨，培训高层财会管理人员，组织赴境外考察、学习，评选优秀总会计师，办好协会工作通讯，开展咨询服务等。

山西省总会计师协会领导机构：

会长：芦振基	地址：山西省太原市文源巷34号中国日化研究院北楼4层
副会长兼秘书长：王秀森	邮编：030001
	电话：0351-4044304　传真：0351-4044304

辽宁省总会计师协会

2005年，辽宁省总会计师协会与辽宁省会计学会等单位联合举办"辽宁十大杰出会计人物"评选活动的颁奖典礼

辽宁省总会计师协会成立于1994年，主管单位是省财政厅。2007年12月1日，协会召开第三次会员代表大会，选举产生第三届理事会。第三届理事会选举会长1人，由省财政厅总会计师兼任；副会长13人，以省内大型企业具有影响力的总会计师为主；常务理事28人，理事90人。协会秘书长由省财政厅会计处副处长兼任。

多年来，辽宁省总会计师协会坚持以邓小平理论和"三个代表"重要思想为指导，全面落实科学发展观，深入宣传贯彻《会计法》，与辽宁省会计学会密切合作，共同承办第二、三届会计知识大赛、"共筑会计诚信"辩论赛、"辽宁十大杰出会计人物"评选等大型活动；组织召开研讨会、座谈会10余次；举办会计与财务专题培训50余万人次；2004年圆满完成中国总会计师协会委托的《总会计师职责、权利、义务研究》课题研究。

第三届理事会成立后，协会努力克服人员少的困难，积极主动地谋划协会的发展大业，以饱满的热情积极投入到协会的发展建设中，投入到为全体会员服务的各项工作中。从成立至今，协会组织开展多项活动，不断提升为会员服务的能力和质量。

辽宁省总会计师协会领导机构：

会 长：刘润田　　　　　地 址：辽宁省沈阳市和平区南京北街103号

秘书长：张 颖　　　　　邮 编：110002

电话：024-82709000　传真：024-82709000

（一）积极开展加强调查研究，采取走访会员、开展调查问卷等方式，广泛了解会员需求，听取会员对协会工作的意见和建议。采取积极主动方式，新发展会员94名，不断扩大协会的影响。

（二）加强总会计师和财务负责人的履职能力培训，积极组织会员参加中国总会计师协会举办的专题培训、出国考察等学习活动，继续与省会计学会联合开展高级财务管理人员培训，提升总会计师参与企业发展战略与财务决策的能力。

（三）积极营造理论研究氛围，为广大会员搭建理论研究和展示自我的平台，与省会计学会联合召开《企业内部控制规范》研讨会，举办纪念改革开放30周年会计优秀论文征集和评选活动。

（四）加强与政府有关部门的联系，主动协助省财政厅等部门完成有关会计管理调研工作，为地方会计工作的发展出谋献策。积极参加地方协会联谊会举办的活动，加强与兄弟协会的交流，博采众长，注重汲取兄弟协会的好经验和好做法，把协会活动开展得更加有声有色。

（五）加强协会自身建设，健全协会各项制度，开通协会网站，印发内部资料，为广大会员提供了更多信息和更好服务。同时，积极组织会员参加中国总会计师协会举办的总会计师贡献奖评选、改革开放30周年系列活动，为总会计师的发展提供广阔平台。

对新一届理事会来说，2008年是起步之年。辽宁省总会计师协会将进一步团结组织全省广大的总会计师，按照国家有关规定实行自律管理，诚实敬业，开拓进取，积极工作，努力使协会成为总会计师与政府沟通的桥梁，成为总会计师之家，为发展总会计师事业做出新贡献。

2008年10月，辽宁省总会计师协会与辽宁省会计学会联合举办《企业内部控制规范》研讨会

吉林省总会计师协会

2007年9月，吉林省总会计师协会召开成立大会暨第一次会员代表大会

在中国总会计师协会和财政部驻吉林省财政监察专员办事处的关心和支持下，吉林省总会计师协会于2007年9月11日正式成立。协会建立"吉林省总会计师协会网站"（网址：www.JLcfo.com），并筹划组织创办协会期刊（期刊号JN00-192）。

2007年10月13日，吉林省总会计师协会组织了赴临江进行义务财务培训活动。由于农村基层财务人员基础较差，协会免费为参加培训的200多人各配备3套教材。2007年12月13日，由吉林省总会计师协会主办、吉林大学商学院承办的"首届（2007）吉林省上市公司暨国有大中型企业新企业会计准则实施情况研讨会"在吉林大学举行。此次会议以"新企业会计准则实施情况"为主题展开研讨，来自长春市财政局、吉林省高管局、吉林省电力有限公司、长春水务集团、长春大学、吉林油田、亚泰集团等30

多家省内各企事业单位的财务主管领导、总会计师及财务部门相关人员50余人参加了此次研讨会。

2008年3月，由吉林省总会计师协会和省国资委企业经营管理者资质评介中心共同组织了《总会计师CFO职业资质认证》工作。考生通过网上报名，经过126学时的全面授课和笔试、面试等相关考试环节的考试，合格者将取得《吉林省总会计师CFO职业资质认证合格证书》。

为促进对外交流，学习和借鉴国外企业先进的财务管理理念和方法，及时获取国外最新经济动态，拓宽协会会员视野，更好地为企业战略发展和经营管理服务，吉林省总会计师协会在2008年4月组织了数名会员赴美国考察学习。同年5月，由吉林省总会计师协会组织，"台湾青年创业协会"主办，邀请吉林省企事业相关单位财务负责人30余人，到台湾地区进行为期11天的交流、研讨活动。代表团此次一行拜访了台北会计行业管理公会，对台湾地区知名企业的财务管理模式进行考察。

吉林省总会计师协会领导机构：

会　　长：李恒发

副会长：刘树森　卜　莹　范明威、王保民　孙起祥
　　　　何志福　林宽海　王君业　迟作山　乔光祥

地址：吉林省长春市西安大路616号国际大厦A座19层

邮编：130061

电话：0431-88988601　　传真：0431-88927655

江苏省总会计师协会

江苏省总会计师协会于1992年8月成立筹备组，1993年5月正式成立。现为江苏省省一级专业协会。协会从成立至今已走过15个春秋。协会持续发展，逐步壮大，目前协会拥有会员180多名，在全省已建立市级总会计师协会5家（徐州市、南通市、扬州市、镇江市、南京市）。

江苏省总会计师协会成立以来，在省财政厅、民政厅、社科联和中国总会计师协会的关心和指导下，以邓小平理论和"三个代表"重要思想为指导，解放思想，坚持科学发展观，按照"以会员为本、服务第一，构建和谐协会"的办会宗旨，以加强江苏省总会计师行业体制和机制建设为主线，组织和带领全体会员，努力进取、与时俱进、不断创新。

15年来，协会紧紧围绕会计改革与发展，积极组织学术讲座、论坛、经验交流，开展会计理论与实践课题研究，不断推进和繁荣会计理论及实务创新；举办各类学习班、培训班，开展总会计师（CFO）职业资质水平测试和认证工作，以提高总会计师等高级管理人员的综合业务素质和履职能力。现已开通江苏省总会计师协会网站——"您的天地、您的桥梁"，主办会刊《江苏总会计师通讯》。协会为推进江苏省总会计师事业的建设，加快江苏经济发展做出了显著成绩。

江苏省总会计师协会已成为江苏省社团中具有重要影响力的跨部门、跨行业的群众学术团体之一。协会工作多次得到中国总会计师协会及主管部门江苏省财政厅的好评和省民政厅、省社科联的表彰。

协会召开2008年年会暨评优表彰大会

协会举办江苏省第二届CFO高层论坛

江苏省总会计师协会领导机构：

会　长：徐锦荣

秘书长：李　建

地址：江苏省南京市汉中路185号鸿运大厦905室

邮编：210029

电话：025－86609698　　传真：025－86609698

浙江省总会计师协会

浙江省总会计师协会的前身是浙江省总会计师协会工作研究会，成立于1988年9月1日，2000年3月24日批准更名为"浙江省总会计师协会"。2007年末，协会已发展会员近千人，净资产300多万，设专职工作人员8人，现任会长王家俊。

协会成立20年来，在中国总会计师协会（以下简称中总协）、省财政厅、省民政厅、省社科联等主管部门的直接领导下，从无到有，从小到大，协会宗旨明确，活动丰富多彩，工作业绩显著，深受广大会员爱戴，得到有关部门的表扬和奖励，在全省乃至全国都有较好的美誉度和知名度。协会组织开展的重大活动有：

一、适应经济发展，紧扣经济热点，积极开展多层次、全方位的学术交流活动

1.适应经济全球化趋势，提升学术交流层次。在中总协的支持下，多次举办全国性高级研修和高层论坛，如"全面预算管理"高级研修班、"企业风险管理和内部控制"高级研修班、"中国CFO论坛——民营企业财务创新"研讨会。

2.紧扣经济热点，开展内容丰富的学术交流活动。协会先后举办《会计法》专题座谈会、"上市公司贯彻实施新企业会计准则研讨会"、在全省范围举办"新企业会计准则高级培训班"；《企业财务通则》、"新企业所得税法及其影响"、"企业所得税与会计准则"专题报告会。组织"企业管理信息化"、

"民营企业财务发展战略"、"国有企业财务创新"、"财会人员创造价值"、"资本市场融资"、"股指期货知识"及各类税务筹划研讨会等，帮助会员解决工作中、业务上遇到的难点问题。

二、积极开展国际交往活动，促进协会与境外同行的合作与交流

1.组织参加国际财联世界大会。协会两次组团赴意大利、菲律宾，参加第35届、36届国际财联世界大会。2005年，浙江省总会计师协会会员贾忠新教授作为我国会计界代表，在第36届国际财联世界大会上，作了"民营企业财务管理"的主题演讲，展示出我国总会计师的风采。

2．与香港地区贸易发展局建立长期战略合作关系，多次举办各种形式的论坛、推介会等活动，帮助会员单位扩大融资渠道。

3．协会组织会员赴中国香港、中国台湾以及日本、澳大利业、北欧、美国等地考察学习，与境外证券交易所、会计师事务所、院校的专家、学者进行访谈交流，提

浙江省总会计师协会领导机构：

会　　长：王家俊
常务副会长：俞吉兴
副　会　长：王问梅　　陈建中　　王永才
　　　　　　杨福平　　杨柏樟　　汤民强
秘　书　长：邵捍华

地址：浙江省杭州市文一路白荡海人家2-2-101室
邮编：310012
电话：0571-88496847
传真：0571-88496847

浙江省总会计师协会举行第六届会员代表大会暨协会成立20周年活动

升了浙江总会计师在国际舞台上的影响力。

三、扩大联系，增进友谊，积极发展与社会各界的合作关系

1．发起并承办中总协第一届地方协会联谊会，就如何开展地方协会工作进行研讨，交流工作经验和体会。2007年，浙江省总会计师协会与大连、江苏等省市地方协会互访，并与北京、湖北、山西、河南、重庆等地方协会保持密切的工作联系。浙江省总会计师协会会长王家俊受中总协特邀，担任中总协第四届理事会副会长，更加有利于浙江省总会计师协会加强与地方协会之间的协作关系。

2．与浙江省各兄弟协会建立紧密合作关系。协会与省注协、省会计学会、省高级经济师协会、省总工程师协会、省企业家联合会等多家兄弟协会均保持良好的合作关系，合作举办注册会计师后续教育培训、各类研讨会、合作组团赴境内、外考察等活动。

3．积极争取政府各部门的支持，促进学术研究活动有效地开展。2006年，协会争取到省财政厅、省外经贸厅的支持和资助，出色地完成反倾销财务与会计课题的调研和专著出版工作。2007年成为省社会科学界联合会的团体会员，王家俊会长被评为省社科联系统2007年度先进学会工作者，我会被评为省社科联系统2007年度

科普咨询先进学会。

四、认真做好总会计师（CFO）职业资质认证前期准备工作

为加快总会计师行业建设，推动总会计师职业市场化，经中国科协批准，中总协决定在全国部分地区和行业分会进行总会计师（CFO）职业资质水平测试试点工作。中总协将浙江省总会计师协会列为试点单位之一。现已有72人报名申请总会计师（CFO）职业资质认证；第一期培训于4月26日开课，学员49人，其中23人通过首批总会计师（CFO）职业资质认证，被授予资格证书。

五、提高信息沟通质量，创新信息沟通方式

1．争取会刊刊号，提高会刊质量。协会从成立之初就十分重视信息的沟通，出版会刊物《理财信息》，2003年11月更名为《浙江总会计师》，5年来编辑发行32期，刊登论文和学习研究成果等1300余篇。2005年协会还编辑出版了《2005年财会论文选篇》，入选论文200余篇。2007年，浙江省总会计师协会向中总协推荐优秀论文25篇，参加中总协2006年优秀总会计师论文评选活动。

2．运用现代技术，创新沟通方式。2006年建立浙江省总会计师协会网站（www.zjcfo.com）。

六、加强组织建设，增强协会活力

1．积极发展会员，扩大协会影响。目前会员已达

950余人，覆盖全省10个地市，高层次财会人员比重大大增加，其中，有高级职称的会员人数占会员总数的56%；担任副总会计师以上职务的占35%；浙江省上市公司的财务负责人占36%。

2．健全组织机构，有序开展各项工作。根据常务理事的工作调动情况及时调整常务理事人选，建立健全各工作委员会的组织机构，调整充实专职的工作班子，使协会工作有序进行。

3．组织编辑协会大事记，继承艰苦创业光荣传统。协会自1988年成立，至今已有20个春秋。为使广大会员了解协会自强不息的办会历程，继承艰苦创业、勤俭办会的光荣传统，协会成立了大事记编写组，专门负责编写协会大事记，以求完整地反映协会发展的历程。

举办企业风险管理与内部控制高级研修班

七、精益求精，高质量做好教育培训工作

近5年来，协会采用集中办班和送教上门相结合的方式，先后举办会计人员后续教育培训班170期，参加培训学员达2万余人。协会还与其他主管部门联合办班，是企业组织专题内部培训的有益尝试。

八、心系会员，服务会员，努力实现"家兴"、"桥通"

1．协会热心地为会员申报高级会计师提供服务，及时提供职称考评的相关文件和信息；指导他们撰写论文、发表论文，

耐心辅导，为会员提供计算机能力考试的考前培训等。特别值得一提的是，协会经过不懈努力，经向省人事厅、省财政厅多次反映，解决了乡镇企业财会人员申报晋升高级会计师的难题。

2．为满足会员学习的需要，协会将重要财经法规在第一时间里印发给会员，如《企业会计准则》、《企业财务通则》、《企业所得税法》等；各类论坛、研修班中的精彩报告，协会用录音翻录成文字印发给大家，让未参加会议的会员也能分享会议的成果；协会还将各类学术年会的论文集，精选出与会员单位业务相关的文章，汇编成《论文选编》印发给会员。

3．关心会员切身利益，创建和谐会员之家。协会充分利用协会平台，为会员提供全方位的服务，使会员感受到"家"的温暖。

浙江省总会计师协会召开2007年年会暨浙江省第二届优秀总会计师表彰大会

河南省总会计师协会

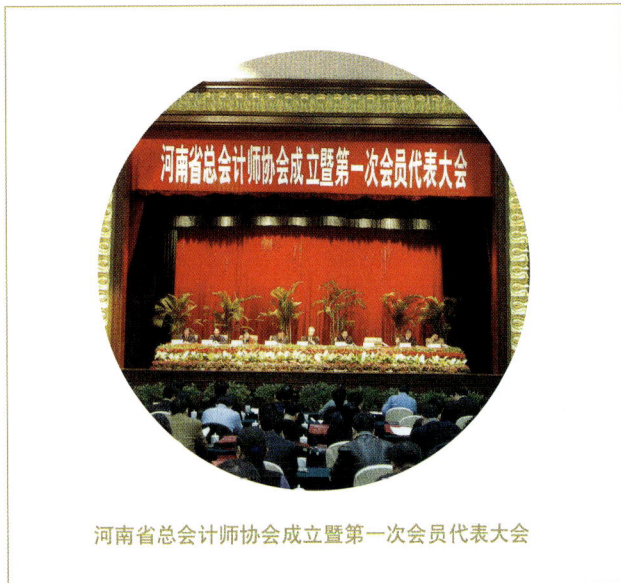

河南省总会计师协会成立暨第一次会员代表大会

河南省总会计师协会成立于2006年12月26日。由河南省财政厅原副厅长张鹤喜任会长，省财政厅会计处处长杨文林兼任秘书长。协会秘书处设办公室、会员部、科研培训部。协会现有会员175个（人），其中：单位会员142个，个人会员33人。协会对在民营企业和规模较大的事业单位中发展会员进行了有益的探索，取得良好成效。协会还按照行业特点建立了河南总会计师协会交通行业专业委员会，目前已开展工作。

协会自成立以来，在团结全省各地方、各行业总会计师，努力推进总会计师队伍建设，促进河南改革开放和经济发展方面做出了积极的贡献。为给全省广大财会人员，尤其是高级财会人员提供一个学习交流的平台，2008年，协会在《河南总会计师通讯》的基础上创办刊《河南总会计师》，聘请省内知名专家担任编审以保证会刊的质量。目前已出版发行9期，刊登各类文章近200篇。会刊涵盖面广、信息量大，在全省会计界具有很大的影响力。

为加强会员之间的相互交流、开阔视野，扩大协会在社会上的影响，协会建立了河南总会计师协会网站，开设协会概况、协会动态、财经法规、CFO之窗、协会刊物、培训教育等多个专栏。

协会紧紧围绕提高总会计师队伍的整体素质开展各项活动。

1.积极组织会员单位开展学术研究。2007年上报中国总会计师协会课题4项，其中获一等奖1项，二等奖3项；2008年上报科研课题11项，批准立项7项。

2.在协会成立1周年之际，召开了第一届会计改革与发展学术研讨会，大会交流论文30多篇。学术研究的不断深化，对促进全省财务管理水平的提高，发挥了积

河南省总会计师协会领导机构：

会　　长：张鹤喜	地址：河南省郑州市丰产路91号4号楼3楼
副会长：刘　荃　蔡建德	邮编：450008
副会长兼秘书长：杨文林	电话：0371-60137327　传真：0371-60137328

极的推动作用。

3. 注重总结和推广企业财务管理方面的先进典型。会长和秘书长经常亲自带队到全省各地调研，从年初至今，对9户企业进行了专访；对先进企业的成功经验进行总结，并在会刊上发表。2008年9月，协会召开了"学习、推广河南油田深化预算管理工作经验现场会"，对河南省全面预算工作的深入开展起到了很大的推进作用，得到了河南省国资委和河南省财政厅的充分肯定。

协会秘书处在研究《河南总会计师》杂志编辑工作

协会秘书处注重加强自身建设，不断更新理念，增强服务意识，规范各项管理。先后制定《秘书处工作程序》、《财务管理制度》及秘书处、会员部、科研培训部工作职责，真正把"精简高效、勤政廉洁、科学管理、服务到位"的工作宗旨落到实处。

河南省总会计师协会将勇于担负起时代赋予的光荣使命，认真贯彻落实中国总会计师协会提出的各项工作要求，紧密团结全省广大会员，为我国总会计师事业的健康发展再创辉煌！

协会在河南商丘商电铝业集团公司进行调研

协会召开"学习、推广河南油田深化全面预算管理工作经验现场会"，与会人员深入现场学习交流

湖北省总会计师协会

湖北省总会计师协会经湖北省民政厅、财政厅批准，于2001年2月27日正式成立。它是由湖北省内具有总会计师（财务总监）职务的专业人士，相关研究、管理人员以及相关社会团体自愿组成的全省性、专业性的非营利社团组织。现有会员近400人，其中常务理事37人，理事128人。

协会设有咨询服务、课程调研、会员培训、财务和办公室等办事机构。协会主办《湖北总会计师通讯》，每月免费发放给会员，同时开办湖北省总会计师协会网站。协会秉持"架桥兴家、竭诚服务"的理念，为广大会员提供服务，受到了会员的普遍认可。

湖北省会计师协会遵守国家宪法、法律、法规和国家政策，遵守社会道德风尚，坚持科学发展观，坚持改革开放，贯彻"百花齐放，百家争鸣"的方针，以会计理论为依据，积极推动总会计师（财务总监）在社会主义市场经济条件下发挥自身应有的职能作用，为提高经营管理水平和社会效益做出更大贡献。

湖北省总会计师协会的主要业务范围包括：

1.组织有关部门和单位的总会计师参加各类会计业务工作活动。为不断提高总会计师（财务总监）的业务素质、履职能力和管理水平，协会结合湖北省实际，研究总会计师制度和总会计师委派制，为推动建设社会主义市场经济条件下的总会计师工作制度和总会计师理论体系的建立与完善积极工作；加强行业管理，制定行规行约，搞好行业自律。

2.积极贯彻、实施《会计法》、《总会计师条例》和国家有关法律法规，并受有关部门委托，组织考核、评审和向企业推荐总会计师，建立总会计师的人才储备信息。

3.组织总会计师（财务总监）业务

湖北省总会计师协会领导机构：

会　　长：张异君	地址：湖北省武汉市武昌区中北路66号津津花园B座20楼
副会长：刘常荣　罗　飞　张　晴　别传远	邮编：430071
杨桂荣　赵章平　孙守瑛　彭　辰	电话：027-87326609
秘书长：贺茂清	传真：027-87326909

培训和各级会计人员的继续教育；开展大中型企业经营管理、财务制度、财务管理、财务策划的咨询服务及会计业务培训、会计业务咨询等财务会计服务工作。

4.组织总会计师（财务总监）对现行财务热点问题进行研讨及专题分析，向主管部门直至政府提出工作建议；组织调查研究，总结交流总会计师的工作经验；反映总会计师工作中的建议、意见和要求。

5.组织总会计师（财务总监）开展国际、国内学术交流和工作考察。

协会领导与外国专家进行交流

湖北省总会计师协会召开成立大会，湖北省财政厅副厅长兼总会计师程用文为优秀论文获得者颁奖

湖南省总会计师协会

湖南省总会计师协会成立于1992年。在中国总会计师协会和有关部门的指导下，协会认真贯彻党和国家的方针政策，坚持改革开放，在科学发展观的指导下，开拓创新，履行协会职能，热心服务会员，为推进财会改革，促进总会计师队伍建设发挥了积极的作用。

召开第四次会员代表大会暨省十佳总会计师表彰大会

（一）主办会刊《理财》，现已出版64期。会刊成为宣传贯彻国家方针政策的窗口，会员交流工作经验、进行学术探讨的平台，传递学术和管理信息的载体，会员发表学术论文的园地，受到广大会员的欢迎。

（二）编辑出版《理财》论文集，该文集给理论工作者以借鉴，也给实践工作者以指导，同时为申报高级职称的会员提供论文发表的机会，深受会员好评。

（三）结合改革与管理实践，组织应用课题研究，先后5个课题被省社科联科研成果评委会评为省内领先水平（B级），4个被评为省内先进水平（C级），其中《企业财务预算体系研究》课题在2004年被省委、省政府评为湖南省第七届哲学社会科学优秀成果四等奖。

（四）接受省财政厅委托，组织开展全省高级会计人员的培训。为适应全球化经济发展的需要，促进财会制度的改革，协会不断改进培训的组织

湖南省总会计师协会领导机构：

会　　长：张　瑜

副 会 长：金锡瑞　谭勺均　刘友夫　吕　刚

　　　　　杨会圣　黄克兰　余新民

副会长兼秘书长：李向东

地址：湖南省长沙市芙蓉中路二段251号湖南海利综合楼506室

邮编：410007

电话：0731-5504818　　　传真：0731-5504818

2004年，湖南省高级会计人员在上海国家会计学院培训班

形式，创新培训内容，优化培训效果。前后举办全省高级会计人员的继续教育培训班52期，培训学员近万人。

1.采取省内、省外相结合，省内为主的培训方式。先后在上海、厦门国家会计学院、大连、西安举办5期培训班。

2.精心组织、注重实效，精心选择在某一领域有专门研究和有创新成果的专家、教授任教。每次培训前，邀请专家、教授按超前性、知识性、实用性相结合的原则，紧扣企业改革、财会改革、企业战略管理中的热点、难点问题，突出现代财会所涉及的产权、战略和控制三大支柱内容选择培训内容，如：宏观经济形势、公司并购战略、企业经营目标与财务战略、产权会计、财务风险防范、纳税筹划、反倾销、新颁布的企业会计准则、股权分置改革、员工激励机制等。经测评，学员对培训内容和老师的讲课反映良好。

（五）组织开展境外考察活动。协会先后组织近百人赴美国、欧洲、澳新等地考察国外企业的先进管理经验。2005年，湖南省总会计师协会会长张瑜随中国总会计师协会出席在菲律宾马尼拉举行的第36届世界财务总裁大会。

（六）组织开展湖南省"十佳"总会计师的评选与表彰活动。为弘扬先进，促进湖南省总会计师队伍的建设，协会于2006年组织开展评选湖南十佳总会计师（含财务总监、分管财务负责人）活动；2007年3月，朱方钦、杨会圣、郭碧强、陈治亚、董小林、刘正安、谯培武、余新民、罗广林、凌翠娟10位同志得到表彰。

2005年，湖南省高级会计人员厦门国家会计学院培训班

海南省总会计师协会

海南省财政厅副厅长麦正华指导协会工作

海南省总会计师协会成立于2003年6月26日，是由海南省内具有总会计师（财务总监）职务的专业人士和从事会计相关研究、教学、管理工作的人士组成的全省性、专业性、非营利性社团组织。协会成立以来，始终坚持"架桥兴家、竭诚服务"的理念，致力于为广大会员和会计行业工作者提供学术交流与业务互动的平台，受到了会员及省内会计界的普遍认可与好评。

在海南省财政厅的大力支持、中国总会计师协会的业务指导和全体会员的共同努力下，协会创会5年来，为促进省内总会计师行业的进一步发展做出了积极贡献。

为推进《总会计师条例》在海南省的全面贯彻和实施，2003年，协会深入本省18个市县的88家大中型企业进行全面调查后，撰写了调研报告并提交海南省财政厅、民政厅等有关政府部门，为海南省《总会计师条例》的贯彻执行和本省相关规范性文件的制定、出台提供了一手的调研资料。

海南省作为被中国总会计师协会认定的全国总会计师培训六大基地之一，协会不辱使命，先后组织开办多期不同规模的培训班，为协会会员、省内各单位总会计师及相关会计工作者提供了良好的专业进修和拓展视野的机会，多次受到省财政厅领导和中国总会计师协会的表扬。

2006年，财政部颁布新的《企业会计

海南省总会计师协会领导机构：

会　长：曾德运	地址：海南省海口市滨海大道109号省财政厅大楼1406室
秘书长：姚志伟	邮编：570105
	电话：0898-68531504　　传真：0898-68555190

中国总会计师协会于2008年9月14日在海口举办全国总会计师高级培训班

准则》，协会立即组织有关专家学习研究，努力把握每一项具体准则的实质与应用，为在本省宣传企业会计准则和对有关会计人员实施培训做好先期准备。在此基础上，2007年协会先后对海南省地矿局、中国电信海南公司、海南航空集团公司、中国农业开发银行海南分行、中石化海南公司和中海油海南公司等单位1500名会计人员进行企业会计准则培训；对上市公司贯彻实施新企业会计准则进行研究，解决新准则执行中可能存在的问题。

同时，协会积极参与财政部、海南省财政厅等有关单位组织开展的多种会计法律知识宣传、会计知识普及等活动，特别是在2007年财政部主办的"第三届全国会计知识大赛"和海南省财政厅主办的"纪念中国会计与改革开放30周年高级论坛"活动中，协会的工作受到各会员单位和社会各界的一致认可与好评。

此外，协会还组织会员开展多项社会调研工作及会计学术论坛会议，并多次派员参加兄弟省市总会计师协会举办的学习交流与学术业务考察活动。协会采用印发《总会计师通讯》，组建海南省总会计师协会QQ群，以多种形式与会员单位联络，积极促进组织会员之间的互动。

协会成立5年来，坚持科学发展观，遵守国家法律、政策与社

协会秘书长姚志伟

会道德风尚，在不断拓展的实践工作中，总结并提出协会"三点连接、四项功能、五个平台"的工作目标，即力争将本协会办成"连接政府部门、连接兄弟省市协会、连接国内外同行"的一座桥梁，具有"维护、交流、沟通、共进"四项功能的一套系统和"学习、提升、展现、开拓、互助"五个平台的大家庭。

重庆市总会计师协会

重庆市总会计师协会成立于2003年4月4日。现有会员单位156家，会员代表177人。会员单位分布在重庆22个区县。国有企业87家，机关事业单位10家，股份制企业37家，中央在渝企业10家，民营企业11家，外资企业1家。

1997年以前，重庆市大中型企业的总会计师直接参加四川省总会计师协会，重庆市作为1个分会，本市会员按行业组织活

动小组开展活动。四川省总会计师协会每年组织召开一次年会，各分会的小组活动也在一年中分次进行。

1997年6月重庆直辖后，各主管部门工作与四川省独立，相应协会组织也由本市自己成立。重庆市几家大型企业的总会计师自行组建了重庆市总会计师协会筹备组。2002年8月，市财政局、市企业工委有关领导亲自对重庆市总会计师协会筹备组工作进行关心和指导，使协会筹备组的工作进展加快，仅用半年时间，重庆市总会计师协会正式成立。

一、协会宗旨

以服务为宗旨，在党的领导下，以邓小平理论及"三个代表"重要思想为指导，坚持党的四项基本原则，遵守法律法规，依照《会计法》、《总会计师条

2003年4月4日，重庆市总会计师协会首届会员代表暨成立大会召开，重庆市总会计师协会正式宣布成立

重庆市总会计师协会领导机构：

会　长：董　宁
秘书长：戚玉龙

地址：重庆市渝北区洪湖西路1号118室（重庆市财政局内）
邮编：401121
电话：023-67575118　　传真：023-67575118

例》，全面落实科学发展观，坚持以人为本。组织会员从事总会计师工作的理论研究、交流推广总会计师工作经验；探讨总会计师行业管理与运行机制；帮助总会计师不断提高理论水平、政策水平和业务水平；不断提高和完善全市企事业单位财务会计管理水平。

二、协会业务范围

（一）组织学习、宣传、贯彻国家颁发的《会计法》、《会计准则》、《总会计师条例》等有关法律、法规和方针政策；

（二）组织对总会计师进行诚信教育，开展诚信建设活动，进行诚信评价，在行业内树立良好的职业道德风尚；

（三）组织开展总会计师及高级财会人员的业务培训工作，以多种形式提高总会计师的职业素质和履职能力，组织开展各项专题讲座、学术报告；

（四）宣传总会计师的地位和作用，交流推广总会计师工作经验；

（五）代表总会计师行业与政府及有关部门团体进行沟通、协调，反映总会计师的有关要求、意见、建议，维护会员的合法权利；

（六）为会员提供信息咨询，开展对外交流等服务；

（七）组织参加中国总会计师协会的活动。

三、协会成立6年来的主要活动

1.组织会员进行学术交流。特邀请国内的有名专家和学者到重庆向会员作学术报告。

2007年11月16日，举办《基于风险管理的企业内部控制设计与评价》专题讲座会

2.对会员进行岗位培训。组织会员参加国家会计学院培训，参加中国总会计师协会的高级论坛和国家中央部级组织的专业培训班。

3.信息交流。协会秘书处定期和不定期向会员提供信息资料，让会员之间互相交流和提高。

4.协会秘书处组织开展一些咨询活动，并为会员与上级部门之间以及会员之间搭建沟通的桥梁。

5.组织会员到外地学习和考察活动。

四、协会按行业组建了7个活动小组，分别是：建设小组；煤炭、电力、冶金小组；制造业、汽车、摩托、教育小组；兵器、军工、教育、财政小组；医药、化工、国资委、财政小组；商业、旅游、粮食、食品、轻工、烟草、国资委、财政小组；金融、电子、科技、通信、媒体、中介、财政小组。

2006年4月4日，重庆市总会计师协会召开了第一届会员代表大会第四次会议

2007年5月30日，重庆市总会计师协会建安企业活动小组开展活动

西安市总会计师协会

西安市总会计师协会成立于1991年11月。随着改革的逐步深入，协会不断发展壮大。 2003年3月，协会召开第三次会员代表大会，根据陕西省财政厅的意见，实现了由代表西安地区到面向陕西省各市（区）的重要转变。目前，协会现有会员单位369个，会员代表557人。

成立17年来，协会坚持"家兴桥通"的奋斗目标，成为西安地区乃至陕西全省总会计师们之"家"。协会以求真务实的工作作风，努力为陕西经济建设服务，为发挥总会计师职能、维护总会计师的权益、提高总会计师的素质服务，有力地推动了陕西总会计师事业的发展。

一、举办高层次的学术报告和专题研讨

近年来，协会采取请进来的方式，先后邀请魏杰、丁平准、朱青等多位国内知名专家学者来陕，做有关《诚信与会计职业道德》、《中国经济发展的新阶段与企业改革的新任务》、《企业税务筹划》等专题的学术报告。每次报告会都有近千名财会人员参加，有关新闻媒体也相继对这些活动作了报道，社会反响强烈。同时，协会结合陕西省实际，多次举办"把握证券市场形势，促进资本市场

召开第三届理事会第四次会议暨学术报告会

健康发展"、"推行全面预算管理，提升企业决策力和管控力"等专题研讨和学术报告会，大大提高了协会在陕西省财会界的知名度。

二、加强培训学习，拓展会员知识领域

多年来，协会在全省范围内积极组织开展不同层次、不同内容的业务培训，仅2004～2005年就举办"陕西省高级会计人员培训班"9期，培

西安市总会计师协会领导机构：

会　　长：蒲承民
副会长：胡剑虹　刘玛琳　高育昌　杨连鹏　李振林
　　　　李福玲　黄炳林　薛小荣　赵晋德　张俊瑞
　　　　魏金池　闫　平　刘丹凤　杨飞红
秘书长：刘栓民

地　　址：陕西省西安市甜水井街2号中财大厦308室
邮　　编：710002
电话：029-87616474
传真：029-87618292

训高级会计管理人员2000余名；2003年至今共举办"会计人员继续教育培训班"66期，培训一般会计人员9137人次。

三、围绕为陕西经济发展和企业改革服务，开展理论研究

为推动陕西总会计师积极开展财会理论研究活动，更好地为企业改革服务，2003年以来，协会在全省范围内，围绕企业改革、改制等热点、难点问题，成功地组织开展了一系列学术科研活动，并坚持每年出版科研成果专辑，将有关科研成果提交政府相关部门，受到省、市政府有关方面的好评。

2005年，中国总会计师协会在全国开展年度总会计师优秀论文评选活动，西安市总会计师协会报送的20篇论文有6篇分别荣获一、二、三等奖，占全国获奖论文的10%，西安市总会计师协会同时荣获"优秀组织奖"。

四、积极配合政府部门开展活动，扩大协会影响

近年来，协会积极与省、市政府及财政等部门合作，组织开展《会计法》颁布实施10周年座谈会、报告会、有奖征文、文艺演出、书画展等多种有意义活动。

为加快陕西省开展总会计师资格考核认定工作的步伐，西安市总会计师协会积极配合省财政厅草拟了《陕西省总会计师（财务总监）岗位资格申报考核认定暂行办法》等相关文件和办法，并适时

召开《新时期总会计师职能和作用》专题研讨会

组织召开了"总会计师岗位资格考核认定研讨会"和"新时期总会计师的职能和定位"等专题研讨会。

五、着力办好会刊，为会员和广大财会人员提供学习交流平台

西安市总会计师协会以内部信息——《西安总会计师信息》（累计已出刊297期）为纽带，并充分利用《陕西财会网》，及时反映协会活动动态和有关的经济信息，为广大会员提供学习交流的平台，深得广大会员喜爱。

2002年，西安市总会计师协会与全国优秀经济期刊《财会月刊》杂志社合作，创办了会刊——《财会月刊》B版（现为综合版），并在杂志上开设《西部财会人》彩版专栏，大力宣传陕西总会计师事业和陕西财会人，为陕西省财会人开辟了一个学术交流、理论研究的重要园地。该杂志以其高质量、高层次、高读者群，深得财会界人士的厚爱。

紧密联系经济热点问题，举办专题研讨会

沈阳市总会计师协会

沈阳市总会计师协会于1991年组建，同年11月召开首届理事会，历经三届理事会，2004年4月23日，第四届理事会改选。协会是由沈阳地区的大中型企业和行政事业单位的总会计师、财务总监、财务负责人自愿组成并依法登记的跨部门、跨行业、跨所有制的非营利性社会团体。现有会员213名，其中单位会员180名，个人会员33名，理事93名，常务理事28名。协会设秘书长1名，聘请顾问3名；秘书处负责日常工作。

协会主要工作涵盖：组织学习、宣传、贯彻实施国家颁布的各项法律、法规和方针政策；组织总会计师、财务总监进行诚信教育，开展诚信建设活动；开办培训总会计师、财务总监及高级财务人员的专题讲座和研究，提高其专业技能；加强总会计师行业与政府及有关部门的沟通，协调参与有关政策的调查研究；开展有关总会计师的专业科研活动和咨询服务；反映总会计师的要求、意见；组织总会计师与国内外同行的交流、研讨。

组建15年来，协会不断发展壮大。为会员组织各项活动是搞好协会工作、保持协会生命力的关键。据1997～2005年的不完全统计：沈阳市总会计师协会向省级以上杂志、刊物推荐会员撰写的论文，总计发表200余篇；积极参加市社会科学优秀成果奖活动，组织选报论文达300多篇，其中获优秀成果奖的200余篇；举办各种20多期学习班、培训班，培训2000多人次，获得良好的效果；组织6次经验交流会和聘请专家报告会；组织境外活动出国考察4次，参加人数达60余人次。协会在市财政局的领导下，中国总会计师协会、市社科联的指导和市民间组织管理办的监督下，高举邓小平理论和"三个代表"重要思想的伟大旗帜，坚持振兴东北老工业基地的战略，在落实《总会计师条例》和新《企业会计准则》，提高总会计师素质和企业经济效益等方面均取得一些成绩。1997～2004年，沈阳市总会计师协会连续被沈阳市社会科学联合会评为先进协会。

2005年5月，召开年会

沈阳市总会计师协会领导机构：

会　长：李双山

副会长：田　玮　姚东强　王振余
　　　　李　薇　曹秀英

秘书长：王瑞春

地址：辽宁省沈阳市和平区文化路41号811室
邮编：110004
电话：024－23880706　传真：024－23880706

南京市总会计师协会

南京市总会计师协会成立于1989年7月1日，原名南京总会计师研究会，1995年12月20日更名为南京总会计师协会。

南京市总会计师协会自成立以来，在市委、市政府的领导下，在中国总会计师协会、江苏省总会计师协会、南京市社科联、南京市财政局、南京市民政局的指导关怀和全国各兄弟协会的支持鼓励下，紧密团结南京地区总会计师，充分发挥了协会的功能作用。

协会贯彻《总会计师条例》，组织会员发挥职能作用；以科学发展观为指导，不断开创协会工作新局面；开展学术研究，探索当家理财之道，促进企业深化改革；总结、交流实践经验，推动企业扭亏增盈，提高经济效益；提供经济信息，为会员和经济主管部门服务；加强协会组织建设，在不断提高会员综合素质等方面做出卓有成效的工作。1992年起，协会连续16年被市社科联评为南京市先进单位，协会开展的各项工作多次得到中国总会计师协会的表彰和兄弟协会的好评。

全省、全市率先全面建设小康社会、基本实现现代化，走在新一轮发展前列的新形势，对协会工作提出了新任务、新要求。南京总会计师协会将以人为本，以科学发展观为指导，紧密结合市委、市政府的中心工作，加强与专家、学者的联系和合作，团结各行业的总会计师和广大财会工作者，继续发扬优良传统，为南京经济腾飞和财务会计事业的发展做出新的贡献。

南京总会计师协会自1992年至2007年连续16年被评为先进单位

2004年6月26日，南京总会计师协会召开了第三届会员代表大会

南京市总会计师协会领导机构：

会　长：季文章

副会长兼秘书长：刘爱莲

地址：江苏省南京市中山东路301号54号楼206室

邮编：210002

电话：025-51803403，传真：025-51803403

会　长　宋献中

广东企业财务管理学会

广东企业财务管理学会(Guang Dong Association of Corporate Finance，GACF)是由中国著名财经专家、教授、企业家、财务总监、财务主管等个人和上市公司、国有企业、民营企业、事业单位等单位组成的社会团体，是广东财经行业的社团组织。广东企业财务管理学会于 2006年6月26日由广东省民政厅批准成立（粤民［2006］68号文件），广东企业财务管理学会是全国财经行业首家省一级学会，由学会主办的《企业财务管理》杂志亦为该领域第一本专业财经期刊。学会成立3年来，在上级主管领导的正确指导下，在宋献中会长的带领下，学会发展较快，目前已经有个人会员700 多个，单位会员70多个，会员遍布广东地区。

学会召开了各类财经研讨会、论坛和讲座几十次，2006年举办了中国金融资本最高层面报告会——全球顶级财务风险控制大师、世界百强财团特别顾问、"股神"巴菲特团队核心智囊詹姆斯·柯曼教授全球巡讲中国广州站和第一届、第二届"粤港财务管理专家与实战精英高峰论坛"等顶级活动，同时，与中国总会计师协会、国际财务管理协会中国总部连续3年举办了享有盛誉的"广东金算子杯十杰、十佳、十优国际财务管理师（IFM）评选活动"，与暨南大学MPACC共同创办了"财务名师大讲坛"，通过系列活动的举办，极大地推动了广东财务管理的发展和提升了广东财务管理人员的综合素质，为广东经济的发展作出了一定贡献。短短两年多，广东企业财务管理学会已成为广东省主流财经专业平台，成为广大财务人员及与各界交流的高级平台。

举行国际财务管理师毕业学员颁证仪式与大型论坛

气氛热烈的颁证仪式

责任编辑：于海汛
责任校对：徐领柱
版式设计：代小卫
技术编辑：邱　天

图书在版编目（CIP）数据

前进中的中国总会计师事业/中国总会计师
协会编 . —北京：经济科学出版社，2009.12
ISBN 978 - 7 - 5058 - 8845 - 6

Ⅰ. 前… Ⅱ. 中… Ⅲ. 会计师 - 会计制度 -
概况 - 中国 - 画册 Ⅳ. F233. 2 - 64

中国版本图书馆 CIP 数据核字 （2009） 第 216201 号

前进中的中国总会计师事业
中国总会计师协会 编
经济科学出版社出版、发行 新华书店经销
社址：北京市海淀区阜成路甲 28 号 邮编：100142
总编部电话：88191217 发行部电话：88191540
网址：www.esp.com.cn
电子邮件：esp@esp.com.cn
北京中科印刷有限公司印刷厂印装
889 × 1194 16 开 20.75 印张 500000 字
2009 年 12 月第 1 版 2009 年 12 月第 1 次印刷
ISBN 978 - 7 - 5058 - 8845 - 6 定价：220.00 元